广东省学生资助发展研究丛书

广东省学生资助
十年发展研究报告

（2007—2016年）

GUANGDONG STUDENT AID
DEVELOPMENT RESEARCH REPORT 2007—2016

广 东 省 教 育 厅　　编著
广东省学生资助发展研究课题组

中山大学出版社

·广州·

版权所有　翻印必究

图书在版编目（CIP）数据

广东省学生资助十年发展研究报告.2007－2016年/广东省教育厅，广东省学生资助发展研究课题组编著.—广州：中山大学出版社，2017.12

（广东省学生资助发展研究丛书）

ISBN 978－7－306－06265－9

Ⅰ.①广…　Ⅱ.①广…②广…　Ⅲ.①助学金—研究报告—广东—2007－2016　Ⅳ.①G526.78

中国版本图书馆CIP数据核字（2017）第315527号

GUANGDONGSHENG XUESHENG ZIZHU SHINIAN FAZHAN YANJIU BAOGAO（2007—2016NIAN）

出版人：	徐　劲
策划编辑：	王旭红
责任编辑：	王旭红
封面设计：	曾　斌
责任校对：	李艳清
责任技编：	何雅涛

出版发行：中山大学出版社
电　　话：编辑部 020－84110283，84113349，84111997，84110779
　　　　　　发行部 020－84111998，84111981，84111160
地　　址：广州市新港西路135号
邮　　编：510275　　　　传　真：020－84036565
网　　址：http://www.zsup.com.cn　　E-mail:zdcbs@mail.sysu.edu.cn
印 刷 者：广州家联印刷有限公司
规　　格：787mm×1092mm　1/16　18.375印张　350千字
版次印次：2017年12月第1版　2017年12月第1次印刷
定　　价：75.00元

如发现本书因印装质量影响阅读，请与出版社发行部联系调换

编 委 会

主　　　　任：景李虎
副　主　　任：朱超华　薛　彪　贺立平
委　　　　员：卓　越　丁瑶芳　卢　宁　朱顺平　任　柱
　　　　　　　田　甜　林海萍　杨　萍　郭东云　杜素芳
　　　　　　　吴烈雄　陈军健　张　超
主　　　　编：薛　彪
副　主　　编：卓　越　贺立平
课 题 组 组 长：贺立平
课题组副组长：朱顺平　田　甜　林海萍
核　心　成　员：杨　萍　郭东云　杜素芳　吴烈雄　陈军健
　　　　　　　张　超
参　编　单　位：广东省教育厅
　　　　　　　中山大学社会学与人类学学院
　　　　　　　益先社会工作研究院
　　　　　　　中大社工服务中心

为贫困学生搭建一座投身中国梦的桥梁
——《广东省学生资助发展研究丛书》总序

教育公平是社会公平的基础。保障家庭经济困难学生顺利入学、完成学业是促进教育公平的重要举措，是脱贫攻坚的重要手段。2007年，经党中央、国务院决策部署，在全国范围内构建新的国家学生资助政策体系，拉开了我国系统构建家庭经济困难学生资助保障体系的序幕。

"不让一个学生因家庭经济困难而失学"，是党和政府的庄严承诺。为此，各级党委政府经过不懈努力，不断完善学生资助政策体系，健全"中央、省、市、县、校"资助管理体系，建立学生资助精准认定、资助育人、资金管理、资助宣传、监督检查等工作机制，建成了"从学前教育到研究生教育所有学段全覆盖，公办民办学校全覆盖以及家庭经济困难学生全覆盖"的学生资助政策体系，实现了从"保障型资助"向"发展型资助"的资助理念转变，探索构建了"扶困助学—立德树人—投身中国梦"特色育人通道；确立了资助政策"助困、奖优、引导"功能定位；创新了"经济扶助与健康发展相结合"的资助模式，形成了以政府资助为主导，学校、社会资助共同参与的学生资助格局。

广东省作为我国经济、文化大省，常住人口总量位居全国之首。广东省高度重视教育发展与学生资助工作，在贯彻落实党和国家关于学生资助重大决策部署的同时，结合省情实际，探索发展了符合地区教育发展和资助需求，具有广东特色的政策体系，有力保障了"不让一个学生因家庭经济困难而失学"在广东省得以落地，为全面提升广东省教育共享水平，加快推进教育现代化建设，打造南方教育高地，促进经济社会发展和改善民生做出了积极贡献。

岭南地区素来以务实、开拓、创新为其特色，学生资助领域也不乏以真抓实干、一心助学的资助工作者和理论研究人员。此次由广东省教育厅精心组织，联合中山大学社会学与人类学学院、益先社会工作研究院、中大社工服务中心等多家科研单位，共同开展《广东省学生资助发展研究丛书》的编著工作，以年度发展研究与重要发展阶段研究相结合的方式，将2007年以来，十年间广东省学生资助政策体系建设与实践历程进行系统回顾，并自2016年起以年度发展研究报告为载体，对学生资助工作进行总体与特色研究，系统呈现了广东省学生资助政策体系构建、完善、发展的全过程，研究提出了学生资助"广东模式"。该丛书立足于广东省学生资助多年实践经验，放眼于国内乃至国际学生资助创新发展趋势的研究成果，为广大学生资助从业人员、科研工作者以及社会大众提供了翔实的资料信息，值得参考借鉴。

习近平总书记在党的十九大报告中指出，"建设教育强国是中华民族伟大复兴的基础工程，必须把教育事业放在优先位置，加快教育现代化，办好人民满意的教育"，同时还特别指出要"健全学生资助制度"，这为下一步教育发展以及学生资助工作提出了明确的目标要求。新时代下教育领域的主要矛盾，就是人民群众接受优质、公平教育的需要与教育发展不均衡不充分的矛盾。保障教育公平离不开学生资助工作的深入发展，离不开广大学生资助工作者和研究人员的理论思考与实践创新。广东省在新时代、新征程开启之际推出《广东省学生资助发展研究丛书》，体现了中共广东省委、省政府，以及各级教育部门对学生资助工作的高度使命感与责任意识，也为我国学生资助经验积累进行了有益尝试。希望更多的教育工作者、资助工作者和研究人员加入我们的行列，不断推动学生资助事业的创新发展，丰富学生资助"中国模式"，以扎实的实践与研究成果，为解决世界近五分之一人口大国的教育资助问题提供中国方法与中国道路！

田祖荫
全国学生资助管理中心主任
2017 年 10 月

序

学生资助是保障教育机会公平、过程公平，推进结果公平的重要工作，长期以来受到国家和省市各级政府的高度重视。我国学生资助政策体系建设经历了不同发展阶段。2007年，随着《国务院关于建立健全普通本科高校、高等职业学校和中等职业学校家庭经济困难学生资助政策体系的意见》的部署落实，开启了全国范围内系统建设家庭经济困难学生资助政策体系的历程。

广东省历来高度重视教育发展与学生资助工作，自2007年以来始终坚持贯彻落实党中央、国务院以及省委、省政府的决策部署，加强各级资助机构建设、完善资助政策体系、健全资助工作制度、保障资助资金投入、推动资助政策实施，建立了从学前教育到研究生教育各个阶段全覆盖的资助政策体系，从制度上基本解决了家庭经济困难学生的就学问题，有力保障了"不让一个学生因家庭经济困难而失学"。

为了系统回顾、全面总结广东省学生资助工作取得的成绩与经验，广东省教育厅联合中山大学社会学与人类学学院、益先社会工作研究院、中大社工服务中心等多家科研单位，组建广东省学生资助发展研究课题组，精心编写了《广东省学生资助发展研究系列丛书》，连续推出《广东省学生资助发展研究报告·2016》和《广东省学生资助十年发展研究报告（2007—2016年）》。

《广东省学生资助十年发展研究报告（2007—2016年）》围绕广东省学生资助的战略选择、发展历程、发展成效、发展建议以及创新实践五大方面，从理念体系、政策体系、发展成就、未来展望等多个层面，对2007年至今十年间广东省学生资助工作的发展成就进行系统梳理，研究提出学生资助"广东模式"，通过翔实的数据和生动的案例论证了学生资助"广东模式"产生、发展、成熟的全过程。不仅展现了多年来广东省学生资助以及教育发展决策者、实践者的智慧与创新，也结合党的十九大关于教育发展要求以及经济社会发展趋势，对广东省学生资助工作提出前瞻性建议，是学生资助领域从理论价值到实践指导都具有创新性和引领性的著作，完整展现了广东省求真务实、扎实推进学生资助、保障教育公平和社会公平的历史进程。

党的十九大对新时代、新征程上的教育发展提出了新要求，要解决从"有学上"到"上好学"的问题，让人民享有更好更公平的教育。学生资助作为保障教育公平、提升教育发展共享水平、打赢教育脱贫攻坚战的重要工作，所涉及群体广泛，政策性强，责任重大，需要持续的实践探索和经验研究。期待广大教育工作者、学生资助实践者、研究者都积极行动起来，共同推动新时代学生资助的创新发展，全力践行教育"优质"与"公平"的时代议题，为教育优先发展、推进教育现代化、办好人民满意的教育做出更大贡献！

是为序。

广东省学生资助发展研究课题组
2017 年 10 月

目 录

导论 ··· 1

第一章 使命与挑战——广东省学生资助的战略选择 ······················ 5
第一节 2007年以前学生资助发展状况分析 ································ 5
第二节 历史需求和现实机遇 ·· 11
第三节 深远意义和战略定位 ·· 19
小结 ··· 23

第二章 探索与完善——"广东模式"的发展历程 ······························ 25
第一节 理念构建 ·· 25
第二节 体系完善 ·· 37
第三节 工作落实 ·· 75
小结 ··· 100

第三章 成就与影响——"广东模式"取得的成效 ······························ 104
第一节 发展成就 ·· 104
第二节 综合影响 ·· 125
第三节 满意度评价 ·· 140
小结 ··· 163

第四章 前瞻与梦想——"广东模式"发展建议与展望 ······················ 165
第一节 形势与挑战前瞻 ·· 165
第二节 发展建议 ·· 170
第三节 未来展望 ·· 182
小结 ··· 190

第五章 特色与典型——"广东模式"的创新实践 ······························ 193
第一节 助困践行 ·· 193

第二节　育人创新 ································· 203
　　小结 ··· 215

附录一　广东省学生资助工作大事记（2007—2016年）············· 216
附录二　广东省学生资助重要政策文件目录（2007—2016年）········ 241
附录三　广东省学生资助媒体报道一览表（2007—2016年）·········· 250
附录四　广东省学生资助特色典型与做法一览表（2007—2016年）······ 260

参考文献 ··· 280

导　论

百年大计，教育为本。教育是社会事业的重要组成部分，是发展科学技术、培养人才和提高国民素质的基础，在经济发展和社会进步中处于重要基础性地位并起到先导性、全局性作用。发展教育是改善人力资源素质、提高社会生产力的最佳途径；教育也是使个人与家庭有机会提升社会地位，促进社会阶层流动，增加社会公平程度的主要手段。[①] 法国著名思想家卢梭曾经说过："教育是实现社会公平的伟大工具。"[②] 教育公平是社会公平的重要内容，也是实现社会公平的重要手段和途径。学生资助（本书所指"资助"均指"学生资助"）历来是实现教育公平、维护家庭经济困难学生受教育权利的重要手段和基本保障。广东省历来重视教育发展与学生资助工作，经过近十年的探索实践，在南粤土地上孕育出独具岭南特色的广东省学生资助体系，构建发展了"四三三四"多维立体全覆盖的广东省学生资助模式（以下简称"广东模式"），即"以助困育人、立德树人、教育公平、共享发展四大理念为支撑，以务实、开放、创新的岭南精神为引领，运用精准资助、精细管理、精心服务的三大工作手法，实现改变学生命运、优化人才结构、发展教育事业、全面建成小康社会的四大改变"。本书中，资助体系是指为保障家庭经济困难学生受教育权利，由政府、学校、社会等多主体联动，财政、教育、扶贫、民政、残疾人联合会等多部门协作，是以学生资助理念为统领，由学生资助管理体系、资助政策、政策落实机制、监管机制、育人机制等构建形成的综合体系。本书中，资助政策体系是指以各级党委和政府为主导，学校和社会力量共同参与，明确资助组织领导、资助组织形式和资助标准，对家庭经济困难、残疾人等学生予以多种形式的扶困助学措施而组成的政策体系。

一、学生资助"广东模式"的产生背景

广东地处南岭以南、南海之滨，与香港、澳门、广西、湖南、江西和福建接壤，与海南隔海相望，自唐代以来便是重要的对外贸易区。广州港自古以来就是中国对外贸易的重要港口，是中国最早对外的通商口岸。随着"海上丝绸之路"

[①] 朱金花. 教育公平：政策的视角 [D]. 长春：吉林大学，2005：1.
[②] 朱金花. 教育公平：政策的视角 [D]. 长春：吉林大学，2005：5.

的开辟，广东日渐成为沟通国内外的通商要道，在全国的经济地位日渐凸显。因地缘优势、经济贸易的繁荣，广东成为近代中国最早与外来文明展开交流的地区之一，中西文化在这里汇聚交融，全新的思想在这里激烈碰撞，不断加速推进着广东近代化的步伐。广东的近代化历程为当代广东的高速发展奠定了基础，这种基础不仅决定了广东在当代中国改革开放版图中的特殊地位，也使广东省能较快启动改革开放的步伐。[①] 地缘优势和长期对外通商所形成的开放包容的文化特色，成为现代广东高速发展的土壤。改革开放以来，在党和国家的关心和支持下，广东省经济、社会、文化保持快速发展，始终担当我国全面深化改革和社会主义建设的排头兵。2017年，习近平总书记对广东工作做出重要批示，提出"四个坚持、三个支撑、两个走在前列"的要求，希望广东坚持党的领导、坚持中国特色社会主义、坚持新发展理念、坚持改革开放，为全国推进供给侧结构性改革、实施创新驱动发展战略、构建开放型经济新体制提供支撑，努力在全面建成小康社会、加快建设社会主义现代化新征程上走在前列。

纵观广东省经济社会的发展历史，作为对外交流的前沿地带和国家发展战略的先行地区，广东省有着天然的优势，但是从广东省内的发展状况来看，广东省的先行优势主要集中在珠江三角洲地区（以下简称"珠三角地区"）。改革开放以来，广东省贯彻落实国家关于社会主义建设的各项部署，鼓励并支持各地先行先试，珠三角地区因毗邻港澳，人才聚集，经济社会发展迅速，而粤东西北地区因区位、资源、交通等因素限制，经济社会发展落后于珠三角地区，也造成广东省内区域发展极不均衡的局面。

如何"通盘考虑、统一布局"，打破区域经济社会发展的不平衡，保障全民共享改革开放发展成果，促进社会公平？破解这一议题，发展教育是关键。经济社会的发展归根结底是人才的培养，人才培养的根本要依靠教育。保障每一位公民的受教育权利，确保教育公平，是促进社会公平的重要手段，对解决经济社会发展的不均衡问题起着重要的基础性和决定性作用。党的十八大以来，广东省全面深化改革，社会主义建设事业进入新的发展阶段，发展教育公平、保障社会公平、落实共享发展理念成为当前面临的重要历史任务。为此，广东省学生资助工作应时而生、顺势而为。

在全面建成小康社会的关键时期，广东省经济建设、政治建设、文化建设、社会建设以及生态文明建设全面推进，工业化、信息化、城镇化、市场化、国际化深入发展，人口、资源、环境压力日益加大，经济发展方式加快转变，凸显了

---

① 曾光光. 从近代文化的视野看当代广东的挑战与机遇 [N]. 深圳特区报，2014-04-29 (B10).

提高人民群众素质、培养创新型人才的重要性和紧迫性。① 同时，由于广东省人口一直位居全国前列，2016年广东省常住人口已经超过1亿，跃居全国首位，教育入学适龄人口基数大。面对教育大众化、教育公益性的需求，以及全省各地区经济发展水平极不均衡，地区财力有限，少数民族和特殊群体教育发展滞后等因素的影响，广东省学生资助在资助政策体系构建、资助资源配置、资助力度和范围把控、资助项目设计、各级财政资金投入和扶持力度方面都面临着极大挑战。如何在满足现有经济发展需求的同时，促进教育发展、保障教育公平是一直以来广东省学生资助所面临和需要解决的关键问题。学生资助"广东模式"也正是在这样的现实背景下构建和发展的。

源于地理人文、历史积淀以及岭南文化的孕育，广东省学生资助融汇了务实、开放、创新的精神特质，在服务经济社会发展的同时，始终坚持以促进教育公平，推进助困育人、落实立德树人，实现优质教育资源共建共享为目标，构建以务实、开放、创新的岭南精神为指引的学生资助事业美好蓝图。

二、本书研究背景与目的

教育是民族振兴、社会进步的重要基石。2007年至今特别是党的十八大以来，广东省根据经济、社会发展需要，坚持教育优先发展战略，以促进公平，资助育人为工作方针，贯彻落实党中央、国务院以及中共广东省委、省政府的决策部署，不断建立健全家庭经济困难学生资助政策体系，完善财政保障机制，强化制度建设与"智库"建设，健全监督机制，广泛开展资助宣传，推进立德树人，建立了以政府主导、多种措施并存的广东特色学生资助体系，从制度上基本解决了家庭经济困难学生的上学难问题，实现了从学前教育到研究生教育阶段学生资助政策全覆盖、公办与民办学校全覆盖、家庭经济困难学生全覆盖，有力确保了"不让一个学生因家庭经济困难而失学"，有效促进了教育公平，切实推进了扶贫攻坚任务落实，为全面提升广东省教育共享水平，加快推进教育现代化建设，打造南方教育高地，促进经济发展、社会进步与民生改善做出了积极贡献。

本书全貌呈现学生资助"广东模式"在2007到2016年十年间构建与发展的历程，即在岭南文化精神的熏陶下，以促进教育公平为基点，保障社会公平和正

---

① 广东省教育厅. 广东省中长期教育改革和发展规划纲要（2010—2020）[EB/OL]. (2010-10-21)[2017-07-29]. http://www.gdhed.edu.cn/publicfiles/business/htmlfiles/gdjyt/s1211/201404/474781.html.

义为最终价值取向，以实现优质教育资源共享发展为目标，推进精准资助、精细管理、精心服务，积淀形成共享、开放、多元、创新且多维立体的"广东模式"全过程；通过梳理2007年以前学生资助工作的基本情况和面临的形势，分析广东省开展学生资助工作的现实需求以及建构学生资助体系的可行性，广东省学生资助工作的战略定位，阐述2007—2016年十年间广东省学生资助的理念构建、政策体系完善以及工作落实等方面的具体实践；从改变学生命运、优化人才结构、发展教育事业、推进全面小康四方面分析学生资助"广东模式"十年发展成效；结合新时代、新征程要求，为学生资助"广东模式"在新形势下的提升与发展提供对策建议。本书立足广东省学生资助发展历程回顾，总结"广东模式"发展经验，为新时代学生资助工作发展提供建议与参考，为本土乃至全国学生资助的深入发展提供研究蓝本与经验借鉴。

第一章 使命与挑战
——广东省学生资助的战略选择

第一节 2007年以前学生资助发展状况分析

一、2007年以前学生资助发展概况

（一）总体情况

教育是民族振兴的基石，涉及千家万户。学生资助是保障教育公平，促进社会公平的重要政策体系和基础性工作，以"不让一个学生因家庭经济困难而失学"为政策目标，为促进教育事业发展，改革开放和社会主义现代建设发挥人才和智力支持作用做出积极贡献。

2007年之前，我国针对不同教育阶段发展目标和工作要求，先后实施农村义务教育阶段家庭经济困难学生免除学杂费政策，中等职业学校家庭经济困难学生国家助学金政策，普通高等学校家庭经济困难学生国家奖学金、助学金及助学贷款政策等，取得了良好成效。广东省认真贯彻国家各项教育改革发展与学生资助政策，同时因地制宜，探索建立符合广东省情的学生资助政策体系，促进了广东教育事业蓬勃发展。"十五"期间，广东省义务教育普及水平不断提高，高中阶段教育迅速发展，高等教育实现跨越式发展。[①]

纵观2007年之前教育资助政策发展情况，我国开始从教育保障角度逐步建立从义务教育阶段到高等教育阶段的学生资助政策体系，广东省在党中央、国务院的统一部署下，坚持教育优先发展战略，以建设教育强省、加快推进教育现代化为目标，推动各教育阶段资助政策体系完善，但与各阶段教育发展目标以及家庭经济困难学生群体的实际需求仍有较大差距，具体表现在广东省家庭经济困难

---

① 广东省人民政府办公厅. 关于印发《广东省教育发展"十一五"规划》的通知[EB/OL]. (2007-10-18)[2017-07-28]. www.gd.gov.cn/govpub/zfwj/zfxxgk/gfxwj/yfb/200809/t20080910_63852.htm.

学生资助政策体系整体还不够完善,学前教育阶段学生资助缺位,普通高中、中等职业教育和高等教育阶段家庭经济困难学生资助面偏窄、资助标准偏低的问题仍比较突出。一方面,广东省作为我国改革开放的前沿阵地,经济社会快速转型足以成为全国经济社会发展的缩影,既有经济社会发展水平全国领先的珠三角地区,也存在经济极为落后的粤西北地区;另一方面,广东省家庭经济困难学生普遍来自于农村,教育支出在家庭经济收入中占比较高,家庭无力承担,子女就学存在较大困难。城乡、区域教育公平以及贫困家庭子女面临的上学难问题,是广东乃至全国学生资助政策体系完善亟待解决的重要问题。

(二) 具体情况

1. 学前教育阶段发展薄弱,资助政策急需建立

长期以来,我国学前教育发展相对不足,学前教育经费投入一度仅占全国教育经费的1%~3%。2006年我国学前教育公共经费投入仅占国家GDP的0.035%[1]。学前教育经费的严重不足,致使我国学前教育发展缓慢,学前教育国家资助政策体系未能建立。我国学前教育平均学费水平早在1999年就已经超过了农村居民的人均纯收入,在2002年更是达到了农村居民人均纯收入的170%,学前教育学费占城镇居民人均可支配收入的比例达到了55%,经济困难家庭无力支付学前教育费用。[2] 此外,农村学前教育承载力不足,幼儿园覆盖率不够,办园规模无法满足幼儿就近入园的需要。广大贫困农村地区学前幼儿"上学难""上学贵"的问题日益凸显。

从广东省教育整体发展情况来看,学前教育是广东教育现代化发展进程中最薄弱的环节,特别是在农村贫困地区,学前教育是教育均衡发展中的短板地带。粤东西北的农村地区缺乏符合教育规定的学前教育机构,适龄幼儿到非正规的托管机构,或留在家里接受隔代教养,进入幼儿园接受正规学前教育存在很大困难。农村办园质量整体偏低,突出表现为班级规模大、园所环境差、教师专业能力弱等问题。很多农村幼儿园生师比超标,"大班额""超大班额"现象普遍存在。幼儿园园舍破旧、基础设施落后,教室采光、桌椅、玩具架、盥洗和如厕用具以及整体卫生状况等都普遍较差。学前教育阶段教育公平问题不容忽视,广东解决家庭经济困难幼儿就学的任务十分艰巨。

为改善农村地区学前教育状况,促进教育起点公平,广东省积极促进各地学前教育的发展,探索实施学前教育资助政策,但由于城乡、区域经济、文化发展

---

[1] 邬平川. 我国学前教育财政投入法律制度建设刍议 [J]. 教育科学, 2014, 30 (1): 22-26.
[2] 马佳宏, 王琴. 我国学前教育成本分担问题研究 [J]. 教育导刊 (下半月), 2010 (3): 15-18.

水平的巨大差异，这一时期以鼓励各地根据当地学前教育发展需求与财政状况，因地制宜探索地区性学前教育资助政策为主。

2. 义务教育阶段发展存在城乡区域差距，需大力推进均衡发展

早在 2001 年，广东省率先对农村年人均纯收入低于 1500 元的困难家庭义务教育阶段学生实行免收书本费和杂费（简称"两免"）制度。① 到 2003 年，全省小学在校生为 1025.37 万人，初中生为 438.18 万人。其中，农业人口所占比例为 51.8%，农村小学生达 531.14 万人，农村初中生达 223.87 万人，二者合计约 755.01 万人。② 2006 年秋季起，广东省在农村全面实施免费义务教育，1026 万人享受该政策，同时农村原来享受"两免一补"的学生除与其他农业户口学生一起享受"免杂费"外，还享受免课本费和生活费补助，103 万人享受该政策，资助金额达 1.89 亿元（其中免费课本费资金 0.86 亿元，生活费补助资金 1.03 亿元）。③ 从 2001 年至 2006 年，广东省财政共安排"两免一补"专项资金 18.79 亿元，全省贫困学生共有 503 万人④享受到这一优惠政策，受到社会一致好评，产生了良好的社会效应。

然而，随着改革开放全面深化，经济社会的加速转型，城乡、区域发展不平衡日趋加剧，广东省部分农村地区经济水平相对落后，贫困人口基数大，地方财政能力有限，教育投入严重不足，教育基础相对薄弱，义务教育阶段适龄学生面临"进不来、留不住"的困难，普及义务教育任务艰巨。

受经济发展不均衡影响，广东省城乡、区域之间义务教育发展差距较大。从师资队伍来看，城镇地区教师本科毕业以上学历达 80%，而农村地区高级教师缺失，师资力量薄弱，部分现有教师达不到合格要求。从办学条件上看，珠三角地区校舍、设备齐全，大部分中小学已在大力推进教育信息化和现代化，科学馆、体育馆、游泳馆等建设完善，计算机配备接近发达国家标准；而粤东西北地区的不少中小学则校舍空间局促、设施落后，部分中小学甚至缺乏基本教学设备，学生流失情况严重，办学条件极其恶劣。义务教育发展的不平衡，造成了教育机会的不均和教育资源配置的不公，部分适龄学生接受义务教育的权利得不到保障。切实缩小城乡、区域义务教育发展差距，促进全省义务教育的均衡发展是

---

① 广东省人民政府.广东在全国先行一步实施农村免费义务教育[EB/OL].(2006-09-02)[2017-09-01].http://www.gd.gov.cn/govpub/zwdt/0200609040011.htm.
② 刘宝超.广东省农村义务教育阶段贫困学生资助的政策与实施[J].广东教育学院学报，2007(2)：56-61.
③ 参见广东省教育厅学生助学工作管理中心《2006 年工作总结与 2007 年工作设想》。
④ 广东省人民政府.广东在全国先行一步实施农村免费义务教育[EB/OL].(2006-09-02)[2017-09-01].http://www.gd.gov.cn/govpub/zwdt/0200609040011.htm.

该阶段广东义务教育学生资助的重要课题和任务。

3. 中等职业教育稳步推进，资助政策体系仍需进一步完善

我国职业教育自改革开放后实现了又好又快发展，取得了显著成就。中共广东省委、省政府分别于2006年印发《关于大力发展职业技术教育的决定》（粤发〔2006〕21号）[1]，2008年印发《关于推进产业转移和劳动力转移的决定》（粤发〔2008〕4号）[2]，明确建成"具有广东省特色的现代职业技术教育体系，完善'政府主导、依靠企业、充分发挥行业作用、社会力量积极参与、公办与民办共同发展'的多元化办学格局"的职业技术教育发展目标，以及到"2012年全省建成一批布局合理、产业特色鲜明的产业转移集群，劳动力就业比重提高，农村劳动力在城镇就业以及向二、三产业转移成效显著，推动广东产业竞争力位居全国前列"的产业转移与劳动力转移目标。为此，广东省积极推进中等职业教育稳步发展。2004年年底，广东省中等职业教育取得了历史性突破，全省建成中等职业学校870所（含技工学校186所），全省中等职业学校在校生总数为94.5万人。2005、2006年，中等职业学校连续两年每年扩招100万人，中等职业学校年招生规模达到748万人，在校生规模达到1810万人，均创历史最高纪录，促进了教育整体结构趋向协调。2006年首次发放中等职业教育国家助学金，15000人获得资助，资金金额为1500万元。[3] 2007年秋季学期起，中央和地方共同设立中职学生国家助学金，用于资助普通中等职业学校在校一、二年级农村学生和城市家庭经济困难学生，资助标准为每生每年1500元。[4]

与此同时，中等职业教育仍面临着许多困难和问题，其中家庭经济困难学生接受中等职业教育的问题越来越突出。一方面，有不少家庭经济困难学生因为得不到有效资助，不能顺利入学；另一方面，多数中等职业学校在校生来自农村和城市中低收入家庭，随着招生规模增长，广东省中职学校生源总体呈现农村学生多，家庭经济困难学生比例高，学生家庭经济压力大等特点，亟待建立并完善中等职业教育阶段学生资助制度体系。

4. 普通高中教育发展有待加强，资助力度仍需扩大

高中阶段教育是教育体系的重要组成部分，在九年义务教育和高等教育之间

---

[1] 中共广东省委，广东省人民政府. 关于大力发展职业技术教育的决定：粤发〔2006〕21号[EB/OL]. (2006-09-26) [2017-08-28]. http://www.szeb.edu.cn/bsfw/fwxxkz_jy/jxjy/201501/t20150118_2800791.htm.

[2] 中共广东省委，广东省人民政府. 关于推进产业转移和劳动力转移的决定：粤发〔2008〕4号[EB/OL]. (2008-05-29) [2017-08-28]. http://news.sgmsw.cn/2008/china_0530/140981.html.

[3] 参见广东省教育厅学生助学工作管理中心《2006年工作总结与2007年工作设想》。

[4] 参见广东省教育厅学生助学工作管理中心《2007年工作总结与2008年工作设想》。

起着承前启下的作用，关系到国民素质的提高和经济社会的发展，尤其对于广东作为现代产业集聚，经济发展保持高速增长，人才需求量相对较大的地区而言，更具有重要意义。"十五"期间，广东高中阶段教育虽然规模发展迅速，毛入学率从38.7%提高到57.5%，但相对于总体需求仍显不足，且该阶段学生资助政策体系尚未系统建立，仍需大力完善。主要表现在高中阶段教育总体规模偏小，教育的规模、质量、水平未能满足经济社会发展和人民群众需求；高中阶段家庭经济困难学生资助政策单一、资助面偏窄、资助标准偏低。

从高中教育规模和普及程度来看，据2007年数据，初中毕业生升学率为77.65%，全省高中阶段教育毛入学率达到65.9%，略高于全国平均水平；从高中阶段教育校均规模来看，据2006年数据，普通高中校均规模为1627人，规模较小；从高中阶段在校生地区来源来看，珠三角地区人口占全省的28%，东西两翼和山区人口占全省的72%；从户籍人口来看，区域间差距十分明显，珠三角地区已经普及或基本普及高中阶段教育，而欠发达地区部分市、县（市、区）高中阶段教育毛入学率还低于50%，珠三角每万人高中阶段教育在校生数明显高于东西两翼和山区；从高中阶段在校生城乡比例来看，普通高中农村户籍占在校生的51.16%；从高中阶段在校生性别比例来看，普通高中男女生比为53:48，呈现男多女少的局面。① 因此，加快广东省高中阶段教育发展步伐，全面普及高中阶段教育，促进地区均衡发展，提高高中阶段教育资助水平是教育事业发展的结构性要求，更是符合广东省经济社会发展的需要。

5. 高等教育阶段资助政策体系仍需完善，以助力高等教育大众化发展

高等教育作为人力资源开发的重要途径，其发展水平直接决定着一个国家劳动力知识存量水平和国民素质的高低。改革开放初期，我国高等教育的发展存在一定程度的办学经费短缺问题，对高等教育的发展形成制约。为解决上述问题，根据高等教育成本分担理论，我国进行高校学费制度改革。收取学费可以使学校获得更多经费以弥补其运营的不足，促使其更好发展，并且通过扩大招生额度使更多人受益，从而改变只有少数人接受高等教育的状况。然而，高额的学费又导致相当数量的家庭经济困难学生出现上学难的问题。我国高校学杂费约占农村家庭年收入的25%以上，超出了大多数农村家庭的实际承受能力。学费和教育费用成为贫困家庭的沉重负担。

广东省从2000年起初步建立适应高等教育收费改革的学生资助政策，以助学贷款为主体，通过"奖、贷、助、补、减"等政策相结合，综合实施包括国家专项奖学金、单位专项奖学金、优秀学生奖学金、定向奖学金、勤工助学、减

---

① 参见广东省教育厅委厅机关第二批业务研究项目《构建广东高中阶段教育学生资助体系研究》。

免学费、临时困难补助等措施对家庭经济困难学生进行资助和奖励。2005 年全省共有 79 所高校开展了国家助学贷款业务,有 5.34 万名学生签订了贷款合同,贷款合同总金额达 6.68 亿元,已发放贷款 3.83 亿元,省财政贴息 0.15 亿元。[①] 尽管如此,但自普通高校实施扩招以及收费改革以来,因家庭经济困难导致无法入学,以及入学后在校贫困生的比重仍呈增长趋势,且表现出城乡、区域差异。高校家庭经济困难学生中,农村贫困生比重高于城镇学生,来自粤东西两翼和粤北山区贫困生高于珠三角地区。家庭经济困难学生不仅在经济上处于困境,无力支付学杂费、生活费、日常学习费用等,而且心理负担沉重,有自卑和焦虑心理,严重影响其身心健康。广东省普通高校多位于经济发达的珠三角地区,学杂费以及生活费相对较高,也进一步加剧了家庭经济困难学生的经济负担,导致学生心理落差加大,不利于学生的求学与成长。这既是高等教育发展过程中面临的一个重大问题,也是一种短期内难以消除的社会现象。高校贫困生问题日益引起国家和社会的普遍关注,构建合理有效的高等教育贫困生资助政策体系已成为当务之急。

二、存在的困难和问题

(一) 学生资助政策体系未实现全覆盖,运作机制仍需完善

首先,2007 年以前,广东省基本普及九年义务教育、稳步发展中等职业教育,大力发展高等教育,并在以上四个教育阶段开始建立资助政策体系,但学前教育与普通高中阶段资助仍是薄弱环节,缺乏对家庭经济困难学生的资助政策。其次,学生资助内容相对单一,未能广泛为家庭经济困难学生提供资助。如高中阶段的教育资助方式比较单一,资助力度相较于经济困难家庭的实际教育支出仍显不足。最后,部分制度缺乏配套实施细则或操作办法,部分资助政策和制度亟待修订完善。如对家庭经济困难学生的基础认定并未细化、缺乏评选公示制度等。

(二) 教育资源分布不均,地区差异较大

随着改革开放政策的推行,广东省经济社会得到快速发展,但地区之间、城

[①] 广东省人民政府办公厅. 印发广东省教育发展"十一五"规划的通知:粤府办〔2007〕88 号 [EB/OL]. (2007-10-18) [2017-08-28]. http://www.gd.gov.cn/govpub/zfwj/zfxxgk/gfxwj/yfb/200809/t20080910_63852.htm.

乡之间经济发展差距较大，珠三角地区经济发展极为迅速，粤西北地区受各种因素制约经济发展较为落后，导致教育资源配置不尽合理，很多贫困家庭的子女面临着上学难的问题，尤其是农村群体性贫困问题凸显了社会建设中的结构性矛盾。家庭经济困难学生的资助工作关系到贫困家庭能否通过教育脱贫，关系到教育公平与全面建成小康社会的实现与否。

（三）学生资助覆盖面与总体资助力度仍需加强

2006年，广东省义务教育阶段在校生总数为1533.45万人[1]，其中免费义务教育学生为1026万人，全省农村困难学生免收义务教育阶段课本费和生活费补助103万人（其中小学生72.25万人，初中生30.75万人），资助金额1.89亿元[2]，占在校生总数的6.72%。中等职业教育阶段，全省在校生总人数为119万人[3]，国家助学金共资助中职学生1.5万人，资助金额为0.15亿元[4]，占在校生总数的1.26%。高等教育阶段，全年普通本专科在校生总数为100.86万人，国家助学贷款全年获得贷款学生为6.96万人，发放贷款6.78亿元；首次发放广东省政府助学金，资助学生2万人，发放助学金0.3亿元；全年国家奖学金与助学金资助人数2.35万人，资助金额0.38亿元，受助学生占比11.21%。从上述数据可知，截至2006年，广东省各教育阶段资助覆盖面仍有不足，义务教育阶段主要面向农村学生，中等职业教育阶段资助面较低，高等教育阶段以助学贷款为主，资助覆盖面与资助力度与在校贫困生实际需求之间还存在一定差距。

第二节　历史需求和现实机遇

综合本章第一节关于2007年以前广东乃至全国教育事业发展以及学生资助政策体系的现状分析可知，从国家以及地区教育体制改革和教育现代化建设的政策背景和保障家庭经济困难学生受教育权利的现实需求出发，广东省亟待立足本地区经济社会发展水平，深入贯彻落实国家政策，健全并完善学生资助政策体系建设，为确保新时期教育公平，促进社会公平提供机制保障。

---

[1] 教育部. 2007年中国教育年鉴［EB/OL］.（2008-11-04）［2017-08-28］. http://www.moe.edu.cn/jyb_ sjzl/moe_ 364/moe_ 2489/moe_ 2526/tnull_ 14110.html.
[2] 参见广东省教育厅学生助学工作管理中心《2006年工作总结与2007年工作设想》。
[3] 教育部. 2007年中国教育年鉴［EB/OL］.（2008-11-04）［2017-08-28］. http://www.moe.edu.cn/jyb_ sjzl/moe_ 364/moe_ 2489/moe_ 2526/tnull_ 14110.html.
[4] 参见广东省教育厅学生助学工作管理中心《2006年工作总结与2007年工作设想》。

一、历史需求

（一）我国教育资助政策法规的演进

中华人民共和国成立后，党和政府十分重视发展教育事业，关注普及教育和贫困生上学等问题。国家制定了多项法律法规，从不同角度保障人人有受教育的权利，其中特别强调少数民族、儿童、妇女和残疾人等弱势群体接受教育的权利，同时指出要完善家庭经济困难学生的资助制度，推动资助政策体系的构建。

1949年，第一届中国人民政治协商会议制定的共同纲领指出"要有计划、有步骤地实行普及教育"。1949年12月，在教育部召开的第一次全国教育工作会议上，明确提出"学校必须为工农开门"的方针。1951年9月，教育部召开第一次全国民族教育会议，会议提出"应充分重视并加强对少数民族教育工作的领导"。1955年，最高国务会议通过的《1956—1967年全国农业发展纲要（草案）》规定："从1956年开始，按照各地情况分别在七年或者十二年内普及小学教育。"同时，政府还号召各族人民开展大规模的扫盲运动。但20世纪60年代中期到70年代末，受当时社会政治运动的影响，教育事业几近停滞。

1986年，我国颁布了《中华人民共和国义务教育法》，为普及九年义务教育以及保障教育机会均等提供了法律依据。随着一系列法律法规的颁布，如《扫除文盲工作条例》（1988年）、《中华人民共和国残疾人保障法》（1990年）、《中华人民共和国未成年人保护法》（1991年）、《中华人民共和国妇女权益保障法》（1991年）等，从不同角度为不同人群享有平等的教育权利提供了法律依据和保障。1995年，《中华人民共和国教育法》颁布，该法规定："公民不分民族、种族、性别、职业、财产状况、宗教信仰等，享有平等的受教育权利。"同时还规定，国家帮助和扶持少数民族地区和边远贫困地区发展教育事业。

除此之外，我国先后出台的一系列发展教育事业的纲领性文件，如1985年颁布的《中共中央关于教育体制改革的决定》，1993年中共中央、国务院发布的《中国教育改革和发展纲要》，1999年国务院转发教育部制定的《面向21世纪教育振兴行动计划》，以及2005年国务院发出的《关于深化农村义务教育经费保障机制改革的通知》，等等，均从不同方面补充、强调教育机会均等政策，并为执行政策提供指导与支撑。

教育部在《2003—2007年教育振兴行动计划》中提出："完善国家和社会资助家庭经济困难学生的制度。以政府投入为主，进一步健全对家庭经济困难学生的助学体系。在高等院校，切实贯彻国家制定的奖学金、学生贷款、勤工助学、学费减免、特殊困难补助等资助困难学生的政策，大力推进国家助学贷款工作。继续动员和鼓励社会团体和个人对家庭经济困难学生开展多种形式的资助活动。"①

2004年，《中共中央 国务院关于进一步加强和改进大学生思想政治教育的意见》（中发〔2004〕16号）指出，要加强对经济困难大学生的资助工作，以政府投入为主，多方筹措资金，不断完善资助政策和措施，形成以国家助学贷款为主体，包括助学金奖学金、勤工助学基金、特殊困难补助和学费减免在内的助学体系，帮助经济困难大学生完成学业。②

可见，一方面，发展学生资助工作是法律上赋予各级党委与政府的重大责任和任务。我国宪法和教育法赋予公民平等接受教育的权利。宪法规定，公民有受教育的权利和义务。义务教育法规定，国务院和县级以上地方人民政府应当保证农村地区、民族地区实施义务教育，保障家庭经济困难的和残疾适龄儿童、少年接受义务教育。高等教育法和职业教育法明确规定国家对在校学生应当给予奖励和资助，特别是对经济困难学生，规定了具体资助措施和手段。显然，宪法和各类教育法律法规已把学生资助纳入法律保障范围，为群众提供平等的教育机会，是各级政府的责任和义务。另一方面，国家的政策部署为广东省学生资助工作提供了指引，明确了发展方向。国家针对家庭经济困难学生的资助政策，为广东省发展学生资助工作确定了目标，为广东省贯彻执行党中央的决策部署指明了路径和方法。

（二）任务要求

1. 国家层面的任务要求

"十一五"时期，国家教育事业发展规划明确提出建立健全学生资助体系的任务要求，此后，党中央和国务院先后通过党的十六届六中全会、十八大等做出国家学生资助体系建设的重要决策部署，进一步明确了在国家层面对建立健全学生资助政策体系的目标与要求。

2005年《国家教育事业发展"十一五"规划纲要（2006—2010年）》中指

---

① 教育部. 国务院批转教育部2003—2007年教育振兴行动计划的通知：国发〔2004〕5号[EB/OL].（2004-03-03）[2017-08-28]. http://www.moe.gov.cn/jyb_xxgk/moe_1777/moe_1778/tnull_27717.html.
② 国家发展和改革委员会. 中共中央 国务院关于进一步加强和改进大学生思想政治教育的意见：中发〔2004〕16号[EB/OL].（2004-10-14）[2017-08-28]. http://www.moe.edu.cn/s78/A12/szs_lef/moe_1407/moe_1408/tnull_20566.html.

出:"建立健全资助体系,保障家庭经济困难学生的受教育机会。"①

2006年8月29日,胡锦涛总书记在中央政治局第34次集体学习会上要求:"要进一步完善帮助贫困家庭学生上学的资助制度和扶持政策等,保障人民享有接受教育的机会。"温家宝总理在教育工作座谈会上多次强调,我们必须大力发展教育事业,努力使教育体现出最大的社会公平,让所有的孩子都能圆上学梦。

2006年10月11日,党的十六届六中全会通过的《中共中央关于构建社会主义和谐社会若干重大问题的决定》提出:"在农村并逐步在城市免除义务教育学杂费,全面落实对家庭经济困难学生免费提供课本和补助寄宿生生活费政策,保障农民工子女接受义务教育。"②

2007年3月,总理温家宝在十届人大五次会议的政府工作报告中郑重宣布,在普通本科高校、高等职业学校和中等职业学校建立健全国家奖学金、助学金制度。5月,国务院印发《关于建立健全普通本科高校高等职业学校和中等职业学校家庭经济困难学生资助政策体系的意见》(国发〔2007〕13号)(以下简称《意见》),对国家助学政策进行了一次重大调整和改进,全面部署建立健全我国家庭经济困难学生资助政策体系。该文件就建立健全家庭经济困难学生资助政策体系的重大意义、主要目标与原则、主要内容等做出了安排,并明确家庭经济困难学生资助政策自2007年秋季开学起在全国实施,这是继全部免除农村义务教育阶段学生学杂费之后,党中央、国务院做出的又一重大决策。③为落实《意见》部署,国务院专门召开了"全国家庭经济困难学生资助工作会议",国务委员陈至立出席会议并发表了重要讲话,强调各地区、各有关部门和各学校要充分认识实施这一政策的重大意义,按照国务院《意见》精神,尽快制定和发布相关配套文件,全力以赴落实意见精神与各项部署。此后各地区各校一方面全面落实国务院《意见》规定的国家资助政策,另一方面根据国务院《意见》精神,结合地市实际制定配套资助政策。该《意见》的出台标志着我国系统性建设家庭经济困难学生资助政策体系的开始。

2010年《国家中长期教育改革和发展规划纲要(2010—2020年)》将家庭经济困难学生资助列入教育改革发展的十个重大项目之一,并向全社会庄严承诺:"不让一个学生因家庭经济困难而失学。"

---

① 国务院. 批转教育部国家教育事业发展"十一五"规划纲要的通知(国发〔2007〕14号)[EB/OL].(2007-05-18)[2017-08-28]. http://www.moe.gov.cn/jyb_xxgk/moe_1777/moe_1778/tnull_27737.html.

② 人民网. 中共中央关于构建社会主义和谐社会若干重大问题的决定[EB/OL].(2006-10-18)[2017-08-28]. http://cpc.people.com.cn/GB/64093/64094/4932449.html.

③ 李艳辉. 从制度上保证家庭经济困难学生顺利完成学业[N]. 天津日报,2007-09-04(014).

2011年，我国《国民经济和社会发展第十二个五年规划纲要》中明确提出"健全国家资助制度，扶助经济困难家庭学生完成学业"。

2012年，"十八大"报告中再次提出"大力促进教育公平，合理配置教育资源，重点向农村、边远、贫困、民族地区倾斜，支持特殊教育，提高家庭经济困难学生资助水平，积极推动农民工子女平等接受教育，让每个孩子都能成为有用之才"。

通过上述有关学生资助政策体系的重大会议及文件精神梳理，可以看出学生资助作为促进教育公平的重要保障性工作，受到党和政府的重视和支持。做好学生资助工作对解决家庭经济困难学生上学难的问题具有重要意义，是我国发展建立社会主义教育事业的必然要求，更是实现中华民族伟大复兴中国梦的历史性选择。

2. 广东省层面的任务要求

"十一五"以来，广东省一方面贯彻落实国家教育事业发展规划以及重要纲领性文件对学生资助体系建设完善的任务要求，另一方面立足省情实际，出台相应政策措施，逐步推进广东学生资助政策体系的建设完善。

2005年，根据中共广东省委、广东省人民政府《关于印发〈广东省教育现代化建设纲要（2004—2020年）〉的通知》（粤发〔2004〕13号），广东省制定了《2004—2010年广东省教育现代化建设纲要实施意见》，加快我省教育现代化进程。其中要求：一是高水平、高质量普及九年义务教育，巩固提高普及义务教育的目标，至2007年，全省小学适龄儿童入学率和初中毛入学率达到100%，适龄残疾儿童少年入学率达到95%以上；至2010年，全省小学适龄儿童入学率和初中毛入学率保持100%，适龄残疾儿童少年入学率达到97%以上。二是加快普及高中阶段教育，至2007年，全省高中阶段教育毛入学率达到65%，其中经济发达地区普及高中阶段教育，珠三角地区初中毕业生升学率达到95%以上，东西两翼和粤北山区初中毕业生升学率力争达到75%以上。高中阶段优质学位（地市一级学校、省级重点中等职业学校以上标准的学位），东西两翼和粤北山区力争达到60%以上，珠三角地区达到80%以上。2010年，全省高中阶段教育毛入学率达到80%，基本普及高中阶段教育。[①]

2007年10月，广东省人民政府办公厅印发《广东教育发展"十一五"规划》，指出"建立健全扶贫助学制度；完善农村贫困家庭子女义务教育阶段免收

---

① 广东省教育厅. 印发《广东省教育现代化建设纲要实施意见（2004—2020年）》的通知[EB/OL]. (2005-08-09) [2017-08-28]. http://www.gdhed.edu.cn/publicfiles/business/htmlfiles/xxgk/021/201311/204089.html.

书杂费和生活费补助制度;各地级以上市、县(市、区)财政加大对高中阶段贫困家庭学生的补助力度;完善高等教育阶段以'奖、贷、助、补、减'和开辟'绿色通道'为主体的助学政策体系"①,明确"十一五"时期学生资助政策体系建立健全的主要任务在于由省级部门主导完善农村义务教育"两免一补"资助政策,以及高等教育阶段以国家奖学金、助学金、助学贷款、生活费补助、学费减免和"绿色通道"为一体的资助政策体系,同时鼓励各地因地制宜开展高中阶段学生资助工作。②

  2011年11月,广东省人民政府办公厅印发《广东教育发展"十二五"规划》,将学生资助体系建立健全任务纳入"十二五"期间教育发展保障体系,对各教育阶段提出不同层次的任务要求,明确提出"建立学前教育资助制度,资助家庭经济困难儿童、孤儿残疾儿童接受普惠性学前教育。完善义务教育家庭经济困难学生助学工作。建立完善高中阶段家庭经济困难学生助学体系;建立完善中等职业学校助学金政策;落实对中等职业学校城乡家庭经济困难学生和涉农专业学生的免学费政策。逐步完善面向特殊教育的资助政策。建立研究生国家助学体系。积极探索生源地信用助学贷款等多种国家助学贷款模式。积极引导社会力量通过直接捐助和设立规范基金会等方式资助家庭经济困难学生接受各级各类教育。"③ 该规划还首次提出要完善学生资助机构建设以及信息管理系统建设。"十二五"期间,广东省根据本地区学生资助体系建设进度,细分各教育阶段学生资助体系发展任务、目标,并就学生资助工作整体条件保障建设方面规定了学生资助机构建设、信息系统建设、经费保障机制等几方面系统工作。

  由此可见,贯彻落实好教育规划纲要,大力发展学生资助工作,提高家庭经济困难学生入学率,扩大资助范围,是为满足人民群众,尤其困难群体日益增长的接受教育的需要,是摆在广东省面前最迫切的工作任务。

---

① 广东省人民政府办公厅. 印发广东省教育发展"十一五"规划的通知:粤府办〔2007〕88号[EB/OL].(2007 - 10 - 18)[2017 - 08 - 28]. http://www.gd.gov.cn/govpub/zfwj/zfxxgk/gfxwj/yfb/200809/t20080910_ 63852.htm.

② 广东省人民政府办公厅. 印发广东省教育发展"十一五"规划的通知:粤府办〔2007〕88号[EB/OL].(2007 - 10 - 18)[2017 - 08 - 28]. http://www.gd.gov.cn/govpub/zfwj/zfxxgk/gfxwj/yfb/200809/t20080910_ 63852.htm.

③ 广东省人民政府办公厅. 印发广东省教育发展"十二五"规划的通知:粤府办〔2011〕73号[EB/OL].(2011 - 11 - 07)[2017 - 08 - 28]. http://zwgk.gd.gov.cn/006939748/201111/t20111118_292717.html.

二、现实机遇

（一）现实状况

首先，城乡发展不平衡问题突出。改革开放以来，广东省城乡居民的收入水平都有了大幅度提高，但是收入差距逐渐扩大。1978年，广东省城镇居民人均可支配收入是农村居民人均纯收入的2.1倍。到2008年，差距扩大到3.08倍。

其次，区域发展不平衡的状况相当突出。由于环境资源、产业结构等多重因素影响，广东全省区域之间发展相当不平衡，既有繁华富庶的珠三角地区（含广州、深圳、珠海、中山、江门、佛山、东莞，根据经济发展梯度，未含惠州、肇庆），也有欠发达的东西两翼和粤北山区。珠三角地区7市土地面积约占全省的16%，人口约占全省的40%，但占全省GDP比重近80%。一般预算收入占全省市县级的比重超过80%。①

最后，居民收入分配差距过大。广东城镇居民按家庭收入分7组，最高10%收入组与最低10%低收入组人均可支配收入2007年绝对差额达47952元，比值从1985年的4.6倍上升到2007年的9.4倍，高于全国平均水平9.0倍，也高于山东、浙江的7.0和8.2倍。广东农村居民最高20%收入组与最低20%收入组人均纯收入之比从1997的3.4倍上升到2007年的5.2倍。②

城乡、区域经济社会发展水平，以及居民收入水平差距大的现状决定了广东省学生资助工作政策无法"一刀切"，各地各校资助政策更不能无视地区差异和特点，大搞"均等化"资助。从全省层面，各教育阶段学生资助政策体系应结合学生群体特点，贴近学生需求，服务于该阶段教育发展目标。从地区层面，鼓励各地各校结合自身财政、社会资源状况，因地制宜、探索具有地区特色的资助政策内容，对全省资助政策体系形成补充。

（二）构建学生资助体系的可行性分析

尽管广东省因经济社会发展状况不均衡，导致部分地区教育发展相对落后，不利于人民群众平等享有受教育的权利，但在党中央、国务院的决策部署下，在

---

① 张潞浯. 广东高校家庭经济困难学生资助政策探索 [J]. 湛江师范学院学报，2013，34（4）：153–156.

② 张潞浯. 广东高校家庭经济困难学生资助政策探索 [J]. 湛江师范学院学报，2013，34（4）：153–156.

省委、省政府的关怀与支持下,"十一五"以来,广东省着力完善学生资助政策体系,在各地各校以及社会多方力量的共同参与下,采取有力措施加以调整和完善,全力健全广东学生资助体系。

1. 经济社会发展连续向好,教育发展人文底蕴为构建学生资助体系提供条件保障

(1)从经济实力上来看,广东省经济发展水平逐年提升。2004年,我省地区生产总值已达到16040亿元,地方财政收入达到1416亿元,我省财政收入此时已是连续16年位居全国首位,2006年更是达到2175亿元,为大力发展学生资助工作,扩大资助面,促进社会和谐提供了坚实的物质基础。①

(2)从经济社会发展要求来看,全省对技能型、创新型人才和产业机构调整需求日益增长。随着改革开放的不断深入,广东作为全国经济大省,对中、高级技工人才的需求迫切,不少企业加快了技术改革和升级的步伐,对劳动者的技能要求不断提高,技能型人才不足、普通工人过剩的矛盾日益突出,这也促进了广东省教育的快速发展,积极满足经济社会发展对培养高素质劳动者和技能型人才的需求。从2002年开始,广东省实施"智力扶贫"工程,资助部分本省户籍农村年人均纯收入低于1500元的贫困家庭子女免费接受职业技术教育,取得了明显成效,求学者中来自经济困难家庭的比例不断上升。因此,良好的环境因素加快了建立和完善家庭经济困难学生资助体系的步伐。

(3)从基础底蕴来看,学生资助体系初见雏形。截至2006年,广东省初步建立了义务教育、中等职业教育、高等教育的资助体系,以政府投入为主,学校自筹资金,吸纳社会资金为辅的投入机制,中央和地方经费合理分担,通过金融手段扩大资助覆盖,制度设计趋于系统。2007年前实行的资助体系基本实现政府对家庭经济困难学生资助强度较大、资助范围较广、财政投入较多,广大家庭经济困难学生得到实惠较多、广大人民群众反响较好,一定程度上促进了教育公平和教育事业的健康发展。

2. 学生与家庭需求及社会参与度的加强,为构建学生资助体系提供了群众和社会基础

一方面,学生群体及家庭的期盼,为构建学生资助体系巩固了群众基础。随着人们对教育改变命运的认识,极大地提高了人们,尤其希望通过"知识改变命运"的家庭经济困难学生及其家庭对受教育机会的需求与重视。贫困生通过接受教育,掌握知识技能,获得教育文凭,则在社会职业道路上获得更多的选择,拥

---

① 刘宝超. 广东省农村义务教育阶段贫困学生资助的政策与实施[J]. 广东教育学院学报,2007(2):56-61.

有更广阔的职业前景,从而提高家庭经济收入,改善家庭环境,甚至获得个人或家庭在社会阶层往上流动的机会。人民群众对接受教育的强烈渴望,成为推动广东省积极建立健全学生资助政策体系的内在动力。

另一方面,社会参与度大幅加强,为建立健全学生资助政策体系提供了社会基础。2003年教育部、中宣部等15个部门联合发布的《关于开展经常性助学活动的意见》,提到动员全社会开展多种形式的经常性助学活动。充分发挥各类基金会以及"希望工程""春蕾计划""安康计划""山区女童助学计划""城乡少年手拉手助学活动""西部开发助学工程""扶残助学活动"等社会公益项目在经常性助学活动中的作用。[1] 2007年,广东省教育厅与广东移动、各高校合作开展"万名大学生勤工助学、资助十万名贫困中小学生"活动,由广东移动捐资5000万元,为全省一万名普通高校在校大学生提供勤工助学岗位,同时为鼓励受助大学生关爱他人、回报社会,鼓励参加活动的大学生从个人的劳动所得中捐出一部分用于省内贫困中小学生,全年筹得善款200万元,全部用于贫困地区中小学生资助[2],同时引发社会力量对学生资助工作的广泛关注。上述类型的社会资助活动有利于构建良好的社会资助氛围,提升社会力量的参与度,推动社会力量与政府资助形成合力,强化学生资助经费保障,从而保障更多的贫困生完成学业,促进教育的健康和可持续性发展。

第三节 深远意义和战略定位

一、深远意义

1. 发展学生资助工作是"立党为公、执政为民"和"以人为本"执政理念的具体体现,是党和国家的使命要求

"立党为公、执政为民"和"以人为本"是中国共产党领导中国特色社会主义事业发展的根本出发点和归宿,是共产党人最高的价值目标和核心价值取向。民生连着民心,民心凝聚民力,党的全部政策和实践活动必须以最广大人们群众

---

[1] 国务院办公厅. 转发教育部等部门关于开展经常性助学活动意见的通知:国办发〔2003〕77号[EB/OL]. (2003-09-17)[2017-08-28]. http://www.china.com.cn/law/flfg/txt/2006-08/08/content_7059667.htm.

[2] 参见广东省教育厅学生助学工作管理中心《2007年工作总结与2008年工作设想》。

的根本利益为出发点和落脚点，必须把解决民生问题作为执政和推动经济社会发展的重要目标，切实解决好人民群众最关心、最直接、最现实的需求与问题。广东省开展学生资助工作，执行国家资助政策，帮助家庭经济困难学生解决上学问题，是贯彻落实"立党为公、执政为民"和"以人为本"执政理念的重要方面，是党和国家办好人民满意教育的具体呈现。

资助家庭经济困难学生顺利完成学业是党和政府强力推进的民生工程、民心工程和德政工程，建立完善资助政策体系，不断加大财政投入，学生资助水平不断提高，从制度上保障了不让一个学生因家庭经济困难而失学，更是党和国家的使命要求。

2. 发展学生资助工作是满足教育发展需求，推动教育可持续发展，建设人力资源强国的重大举措

改革开放以来，中国经济增长速度举世瞩目，但经济发展动力主要为依靠资源和低成本劳动力等要素投入。从1979年到21世纪中叶，是实现中国现代化建设三步走战略目标的关键历史时期。实现国民经济持续、快速、健康发展，必须依靠科技进步，以解决好产业结构不合理、技术水平落后、劳动生产率低、经济增长的质量不高等问题，从而加速国民经济增长从外延型向效益型的战略转变。为此，我国于1995年宣布，决定实施科教兴国战略。科教兴国战略是指全面落实科学技术是第一生产力的思想，坚持以教育为本，把科技和教育摆在经济、社会发展的重要位置，增强国家的科技实力及向现实生产力转化的能力，提高全民族的科技文化素质，将经济建设转移到依靠科技进步和提高劳动者素质的轨道上来，促进经济结构与增长方式的转型，服务于国家发展建设。而国民素质的提高和人才的培养，基础在教育。因此，这就要求优先发展教育。

国家建设与发展，都必须以强大的人力资源为先导。教育强，则国家强。开展学生资助工作，将极大满足教育发展需求，大力普及义务教育，帮助所有适龄儿童完成普通小学和初中教育，扫除儿童青少年文盲；积极发展职业教育，开展多种形式的岗位和技术培训，引导青少年群体接受中等职业教育；普及普通高中教育，发挥中等教育对青少年群体身心发展的重要引导和培育作用；稳步发展高等教育，帮助高校家庭经济困难学生顺利完成学业。保障全体人民享受应有的教育权利，才有利于促进我国从人力资源大国向人力资源强国转变，才能为我国经济社会发展提供强大的人力资源支撑。

3. 发展学生资助工作是确保教育公平，实现社会公平，推动社会和谐的重要途径

教育公平是社会公平价值在教育领域的延伸和体现。教育公平是指每个社会成员在享受公共教育资源时受到公正和平等的对待，包括教育机会公平、教育过程公平和教育质量公平以及在此基础上的教育结果公平。教育公平属于社会公平的范畴，是社会公平的一个重要组成部分。实现教育公平，直接关系到社会公平的实现，关系到社会主义和谐社会的建设。没有或者缺少公平正义（包括教育公平）的社会，谈不上是一个正常的社会，更谈不上是一个和谐的社会。

教育公平是社会公平的起点和前提，是社会主义制度的本质要求，也是人民群众的迫切要求和期盼。教育公平关系到人发展起点是否公平，关系到人发展过程是否公平，关系到人发展结果是否公平，一个国家和地区，如果教育不公平，就谈不上社会公平。教育作为人力资本形成的最主要来源，既是经济发展的"加速器"、科技进步的"孵化器"，同时，由于其在社会流动中的"筛选器"功能，又被视为社会发展的"稳定器"和"平衡器"。因此，只要开展学生资助工作，建立健全学生资助政策体系，切实保障全体人民特别是困难群体的受教育的权利，并通过教育改变命运，有利于维护社会公正和稳定，发展中国特色社会主义。

二、战略定位

从党和国家的历史使命、国家治理的战略定位及学生资助工作的功能分析看来，广东省学生资助的发展既拥有良好的政策与资源环境，同时也面临着诸多挑战。机遇和挑战并存所构成的环境决定了发展广东省学生资助的战略选择。这项战略选择的方向与路径，要求必须紧贴省情，高屋建瓴，准确定位，统筹发展，将建立健全学生资助政策体系，保障人民群众受教育权利和促进教育发展为目标，努力开创教育工作的新局面；促进学前教育资助政策体系的建立与完善，义务教育资助的切实加强，普通高中教育资助的有效推进，中等职业教育资助的升级发展，高等教育资助精细化与系统化发展，保障各级各类教育能够主动适应经济社会发展对人才培养的多方面需求，以新思想、新机制和新要求，发展学生资助"广东模式"。学生资助"广东模式"的战略选择主要从以下几个方面展开。

（一）必须围绕全省经济社会发展目标开展工作

一方面，将资助工作上升到教育公平、民生工程的高度来认识和推进，将学生资助工作纳入省十大民生实事；将学生资助资金纳入财政预算，保证资金落实，着力保障基本民生，切实保障底线民生，扎实办好民生实事，使民生社会事业发展与全面建成小康社会相适应。另一方面，从促进全省经济发展的角度来看学生资助体系建立健全，学生资助不仅是保障人才培养的重要工作，更是服务于全省产业结构调整的人才路径，有利于助推全省经济发展与结构转型。

因此，建构并发展学生资助"广东模式"，必须紧紧围绕全省经济社会发展目标以及教育事业发展目标来系统定位，充分发挥学生资助的功能与作用，优化助学环境，激发助学活力，才能促进全省学生资助的可持续性发展，为广东省实现"四个坚持、三个支撑、两个走在前列"提供基础保障。

（二）必须以"不让一个学生因家庭经济困难而失学"为目标

国家教育事业发展"十三五"规划中明确提出教育发展成果应更公平地惠及全民的基本目标。实现"家庭经济困难学生资助全覆盖"的目标是完成教育脱贫攻坚任务，确保精准扶贫、精准脱贫工作成果充分显现的基础之一。尽管广东省面临人口基数大，贫困人口多，地区发展失衡等诸多挑战，但是家庭经济困难学生资助的全覆盖，让贫困家庭子女都能接受公平有质量的教育，实现教育公平，阻断贫困代际传递，是当前实施教育精准扶贫工程的出发点和立足点。因此，必须坚持以"不让一个学生因家庭经济困难而失学"为目标，将政府的民心工程和德政工程加以有效贯彻落实，把学生资助作为促进教育事业持续发展，保障教育公平的重要工作来抓，让党中央、国务院和省委、省政府提出的"让党和国家的温暖阳光洒向每一名困难学生"成为现实。

（三）资助育人是核心，精准资助是关键

学生资助是践行社会主义核心价值观的重要举措，是"以人为本、执政为民"理念在教育工作中的具体体现，是实现长治久安、建设社会主义和谐社会的本质要求，更是保障和改善民生、建设幸福广东的重要举措。学生资助工作必须以"立德树人"为统领，充分发挥"育人"功能，要把"十八大"提出的落实"立德树人"根本任务和"人人成才"教育目标融入资助工作的全过程。抓好励志教育，抓好诚信教育，抓好社会责任感教育。

精准资助应贯穿资助工作全过程。教育是扶贫"三保障"（教育、医疗、住房）重要领域，学生资助作为教育扶贫重要内容，将发挥积极作用。广东省教育厅应继续贯彻落实党中央和省委、省政府就新时期精准扶贫、精准脱贫的工作部署，切实落实全省各级各类教育中"建档立卡"学生精准资助政策，确保精准资助到人。力求资助资源配置更加精准，资助对象认定更加精准，资助力度更加精准，做到资助家庭经济困难学生"一个都不能少"，资助项目"一个项目也不能少"，及时足额发放资助资金，确保"一分钱也不能少"，不符合资格、不应资助的学生"一个都不能有"，确保精准资助措施的落实。

（四）必须坚持统筹分类指导，推进特色发展

广东省城乡发展不平衡、区域发展不平衡、居民收入分配存在差距等实际情况，决定了广东省学生资助工作无法"一刀切"，要求在推进工作时加强统筹规划，实行分类指导，引导各地各校特色发展。

发展学生资助工作必须注意规范性和灵活性的关系。在现阶段，学生资助要有清晰的思路，要研究什么是资助的主要形式，什么是合理对应的重要手段，只有这样才能保障公平，使资助工作产生效果，力求避免由于资源配置的不合理所产生的副作用。统筹规划出台富有广东特色的地方奖助政策措施，如广东省少数民族聚居区少数民族大学生资助、"南粤扶残助学工程"。而各地市和学校结合本地本校实际，实现"区域分类管理"，制定出台本地区、本学校的学生资助政策措施，如根据高校特点，将高校分为粤东、粤西、珠三角和粤北等4个片区分类管理。这样才能达成百鸟齐鸣、百花齐放的局面，才能有效丰富学生资助"广东模式"的实施成效。

（五）必须坚持上下联动，协同助学

学生资助是一项系统性工程，涉及教育、财政、人力资源和社会保障、民政、扶贫、残疾人联合会等多个职能部门，需要不同职能部门的紧密协作和信息共享。学生资助"广东模式"必须有效联动各职能部门，各司其职，形成合力。从纵向来看，一方面，认真贯彻落实党中央、国务院有关学生资助的决策部署，做好全省学生资助政策体系的顶层设计，全面规范学生资助管理工作，加强学生资助工作落实情况督察监管；另一方面，加强对各地各校的工作指导，强化各级党委和政府在学生资助中的权责，深入了解各地各校实际情况，上下联动解决重点难点问题，促进地方学生资助的健康、均衡发展；从横向来看，发挥好政府、学校、社会在学生资助工作中的不同角色功能，紧密联系财政、教育、民政、扶贫、残疾人联合会等单位，促进信息共享。紧密联系财政、金融机构等单位，落实市、县（市、区）配套资金，落实学校资助经费合理开发助学信贷产品，为全省学生资助政策体系建设和政策落实提供经费保障。

小 结

教育公平是社会公平的重要基础，是学生资助的核心理念与工作目标。党中央、国务院高度重视家庭经济困难学生就学问题，建立了较为完善的国家学生资

助政策体系，保障家庭经济困难学生均能平等接受教育的机会，确保教育公平。通过国家资助切实减轻困难家庭子女上学的经济负担，传递党和政府的关怀、社会主义大家庭的温暖，是保障和改善民生的重要举措；通过国家资助让每一个家庭经济困难学生都能成为有用之才，消除贫困代际传递，是实现国家长治久安、建设社会主义和谐社会的本质要求；通过国家资助保障每个公民的受教育权利，对于巩固义务教育普及成果、加快普及高中阶段教育步伐、进一步提升高等教育大众化水平具有重要作用，是教育事业科学发展、建设人力资源强国的迫切需要。

2007年以前，在经济快速发展，社会高速转型的现实背景下，广东省勇于探索，稳步推进学生资助工作，财政投入力度逐年上升，家庭经济困难学生入学机会增加，资助内容逐渐丰富，资助面逐渐扩大，基本实现了普及九年义务教育，职业教育稳步发展，高等教育迈向大众化的阶段发展，初步建成了多元主体参与学生资助的格局。但在广东省学生资助获得长足进步的同时，我们也必须清醒地认识到：地区经济发展不平衡导致教育资源失衡，仍有不少家庭经济困难学生上不起学，广大贫困农村地区"上学难""上学贵"的问题日益凸显，学生资助政策体系和机制并未完善。这将大大地制约全省学生资助的发展水平，也影响着广东省人才资源的合理分布，不利于教育结构、人才结构和产业结构优化调整，难以最大限度地发挥学生资助服务于经济社会发展大局的效用。

广东省面对彼时的困难和挑战，始终秉承助困育人、立德树人、教育公平、共享发展的工作理念，以务实、开放、创新的态度深入分析教育发展与学生资助发展的新形势，把握资助工作的新要求和新特征，建立健全全省学生资助政策体系。发展学生资助工作，是保障教育公平、促进社会公正，推动国家经济社会发展的内在要求，是实现中国社会主义民族伟大复兴的客观要求，符合广大人民对教育的期盼，符合人们日益增长的对优质公平教育的需求，符合人民群众的根本利益。综上所述，国家的决策部署为全省学生资助体系构建提供政策导向；坚实的经济实力、良好的环境因素和底蕴深厚的教育基础为学生资助体系构建提供内生动力；学生群体及其家庭的期盼、社会参与度的增加，为学生资助体系构建巩固了群众和社会基础，上述进一步明确广东学生资助体系构建在国家政策与广东省情要求下的战略选择，也进一步形塑具有广东特色的学生资助模式。

在历史选择下的学生资助"广东模式"，必须立足于全省经济社会发展实际，以实现改变学生命运、优化人才结构、发展教育事业、推进全面小康为目标，以精准资助、精细管理、精心服务为抓手，坚持统筹推进和特色发展，全面联动，协同助学，形成多维立体全覆盖的学生资助工作模式，强力推进广东省学生资助工作迈上新台阶，为每一个家庭经济困难学生搭建一座完成"求学梦"、实现"成才梦"、投身"中国梦"的桥梁。

第二章 探索与完善
——"广东模式"的发展历程

第一节 理念构建

理念是行为的先导，资助理念的构建对学生资助工作的贯彻落实有着重要的指导意义。广东省从"十一五"时期到"十三五"时期紧紧围绕建设教育强省和人力资源强省的目标，深化教育事业改革，推进教育现代化。学生资助作为保障教育公平的重要机制，历年来受到中共广东省委、省政府的高度关注与支持，并从2011年起将学生资助政策体系的完善列入年度的全省十件民生实事予以推进，为学生资助"广东模式"的发展做出了重要推动。回顾学生资助"广东模式"产生与发展历程，首先应分析广东省学生资助理念体系的构建与形成过程，这对于"广东模式"的整体构建，起着决定性和根本性的作用。

一、学生资助"广东模式"理念体系的形成

学生资助作为教育发展的重要保障机制，其理念体系的构建与教育发展目标、保障教育公平任务要求以及适龄学生资助需求的趋势变化三者密切相关。回顾2007年以来广东省学生资助理念体系经历了探索构建、系统建设与深入发展三个阶段。

（一）探索构建阶段

2007年以前，中共广东省委、广东省人民政府先后下发《关于印发〈广东省教育现代化建设纲要（2004—2020年）〉的通知》（粤发〔2004〕13号）和《印发〈广东省教育现代化建设纲要实施意见（2004—2010年）〉的通知》（粤府〔2005〕67号）以及《关于印发〈广东省国民经济和社会发展第十一个五年规划纲要〉的通知》（粤府〔2006〕46号）等文件，为广东省教育发展做出整体规划，对完善农村义务教育经费保障机制，建立健全扶贫助学制度等做出具体部署。2006年广东省人民政府办公厅印发《广东省教育发展"十一五"规划》，

提出"以建设教育强省、加快推进教育现代化为目标,坚持以人为本,创新体制机制","鼓励和支持个人和社会组织共同推进教育事业发展"。这一时期,广东省在实施农村年纯收入低于1500元困难家庭义务教育阶段学生实施免收书本费和杂费,开展中等职业教育阶段"智力扶贫"等资助工作的基础上,推进全省农村义务教育阶段免书杂费和生活费补助政策及高等教育阶段"贷、助、减、绿色通道"资助政策体系,学生资助进入探索发展期。这一时期教育公平作为教育发展的核心价值观,也成为学生资助的核心理念。

(二) 系统建设阶段

2011年广东省学生资助在"十一五"时期取得良好成效的基础之上,全面贯彻落实《国家中长期教育改革和发展规划纲要(2010—2020年)》《广东省中长期教育改革和发展规划纲要(2010—2020)》,加快教育现代化进程,服务国家战略和广东省科学发展,根据《广东省国民经济和社会发展第十二个五年规划纲要》精神,制定和发布《广东省教育发展"十二五"规划》,将学生资助事业的发展放在更加重要的位置上,明确提出"把发展教育作为经济社会发展的重中之重和改善民生的首要之举,切实做到发展规划优先安排教育发展、财政资金优先保障教育投入、公共资源优先满足教育和人力资源开发需要",并进一步强调"把教育公平作为教育改革发展的基本政策,更加突出教育的公益性和普惠性,合理配置教育资源,加快缩小区域、城乡教育差距,保障人民群众依法享有受教育的权利,办好人民满意的教育",明确要求"完善各级各类教育助学制度",并将"坚持育人为本"提到更加显要的位置。这一时期,广东省学生资助开始全面发展,逐步建立和完善从学前教育到研究生教育阶段全覆盖的学生资助体系,建立了系统规范的学生资助工作机制,使学生资助事业进入到了一个全面建设时期。在上述体系建设与完善过程中,广东省学生资助理念也得以深化,即在坚持以"教育公平"为核心的理念主线下,融合"育人"发展和教育资源共享共建的理念。

(三) 深入发展期

"十二五"期间,学生资助事业得到长足发展,资助政策体系建设加速完备,资助力度强力提升,资助标准大幅提高,资助成效凸显,学生和家长受惠最大。①

2016年,广东省充分总结"十二五"时期的发展经验,根据《国家中长期教育改革和发展规划纲要(2010—2020年)》《广东省中长期教育改革和发展规

---

① 参见广东省教育厅邢峰在2016年全省学生资助工作会议上的讲话。

划纲要（2010—2020）》《国家教育事业发展第十三个五年规划》《广东省国民经济和社会发展第十三个五年规划纲要》，制定和发布《广东省教育发展"十三五"规划》，提出"坚持教育优先发展，以提高教育质量和促进教育公平为重点，以教育'创强争先建高地'为总抓手，'落实立德树人根本任务''全面提升教育服务国家战略、服务全省经济社会发展和个人全面发展的能力'，为我省实现'三个定位、两个率先'目标提供坚实的人才保障和智力支撑"。明确要求要"把立德树人作为教育的根本出发点和落脚点"，要"坚持共享发展，促进教育公平"，"切实改善异地务工人员随迁子女、家庭经济困难学生、留守儿童、残障儿童、学习困难学生受教育状况，全面推进教育精准扶贫，维护和保障不同人群公平受教育的权利"。2016年，广东省学生资助进入发展关键期，一方面深化"精准资助"，落实精准扶贫方略在教育领域的具体实践，另一方面推进资助育人，强化资助政策发展性成效，实现人文化、规范化、现代化、信息化、精准化发展，在此过程中广东省学生资助理念与时俱进，将"立德树人""共享发展"与"教育公平""助困育人"的资助理念提高到同等重要的位置。

2007—2016年，广东省学生资助历经十年发展，形成了共享、开放、多元、创新兼具广东特色的多维立体学生资助模式，构建了以"教育公平为核心，助困育人为重点，立德树人为根本出发点和落脚点，共享发展为价值追求"的学生资助"广东模式"理念体系。

二、学生资助"广东模式"核心理念的变迁和发展

（一）教育公平——学生资助的核心要义

1. 教育公平的含义

教育公平是学生资助理念的核心价值之一。"公平"是伴随着人类社会形成发展的最为古老和核心的概念，是衡量人类社会文明进步的关键。随着社会的发展，"公平"一词的内涵也不断更新变化。孔子就曾在两千多年前提出"不患寡而患不均"，富含"公平"的思想，但是更强调分配上的平等。亚里士多德也曾提出，公平体现在一种均衡的关系中，公平是"百德之总"，公平就是一种行为的中庸①，强调关系的均衡。当代社会研究公平问题的集大成者罗尔斯（John Rawls）提出正义论，并称其为"作为公平的正义"。罗尔斯的正义原则源于两个：自由原则和差别原则。正义的目标指向是公平，而公平的指向是社会的基本

---

① 夏文斌. 走向正义之路：社会公平研究［M］. 哈尔滨：黑龙江教育出版社，2000：10.

结构即分配权利与义务的机制和制度。显然，罗尔斯提出的作为公平正义的原则是普惠原则与差异原则的融合①，现如今"教育公平"的核心要义也遵循这两条原则。

教育公平是社会公平的重要组成部分，是社会公平在教育领域的具体体现，是中国特色社会主义的内在精神、应有之义，且随着时代变迁、社会发展而有更加丰富的内涵体现。无论是两千多年前孔子提出"有教无类"的公平教育理念，还是中华人民共和国成立后关于教育"要向工农开门"的方针，抑或是普及九年制义务教育、实施基础教育均衡优质发展战略，无不反映了自古以来中华民族对教育公平的历史追求。

学生资助政策作为公共政策是现代政府利用公权力管理教育活动的基本手段，也是现代政府保障社会公平和教育公平的基本手段。② 2002年，全国教育事业发展"十五规划"中，首次提出教育发展要"坚持社会主义教育公平与公正性原则"，这是我国政府文件中明确提出"教育公平"概念的开始。③ 随后，2007年"十七大"报告明确指出"教育是民族振兴的基石，教育公平是社会公平的重要基础"，并提出要"健全学生资助制度，保障经济困难家庭、进城务工人员子女平等接受义务教育"。从这一年起，我国学生资助政策体系开始全面建设，"教育公平"上升为国家战略并成为全面推进学生资助事业发展的核心理念。至此之后，"教育公平"成为各大政策文件中的"热词"。

本书所探讨的"教育公平"采用袁振国在《当代教育学》一书中提出的概念内涵，他用教育平等阐述教育公平：教育平等是指受教育权利的平等和受教育机会的平等。其教育公平理论包括四个重点：第一，人即是目的，人受教育的最终目标是个体自由和谐的发展，只有尊重每一个个体的基本权利和自由的发展，才是符合平等教育的原则。第二，教育权利平等原则。教育权利是指受教育的权利，是相对于政治上、经济上的平等权利而言的教育上的平等权利。第三，教育机会均等原则。良好的教育制度是使每个人有均等的入学机会，在教育过程中享有均等的对待，有均等的学业成功机会。第四，差别性原则。出于教育的效果会因受教育者个人的天赋与际遇而不同，机会均等不可能机械地实现，所以，要实现教育平等，必须给予每一个个体以不同的教育待遇。但差别性原则的基本前提是使全社会中处于最不利地位的人获得最大的利益。④

---

① 陈潭，胡晓. 罗尔斯原则与高等教育公平的制度逻辑 [J]. 现代大学教育，2008（4）：1-6.
② 刘复兴. 教育公平是构建和谐社会的基本要求 [N]. 中国教育报，2006-12-09（003）.
③ 石中英. 教育公平政策终极价值指向反思 [J]. 探索与争鸣，2015（5）：4-6.
④ 袁敏. 教育公平研究综述 [J]. 现代教育科学，2010（5）：38-43.

2. 学生资助"广东模式"教育公平理念的内涵发展

广东省贯彻落实国家学生资助政策部署，在2007—2016年期间相继出台多项资助政策，不断发展学生资助理念内涵。2006年《广东省教育发展"十一五"规划》中就以"促进教育公平"为指导思想，提出"统筹建立健全扶贫助学制度"的具体任务。此时期的教育公平理念更加侧重适龄学生接受教育的权利和机会的均等，通过完善各教育阶段补助制度，加强补助力度来保障各类家庭经济困难学生公平接受教育的机会。随着广东省国民经济发展水平的提高，教育投入力度加大，学生资助体系完善，贫困家庭学生上学难的问题得到了缓解。尽管如此，由于教育人口基数大，地区经济社会发展水平极不均衡，以及人民群众对教育需求日益发展等现实要求，也要求学生资助体系以及学生资助理念不断发展完善。在此客观情形下，如何在保障"不让一个学生因家庭经济困难而失学"的前提下，确保每一位适龄学生享受到均衡优质的教育资源，获得更加均衡的教育成果，已成为广东省学生资助发展中必须思考的重点。

2011年，广东省再次审视学生资助体系发展中遇到的困难和存在的问题，在《广东省教育发展"十二五"规划》中进一步强调"教育公平"的核心地位，在原有受教育权利公平的基础之上，增加对教育公平中资源合理配置的阐述。此时期的"教育公平"，开始关注教育全过程中动态公平，更加突出教育的公益性和普惠性，通过优化配置教育资源，缩小区域、城乡教育差距，让受助学生更为公平地享受均衡的教育资源和成果。随着"十二五"期间"教育公平"理念的深化和拓展，学生资助的力度持续推进，广东省城乡、区域间教育发展差距进一步缩小。然而，随着新型城镇化的快速推进，人口生育政策的调整，受教育适龄人口规模结构的改变，全面放开异地高考以及随之而来的异地务工人员随迁子女受教育问题，已成为广东教育在"十三五"期间面临的主要形势要求。如何在教育资源相对有限的条件下保障各类群体获得公平教育的权利，满足人民对于高质量、多样化的教育需求，成为"十三五"时期广东省学生资助体系发展面临的主要任务。

"教育公平"在"十三五"时期有了更加丰富的内涵。2016年，广东省全面推进教育精准扶贫，全面贯彻落实精准资助。在原有教育资源合理均衡配置的基础上，进一步扩大并优化教育资源供给，落实建档立卡家庭经济困难学生精准资助政策，并将精准资助理念与手法落实到学生资助的全阶段，保障资助认定精准、资助力度精准、资源配置精准，促进受助学生的全人发展，帮助家庭改善现状。此外，在2016年制定出台的《广东省教育发展"十三五"规划》中，将学生个体的发展提到了更加重要的位置，强调要"深入研究和遵循人才成长规律，以学生的发展为核心,促进每个学生成为社会的有用之才"①。这一理念在广东省教育厅多年资助工作中得到印证与体现,其中多名资深学生资助工作者均表示:亲历广东省学生资助十年发展历程,始终秉承的理念之一便是对学生自尊与身心发展的重视与保护,以"有爱、尊重、包容"的态度平等对待每一个受助学生个体。由此可见,广东省在"教育公平"方面不仅致力于教育资源的合理配置,还更加关注更深层次的公平正义问题,致力于发展"人民满意的教育"来促进教育公平的发展。

历经十年发展,学生资助"广东模式"教育公平理念拓展了更为丰富的内涵,概括起来主要包含三方面的内容:一是以完善的政策制度为基础,保障每一个学生受教育的机会平等;二是以资源合理配置为手段,让每一个受助学生获得均衡适度的教育资助,保障学生受教育的过程公平;三是以促进学生全人发展为最终目标,给予学生尊重、关怀、支持,保障学生受教育的结果公平。总而言之,学生资助"广东模式"的教育公平理念是以教育权利公平和教育机会公平为基本,教育过程公平为重点,以促进每个学生的教育结果公平为目标。

(二) 助困育人——学生资助的重点要求

1. 助困育人的内在逻辑

我国政府从实施科教兴国和人才强国战略出发,不断优化教育结构,促进教育公平和社会公正,构建日趋系统完善的学生资助政策体系,保障贫困家庭学生能够顺利完成学业。学生资助政策隶属于广义社会保障政策范畴,其政策目标在于维护和保障适龄学生平等受教育的权利。由此不难发现学生资助所蕴含的"助困"理念。助困是现阶段建立和实施学生资助政策的基本要求,是帮助家庭经济困难学生缓解经济压力,平等享受教育机会和权利的基本手段。同时,学生资助作为教育发展保障性机制之一,与教育发展目标紧密联系。在《国家中长期教育改革和发展规划纲要(2010—2020年)》中提出"教育是民族振兴、社会进步的基石,是提高国民素质、促进人的全面发展的根本途径"。教育的本质要求在于"育人",育人的目标是追求人的全面发展,提高综合素质,努力造就一批又一批中国特色社会主义事业合格建设者和可靠接班人。②

"贫困"不是简单的经济概念,除了物质资源匮乏的经济内涵之外,贫困的

---

① 广东省教育发展"十三五"规划(2016—2020年)[J]. 广东教育(综合版),2017(2):6-21.
② 傅瑾. 试论高校资助育人的理念目标与价值诉求[J]. 新西部(理论版),2016(14):113-117.

外延还包括贫困主体与所处环境中物质资源的关系、与人的关系、与知识技术的关系、与一些社会机构的关系等。① 在2007年以前我国对贫困学生的资助观念大多侧重从经济帮扶的助困视角，随着社会经济发展水平的提高以及对个体发展需求与发展规律的深入探究，不难发现贫困学生所面临"贫困"，不单指物质资源上的匮乏，还有心理贫困、学业贫困和就业贫困等精神与能力的不利现象。因此，贫困学生资助不仅需"资助"更需"育人"，换言之，从个体内在发展需求上，可以看出"助困育人"的内在逻辑。

究其"助困"与"育人"的逻辑关系而言，可以发现"助困"是手段和途径，"育人"才是本质和目的。"助困"是基础，"育人"是结果。当"助困"的基本问题没有得到有效解决时，"育人"功能的发挥也会受限于客观条件和资源的限制。

2. 学生资助"广东模式"助困育人理念的内涵发展

"十一五"期间，广东省开始系统建立各教育阶段学生资助政策体系。通过完善农村贫困家庭子女义务教育阶段免收书杂费和生活费补助制度，加大对高中阶段贫困家庭学生的补助力度，开辟"绿色通道"完善以"奖、助、贷、补、减"为主体的高校资助政策体系，针对少数民族地区学生实施专项补助制度，实施职业技术教育智力扶贫工程等一系列措施和手段，加大了学生资助力度，扩大了学生资助范围，逐步解决家庭经济困难学生上学难的问题。这一时期的学生资助更侧重从政策制度保障和财政投入上对家庭经济困难学生进行物质帮扶，解决受助学生经济困难问题。

随着上学难问题的逐步解决，学生心理、就业等问题日渐凸显，并日益成为社会关注的热点问题，学生资助政策体系的构建虽然保障了学生平等接受的教育权利，但对于个体能力发展和心理层面的支持和帮扶却较为薄弱。这些现象的出现也使得学生资助工作必须在"助困"方面做进一步的深化和发展，思考如何让受助学生由"他助"转变为"自助"，将资助理念从"输血"转变为"造血"。

《广东省教育发展"十二五"规划》中就提出了"内涵发展"，要求"坚持育人为本，创新人才培养模式，深入实施素质教育，着力培养学生服务国家服务人民的社会责任感、勇于探索的创新精神和善于解决问题的实践能力，造就各级各类高素质人才"。"十二五"期间，广东省在进一步完善从学前教育到研究生阶段的学生资助政策体系的基础上，开始将育人工作融入学生资助的每一个环

---

① 杨晴，沈红，叶芃. 高校贫困生资助理念及其实现［J］. 学校党建与思想教育，2009（14）：44-46.

节，增加对受助学生的德育工作和能力建设工作。从2013年开始，广东省学生资助工作明确提出要以"助学育人"为主题，以"助学促公平，助学提质量"为主线，完善学生资助政策体系，推进国家和省的各项学生资助政策落实。各地各校纷纷推进落实学生诚信感恩、就业帮扶等各项工作和励志成长优秀学生典型宣传评选活动。2014年与国家开发银行广东省分行联合开展毕业生招聘活动，建立"双困生"就业帮扶机制，进一步促进家庭经济困难学生综合能力提升。这一时期的"助困育人"理念立足于贫困学生的能力培养，着眼于贫困学生未来发展的资助，给贫困生提供了提高社会竞争能力的机会，为贫困生的可持续发展提供了可能。①

随着学生资助工作不断深化，"助困育人"理念有了更深层次的内涵发展，越来越多的资助工作者不只是关注受助学生能力的提升，而是探索开展感恩教育、诚信教育以及社会责任感教育，在帮助受助学生提升综合能力，感受国家和社会关爱的同时，将这份"关怀和尊重"进一步传递给其他人，身体力行，服务于社会建设，实现由"自助"到"助人"理念的进一步升华。

综上所述，2007—2016年，"助困育人"理念历经十年变迁和发展，逐渐成为学生资助"广东模式"的理念核心。由经济帮扶到经济、能力、心理帮扶共同兼顾；由政府、学校、社会"他助"到发展综合素质能力的"自助"；由关注"受助"到感恩社会、回馈社会的"助人"，其理念内涵不断拓展，成为新时期广东省学生资助理念的价值核心。

（三）立德树人——学生资助的根本出发点和落脚点

1. 立德树人的内涵实质

"十八大"报告首次提出"把立德树人作为教育的根本任务"，这是对以"育人"工作为本的优秀教育理念的体现，也是对"十七大"的"坚持育人为本、德育为先"教育理念的进一步深化和凝练。教育的本质问题就是"培养什么人，如何培养人"，其最本质核心的要求就是"立德"。"立德"与"树人"是不可分割的整体，但"立何德，树何人"则会随着时代的变迁有着不同的内涵要义。

在中国传统的教育实践中，立德一直处于核心地位，在很长的一段时期中，"成人"的价值远高于"成才"，道德培养成为教育的核心和宗旨。② 最早的"立

---

① 杨晴，沈红，叶芃. 高校贫困生资助理念及其实现［J］. 学校党建与思想教育，2009（14）：44 - 46.
② 刘娜，杨士泰. 立德树人理念的历史渊源与内涵［J］. 教育评论，2014（5）：141 - 143.

德树人"的思想可以追溯到西周时期,周公旦曾提出"以德配天""敬天保民"的主张,强调统治者只有"用明德"才能"不失民"。这种以"天德"立"天子"的理念,蕴含着朴素但标准极高的"立德树人"教育思想,对后世影响巨大。① 而后,诸子百家进一步丰富发展了这一思想,以主张"为政以德",强调"君子务本"的儒家思想将"立德"和"治国"紧密结合起来,赋予"立德"更为丰富的政治性内涵,并将"立德树人"的对象从王权贵族扩大至以"君子"为代表的知识精英群体,从而提供了有关"德"与"人"内在关系的基本思维方式和价值原则。② 而主张"性本善"的孟子和主张"性本恶"的荀子则分别从自我修养和外部教化等方面提出了"立德树人"的基本方法论。近代以来,以蔡元培先生为代表的教育家、思想家认为"德育实为完全人格之本,若无德,则虽体魄智力发达,适足助其为恶,无益也"。所以在人的教育中,"必以道德为根本",而道德教育的根本目的在于"养成共和国民健全之人格"③。"立德树人"背后肩负着国家发展与民族复兴的重要历史使命。

中华人民共和国成立后,"立德树人"思想更具时代意义和价值,进一步将社会的全面发展与人的全面发展有机统一,体现了教育融合"以人为本"以及"人"的全面发展和社会文明进步的终极目标,也进一步解答了我们要"培养什么人,如何培养人"的核心问题。"立德树人"在"十八大"报告中再次被提到更加显要的位置,既传承中国教育的历来尊崇"德育"的传统特质,又有着其时代背景要求。"十八大"报告中对这一教育根本任务的表述,抓住了问题的实质和核心,是有着强烈的现实针对性的重要命题,针对的就是当前在相当程度上存在着甚至还在发展着的对于教育本性的迷失。④

党的十八大以来,习近平总书记多次就立德树人、加强社会主义核心价值观教育提出明确要求,他强调"国无德不兴,人无德不立","教育的根本任务是立德树人",指明了教育肩负着培养德智体美全面发展的社会主义事业建设者和接班人的重大任务。这就要求应从教育根本任务的高度去思考育人成才的问题,要树人,先立德,要强调立德为先,要首先培养学生树立社会主义核心价值观,这是树人的根基。立德树人,即教育事业不仅要传授知识、培养能力,还要把社

---

① 韩丽颖. 立德树人:生成逻辑・精神实质・实践进路 [J]. 东北师大学报(哲学社会科学版),2016 (6):201 - 208.
② 韩丽颖. 立德树人:生成逻辑・精神实质・实践进路 [J]. 东北师大学报(哲学社会科学版),2016 (6):201 - 208.
③ 韩丽颖. 立德树人:生成逻辑・精神实质・实践进路 [J]. 东北师大学报(哲学社会科学版),2016 (6):201 - 208.
④ 龚克. 立德树人、素质教育与内涵式发展 [J]. 中国高等教育,2013 (2):6 - 8.

会主义核心价值体系融入国民教育体系之中,引导学生树立正确的世界观、人生观、价值观、荣辱观。① 由于教育的最终目标是培养"德性","立德树人"才能被作为教育的根本任务提出来。因为对德性的追求,能够让以实践作为独特生存方式的"人"具有更高质量的生存状态,是对当前深受消费主义侵蚀和精神物化困扰的现代生存方式的有力反击,对教育回归人性、回归本真起到了良好的导向作用,充分体现了教育理念和教育思维方式的深层次变革。②

学生资助作为教育工作的重要环节,关系教育发展的目标和其内涵属性。"资助什么样的学生,如何资助学生,资助学生的目的是什么"是学生资助的核心问题。以立德树人为学生资助工作的根本出发点和落脚点是实现教育内涵式发展的基本要求,也是解决其核心问题的根本指引。

2. 学生资助"广东模式"立德树人理念的内涵发展

立德树人理念是助困育人理念的进一步深化和延展,它虽在 2012 年重新以政策文本的形式被重点提出,但也是自古以来教育核心理念的传承,是学生资助"广东模式"最核心的理念之一。历年来广东省一直将德育作为教育的重点工作,从率先在全国成立了中小学心理健康教育中心,最早开设初中生人生规划指引,到全省部署实施"广东省中小学班主任能力建设计划",成立广东省中小学德育研究与指导中心,可以说一直在探索实践立德树人的地方特色,而学生资助"广东模式"的立德树人理念传承着自古以来的核心要义,同时也烙印了时代特征和地域特色。2007—2016 年这十年间"立德树人"在学生资助领域重要的指导意义日趋凸显。

在党和国家的领导下,以"十七大"报告为精神指引,《广东省教育发展"十二五"规划》首次强调"德育"工作是"内涵发展"的根本核心,明确要求"健全符合规律、有特色、可持续的德育体系,加强中国特色社会主义理论体系建设和社会主义核心价值观教育,弘扬以爱国主义为核心的民族精神和以改革创新为核心的时代精神,不断加强和改进学校德育工作"。在这一文件中明确指引了广东省学生资助工作中"如何立德""立何德""如何树人""树何人"。广东省学生资助需要构建以人为本,建立符合学生成长发展规律的德育体系,覆盖学生资助的关键环节,有机融入德育工作的方方面面,树立具有社会主义核心价值观,有爱国主义情怀,有改革创新能力的社会主义建设的合格接班人。随后,

---

① 缪劲翔,杨娜,胡强. 以立德树人为根本任务培养社会主义建设者和接班人 [J]. 北京教育(德育), 2013 (6): 5-7.

② 韩丽颖. 立德树人:生成逻辑·精神实质·实践进路 [J]. 东北师大学报(哲学社会科学版), 2016 (6): 201-208.

2012年广东省第十一次党代会明确提出"厚于德，诚于信，敏于行"的"广东精神"，进一步将"立德树人"的核心从教育领域扩展到社会建设的方方面面，凝练提出以"德"为根本及首要任务的广东人的精神内核。这一精神的提出，将广东学生资助的核心理念从对受助学生的要求进一步扩展到对资助工作者本身的"德性"要求，从而全方位的将"德育"体系的构建从教师到学生，从资助工作者到全民大众，营造"全民立德"的社会良好氛围。

"十八大"以来，广东省进一步明确立德树人作为学生资助工作的核心地位。在《广东省教育发展"十三五"规划》中，明确提出"立德树人"的根本任务，并将深入实施素质教育作为教育工作的首要任务，要求"把思想政治工作贯穿教育教学全过程，坚持全过程育人、全方位育人"。在这一理念的指导下，广东学生资助体系不断发展和完善，将"立德树人"理念贯彻落实在学生资助工作的各个阶段和环节，多层次、多维度的构建了更为立体的"立德树人"的学生资助理念体系。

（四）共享发展——学生资助的价值追求

1. 共享发展的基本内涵

我国经过近40年的改革开放，取得了丰硕的成果，但同时也存在着不同层面、不同程度的发展不平衡的问题。十八届五中全会提出了"创新、协调、绿色、开放、共享"五大发展理念，共享发展作为发展的归宿，是中国社会主义制度优越性的集中体现。① 共享发展是对马克思主义中提出的"人的全面自由发展理论"的进一步发展和深化，也是对公平正义的进一步升华。共享发展的理念，注重解决发展中的公平正义，揭示了社会主义经济发展的出发点和落脚点。②

首先，共享发展强调的是全民族、全社会集体享受社会经济发展、改革开放的成果。习近平同志指出："共享发展是人人享有、各得其所，不是少数人共享、一部分人共享。"其次，共享发展强调全面共享，包括横向和纵向两方面。横向方面体现为全民共享经济、政治、文化、社会、生态等一切成果。纵向方面体现为发展起点共享、发展过程共享和发展结果共享三方面，即保证不同人群在发展机会上的共享；发展过程人人参与、人人尽力，人人协作，从而实现共建共享；

---

① 李雪娇，何爱平. 政治经济学的新境界：从人的全面自由发展到共享发展[J]. 经济学家，2016 (12)：5-11.

② 李雪娇，何爱平. 政治经济学的新境界：从人的全面自由发展到共享发展[J]. 经济学家，2016 (12)：5-11.

发展结果分配中兼顾效率与公平，通过制度公平确保发展成果被全体人民享有。① 最后，共享发展依靠的是人民群众，人民是发展和改革的主体，共享的前提是共建，通过共建共享，在共享中共建。

学生资助是一个系统复杂、关乎民生和社会公平的重大系统工程，其建设路径并不能仅依靠政府单一力量来解决。无论多么完善的政府管理体系和政策体系，都难以充分满足社会需求的方方面面；而个体的受教育权利以及全人发展教育目标，既是政府需要解决的民生问题也是社会公共问题，具有社会问题的复杂性、社会需求的多样性和社会价值的共享性②；再次，反观多年以来，我国学生资助事业的发展主要采取政府主导、国家构建主义方式，这固然取得了很大成就，但由于它是凭借自上而下、单向推进的方式，因此容易造成资助模式行政化、工具化，制度认同乏力、资源配置有限等困境和问题。③ 因此，多元参与共建共享，是在当前发展环境中更好促进学生资助、社会公平正义发展的操作路径。学生资助的"共享发展"理念，强调学生资助体系的多元主体性，表现为通过国家与社会层面的共建共享、中央与地方层面的共建共享、多元主体参与的共建共享推进策略，以此塑造双向构建、多元包容、共建共享的互动机制，进而实现教育成果全民共享的战略目标。④

2. 学生资助"广东模式"共享发展理念的内涵发展

广东省学生资助一直坚持以国家政策精神为引领。2005 年，党的十六届五中全会在制定"十一五"规划建议时，针对我国人民生活总体上达到小康水平，但不同地区和部门、不同群体和个人在享受经济社会发展成果的多个方面还存在较大差距的现实，提出要"更加注重社会公平，使全体人民共享改革发展成果"的原则要求⑤。随后，2006 年广东省在《广东省教育发展"十一五"规划》中提出要"共享优质教育资源"，促进教育成果的共享，从而更切实的推进教育公平。此时期"共享"在学生资助工作中更侧重共享教育发展的机会平等。同时在规划中指出"鼓励和支持个人和社会组织建立非营利助学基金或设立奖学金，捐助家庭经济困难学生完成学业"，提出了支持社会力量参与共建学生资助格局，初步呈现学生资助体系共建的理念要求。

---

① 李雪娇，何爱平. 政治经济学的新境界：从人的全面自由发展到共享发展［J］. 经济学家，2016（12）：5－11.
② 周红云. 全民共建共享的社会治理格局：理论基础与概念框架［J］. 经济社会体制比较，2016（2）：123－132.
③ 马长山. 法治中国建设的"共建共享"路径与策略［J］. 中国法学，2016（6）：5－23.
④ 马长山. 法治中国建设的"共建共享"路径与策略［J］. 中国法学，2016（6）：5－23.
⑤ 左鹏. 共享发展的理论蕴涵和实践指向［J］. 思想理论教育导刊，2016（1）：86－90.

"十二五"时期,共享理念成为更大范围的共识。《广东省教育发展"十二五"规划》明确提出"共建共享"的概念,将"十一五"期间提出的"共享优质教育资源"发展为"共建共享优质教育资源",并进一步提出"积极引导社会力量通过直接捐助和设立规范基金会等方式资助家庭经济困难学生接受各级各类教育"。此时期广东省学生资助的共享发展理念有了更清晰明确的表述,即在全民共享教育深化改革的成果同时,倡导社会各界力量共同参与学生资助事业的建设,理清在共享教育发展成果中共建、在共建学生资助体系的过程中共享的问题,从而进一步发展从政府和社会层面双向互动和双向共建的学生资助理念。

2016年,我国国民经济和社会发展第十三个五年规划纲要正式提出"创新、协调、绿色、开放、共享"五大发展理念。广东省贯彻落实五大发展理念,并在《广东省教育发展"十三五"规划》中提出,以"坚持共享发展,促进教育公平"为基本发展思路,缩小城乡、区域、校际间教育发展差距,从提高普及程度、保障全民享有受教育的机会、缩小教育差距、为每个学生提供更加优质的教育、通畅教育渠道、为学生成才创造良好环境等方面[①]来保障全民共享教育发展成果,促进全过程的教育公平的实现。此时期,广东省学生资助也有了长足的发展,学校、社会多方力量共同参与,在提高了全省资助工作整体水平的同时,让更多的人享有了教育发展成果,营造了更加开放、和谐、多元的学生资助环境。

共享发展为新形势下学生资助"广东模式"的内涵发展明确了方向,即广东省学生资助的发展需要坚持政府主导,并动员全社会的力量,要积极调动和引导学校、社会参与学生资助工作,强化全社会对学生资助的投入力度,提高学生资助水平,完善学生资助覆盖面,让人人共享优质教育资源,真正做到在共享中共建、共建中共享,促进全方位的教育公平。

综上所述,学生资助"广东模式"的理念体系历经十年变迁和发展,其内核不断丰富,外延不断拓展,构建形成了以"教育公平、助困育人、立德树人、共享发展"四大理念为核心的理念体系。

第二节 体系完善

2007年以后,我国加大学生资助工作力度,建立健全贫困学生资助政策体系。广东省在贯彻落实国家决策部署的基础上,根据地方实际,积极构建广东省学生资助政策体系,推动地区学生资助工作制度完善,实现学生资助工作体系从

---

① 袁贵仁. 落实共享发展理念大力促进教育公平[J]. 紫光阁,2016(6):35-36.

局部建设走向全面发展。2007年以来，国家系统部署学生资助政策体系建设，广东省根据地区实际落实并健全有广东特色的学生资助政策体系建设，其发展过程总体可分为三大阶段，具体见表2-1。

表2-1 广东省学生资助工作国家决策部署落实情况

国家决策部署	广东实施情况
1. 2007年颁布《关于建立健全普通本科高校高等职业学校和中等职业学校家庭经济困难学生资助政策体系的意见》（国发〔2007〕13号），全面部署建立健全我国家庭经济困难学生资助政策体系	1. 2007年颁布《关于建立健全我省普通高校和中等职业学校家庭经济困难学生资助政策体系的实施意见》（粤府〔2007〕92号），初步建立起涵盖各级各类教育阶段的学生资助政策体系
2. 2010年颁布《国家中长期教育改革和发展规划纲要（2010—2020年）》，明确指出进一步加大农村、边远贫困地区、民族地区教育投入，健全国家资助政策体系	2. 2010年颁布《广东省中长期教育改革和发展规划纲要（2010—2020）》，明确部署建立以财政承担为主，满足各层次学生需要的助学体系，建立家庭经济困难学生认定制度
3. 2016年颁布《国家教育事业"十三五"规划（2016—2020年）》，提出全面提升教育发展共享水平，打赢教育脱贫攻坚战，实施教育扶贫、教育脱贫	3. 2016年颁布《广东省教育事业"十三五"规划（2016—2020年）》，更加注重教育的均衡协调发展，更加注重解决教育资助的难点问题，落实教育扶贫战略

1. 全面部署推进阶段（2007—2009年）

2007年5月，国务院印发《关于建立健全普通本科高校高等职业学校和中等职业学校家庭经济困难学生资助政策体系的意见》（国发〔2007〕13号），全面部署建立健全我国家庭经济困难学生资助政策体系。广东省政府据此制定《关于建立健全我省普通高校和中等职业学校家庭经济困难学生资助政策体系的实施意见》（粤府〔2007〕92号），启动学生资助政策体系的系统化建设工作。2007年，广东省不断完善以"两免一补"为主的义务教育学生资助政策；建立起各级财政合理分担、以免学费和国家助学金为主的中等职业教育阶段资助政策；健全了以国家奖学金、国家励志奖学金、国家助学金和国家助学贷款为主，辅之以勤工助学，补助、减免费用，建立"绿色通道"，鼓励引导社会捐资助学，形成"奖、贷、助、补、减"的高校学生资助政策体系。

2. 分层分类健全阶段（2010—2015 年）

2010 年 7 月，党中央、国务院颁布《国家中长期教育改革和发展规划纲要（2010—2020 年）》，明确指出以"优先发展、育人为本、改革创新、促进公平、提高质量"为工作方针，进一步加大农村、边远贫困地区、民族地区教育投入，健全国家资助政策体系。广东省积极贯彻落实《国家中长期教育改革和发展规划纲要（2010—2020 年）》，并结合地方实际制定《广东省中长期教育改革和发展规划纲要（2010—2020）》，持续完善家庭经济困难学生资助政策体系。明确部署建立以财政投入为主，学校和社会资助为辅，满足各层次学生需要的资助体系。建立家庭经济困难学生认定制度，逐步建立农村家庭经济困难和城镇低保家庭子女接受学前教育资助政策；完善义务教育家庭经济困难学生生活费补助政策；建立完善普通高中家庭经济困难学生国家资助制度；逐步实行中等职业教育免学费，建立完善中等职业学校国家助学金政策；健全高等教育学生资助政策体系，积极探索生源地信用助学贷款等多种国家助学贷款模式，引入保险机制防范助学贷款风险；逐步完善面向特殊教育的资助政策。积极引导社会力量通过直接捐助和设立规范基金会等方式资助家庭经济困难学生接受各级各类教育，取得显著成效。

3. 精准资助深化阶段（2016 年至今）

2016 年 12 月，国务院颁布《国家教育事业"十三五"规划（2016—2020 年）》，文件提出"十三五"时期国家教育事业发展的目标之一是"使教育发展成果更公平地惠及全民。完成教育脱贫攻坚任务，精准扶贫、精准脱贫的效果充分显现。实现家庭经济困难学生资助全覆盖"。据此，广东省颁布《广东省教育事业"十三五"规划（2016—2020 年）》，更加注重教育的均衡协调发展，更加注重解决教育资助的难点问题，落实教育"精准扶贫"战略。扩大公益普惠性学前教育资源覆盖面，帮助贫困家庭幼儿接受学前教育；全面改善义务教育学校办学条件，健全农村留守儿童教育服务体系，继续实施农村义务教育学生营养改善计划，改善农村义务教育学生营养状况；逐步分类推进中等职业教育免学费；率先从建档立卡家庭经济困难学生（以下简称"建档立卡学生"）实施普通高中免除学杂费，鼓励有条件的地级以上市稳步扩大免费范围；探索率先建立面向特殊群体的职业培训和继续教育工作统筹机制；完善学生资助体系，实现家庭经济困难学生资助的全覆盖。健全学前教育和高中教育阶段家庭经济困难学生资助机制，完善从学前教育到高等教育的资助体系，加强以学籍为基础的学生资助信息系统建设，实现与民政、扶贫、残疾人联合会等部门信息系统的对接，精准识别资助对象，确保应助尽助，落实资助标准动态调整机制。

根据国家决策部署，广东省从 2007 年开始建立起以政府投入为主，学校自筹经费和吸纳社会资金为辅、助困与奖优结合、中央和地方经费合理分担的机制，健全广东省各级各类学校学生资助工作管理体系，构建了一个从学前教育至研究生教育阶段全覆盖、公办与民办学校全覆盖、家庭经济困难学生全覆盖的学生资助政策体系。

一、学前教育阶段资助政策发展历程及特点

（一）学前教育阶段资助政策发展历程与政策内容

学前教育是国民教育体系的起始阶段，在我国基础教育和终身教育体系中占有不可替代的奠基地位，是国民教育体系和社会公共服务体系的重要组成部分。[①] 学前教育的发展一直都是教育改革中的重要议题，也是我国的一项重要社会公益事业，但在20世纪90年代，我国学前教育经历了较长停滞期。自1993年之后的十几年中，学前教育经费一直只占我国教育经费的1.3%左右[②]。学前教育经费的严重不足，致使我国学前教育发展缓慢，学前教育机构无法满足日益增长的学前教育需求，我国绝大部分地区普遍存在"入园难"问题。部分私立幼儿教育机构则抬高幼儿入园收费，幼儿家长由此承担了高昂的学前教育费用，"入园贵"问题异常突出。我国学前教育平均学费水平在1999年超过了农村居民的人均纯收入，在2002年达到了农村居民人均纯收入的170%。学前教育学费占城镇居民人均可支配收入的比例达到了55%[③]，对贫困家庭来说是一个沉重负担。

建立学前教育资助政策体系，能够满足更多家庭经济困难适龄儿童的入园需求，有助于促进教育公平和社会公平。为此，国家财政部、教育部于2011年联合出台《关于建立学前教育资助制度的意见》（财教〔2011〕410号），在全国范围内部署建立学前教育资助政策体系，全面启动我国学前教育阶段学生资助政策体系的完善工作。为贯彻落实国家部署要求，从2011年秋季学期起，广东省根据本省实际情况，在此前不同地区开展学前教育阶段资助政策探索实践的基础上，大力推进全省学前教育资助体系的建立与完善工作，并最终建立覆盖城乡、公办民办的学前教育资助政策体系。

[①] 但菲，索长清. 发展学前教育事业是一项系统工程 [J]. 课程教材教学研究（幼教研究），2015 (Z1)：38.
[②] 丁金霞，庞丽娟. 社会体制转型与学前教育的重新定位 [J]. 学前教育研究，2010 (3)：6.
[③] 马佳宏，王琴. 我国学前教育成本分担问题研究 [J]. 教育导刊（下半月），2010 (3)：15-18.

1. 由地区探索先行到全省部署推进

2011年以前，广东省部分地区已经开始探索实施学前教育资助。例如，2008年佛山市人民政府颁布《关于印发佛山市最低生活保障家庭幼儿助学实施办法的通知》（佛府〔2008〕80号），对具有本市户籍、就读于市内经过区以上教育行政部门审批备案的幼儿园的最低生活保障家庭满3周岁的幼儿，给予每生每年3000元补助（含保教费和伙食费），全年按12个月计算，即每生每月250元。① 作为广东省8个"农村学前教育发展模式试点县"之一，佛山市高明区自2009年起建立学前教育公用经费和保教费补助制度，即对具有该区户籍，注明农业户口并在该区户口所在镇（街道）幼儿园接受学前三年教育的幼儿，给予学前教育保教费补助，标准为每生每年300元（每学期150元）。2011年年初，广东省佛山市禅城区实行学前教育补贴制度，对禅城区户籍学龄前一年在园幼儿按每生每年600元标准给予补助。② 2011年，广东省根据《财政部教育部关于建立学前教育资助制度的意见》（财教〔2011〕410号）和广东省教育厅、财政厅《关于实施学前教育资助制度的通知》（粤教基函〔2012〕63号）精神，从2011年秋季学期开始建立学前教育资助制度，按照"先执行，后奖补"的原则，资助面不低于10%，资助标准不低于每生每学年300元，鼓励有条件的地区，结合本地实际，扩大资助面，提高资助标准。自此，广东省学前教育资助实现了由地方探索先行走向资助政策的全省部署和普及。

2. 由政府资助为主到多元混合资助

2011年，广东省统一部署建立了学前教育阶段资助制度，各级政府是学前教育资助的财政分担主体。2012年，广东省教育厅颁布《关于实施学前教育资助制度的通知》（粤教基函〔2012〕63号），明确规定幼儿园要从事业收入中提取3%~5%比例的资金，专项用于学生减免学费和提供特殊困难补助，具体比例及办法由各地自行确定。并明确规定各地要积极引导和鼓励社会捐资助学，进一步建立和完善鼓动捐资助学的相关优惠政策措施，积极引导和鼓励企业、社会团体及个人等捐资助学，帮助家庭经济困难儿童、孤儿和残疾儿童接受公益普惠性学前教育。学前教育资助逐步形成以政府资助为主体，学校减免收费等为补充，社会力量积极参与的多元混合资助模式。

3. 由整体推进到分类部署

2011年，财政部、教育部联合印发《关于建立学前教育资助制度的意见》

---

① 广东省佛山市人民政府. 关于印发《佛山市最低生活保障家庭幼儿助学实施办法的通知》：佛府〔2008〕80号［EB/OL］. (2008-06-24)［2017-08-28］. http://www.110.com/fagui/law_336287.html.

② 何波波. 学前教育补贴给力还需普惠［N］. 佛山日报，2011-01-19（A11）.

（财教〔2011〕410号），规定学前教育的资助对象为3～6岁常住人口家庭经济困难儿童、孤儿、残疾儿童，要求针对上述对象整体推进，落实资助。2012年起，广东省采取先急后缓、分步推进的资助策略，优先解决经济特别困难家庭，再解决一般困难家庭，优先解决特殊困难的儿童，如孤儿、残疾、留守儿童等，再解决一般困难儿童，并根据实际逐步扩大资助覆盖面，提高资助标准。

4. 由统一安排到欠发达地区重点扶持

2011—2014年，广东省学前教育资助政策以贯彻落实国家统一部署为重点。2014年，广东省财政厅、教育厅联合印发《广东省学前教育家庭经济困难儿童资助资金管理办法》（粤财教〔2014〕237号），对学前教育资助资金管理进行进一步规范，适当提高了资助标准，并明确规定资助资金的安排采取"统一规划，政策倾斜"的原则，即由省教育厅会同省财政厅结合全省各地市经济发展水平和财力状况制订资金安排计划，并对粤东、粤西、粤北地区给予适当倾斜扶持。2016年，广东省财政厅、教育厅联合印发《关于调整完善学前教育资助政策的通知》（粤财教〔2016〕22号）进一步明确各地市的学前教育资助资金的各级财政具体分担比例，即欠发达地区（含惠州市、肇庆市和恩平市）的地级市（市辖区）和县（市、区），省财政负担70%，地级市（市辖区）和县（市、区）财政负担30%；珠三角地区地级市及其所辖县、区（不含深圳市、惠州市、肇庆市和恩平市、台山市、开平市），省财政负担10%，地级市和县（市、区）财政负担90%；江门的台山市、开平市，省财政负担49%、市县财政负担51%。学前教育资助政策按照地方实际通过调整各级财政分担比例，向经济欠发达县（市、区）和农村幼儿园倾斜，学前教育资助政策由统一安排走向欠发达地区重点扶持，助力推进资源配置的合理优化。

截至2016年，广东省学前教育资助政策体系经历了"由地区探索先行到全省部署推进、由政府资助为主到多元混合资助、由整体推进到分类部署、由统一安排到欠发达地区重点扶持"的发展历程，实现了公办民办幼儿园全覆盖、地区全覆盖、家庭经济困难适龄幼儿全覆盖。广东省学前教育阶段现行资助政策的主要内容如下：

资助对象：以在经县级以上教育行政部门审核设立的公办幼儿园（含公办性质幼儿园）、普惠性民办幼儿园和幼儿班就读，符合国家相关政策的广东省3～6岁常住人口家庭经济困难学前儿童、孤儿和残疾儿童为资助对象。

资助标准：从2016年春季学期开始，广东省学前教育家庭经济困难儿童资助标准由原每生每年300元调整为每生每年1000元，用于资助家庭经济困难儿童、孤儿和残疾儿童保教和生活费用。

资助比例：广东省在确保全省学前教育资助总人数不低于在园儿童人数

10%的前提下,根据各地市上一年度学前教育资助政策的执行情况、地方财力投入、地方经济发展水平等情况,适当调整各地市的学前教育资助比例,并向经济欠发达县(市、区)和农村幼儿园倾斜。

(二) 学前教育阶段资助政策特点

1. 着力构建"三位一体"资助格局

广东省学前教育资助建立了政府主导,幼儿园、社会广泛参与的资助格局。一是政府资助是学前教育资助的主体,政府每年投入大量财政经费对全省3～6岁常住人口家庭经济困难儿童、孤儿、残疾儿童进行学前教育资助。二是幼儿园资助为补充。在《关于实施学前教育资助制度的通知》(粤教基函〔2012〕63号)和《关于调整完善学前教育资助政策的通知》(粤财教〔2016〕22号)中均明确规定幼儿园要从事业收入中提取3%～5%比例的资金,专项用于学生减免保教费和提供特殊困难补助,鼓励各地市(区)幼儿园根据自身实际,提取一定比例的事业收入用于学前教育资助工作,作为政府资助的补充。三是社会资助共同参与,上述两份通知还明确要求各地要加快建立和完善相关优惠政策,积极引导和鼓励社会团体、企业及个人等捐资,进一步推动社会力量参与学前教育资助,增强学前教育资助的整体资助力度和资助水平,促进学前教育资助格局的健全与发展。

2. 资助标准呈现出"省定标准"结合"地方探索"的特征

广东省各市县以贯彻落实省定资助政策为原则,结合地方实际以及地区学前教育发展目标,因地制宜,探索建立了地区性资助政策和标准。例如,2012年《关于实施学前教育资助制度的通知》(粤教基函〔2012〕63号)规定,资助经费按幼儿园隶属关系和"以县为主"属地管理原则,由市、县(市、区)政府负责筹措落实,并要求在不低于省定资助面和资助标准的基础上,鼓励各地结合地区实际,提高资助标准,省财政部门对于按要求建立并落实学前资助制度的市(县、区),根据实施资助情况与成效予以奖补。[①] 2014年《广东省学前教育家庭经济困难儿童资助资金管理办法》进一步明确了各地资助标准的实施细则。例如,该办法第十二条规定,资助资金的资助标准根据中央及省财政资金的安排实行动态调整,由省下达的资助标准和地方的资助标准两部分构成,地方的资助标准不得低于省下达的资助标准。第十三条则确定资助资金安排采用因素法,省财

[①] 广东省教育厅,广东省财政厅. 关于印发《关于实施学前教育资助制度的通知》:粤教基函〔2012〕63号[EB/OL]. (2012-06-19)[2017-08-28]. http://www.jiangmen.gov.cn/bjss/jy/zz#jxj/201510/t20151027_526562.html.

政统筹安排中央财政和省财政资助资金,各县(市、区)的补助资金按统一的、涵盖各县(市、区)在园儿童人数、资助比例的基础因素计算后据修正因素(包括地方财力水平及对学前教育资助的投入、资助工作落实情况、资助工作实施效果等地方实际情况)进行调整。因此,各地的资助标准呈现以省定政策为原则,结合地方实际探索执行的地区特征。

3. 资助政策与管理办法双管齐下

从学前教育资助政策发展历程来看,广东省在构建学前教育资助政策体系的同时,注重资助资金、实施流程以及政策执行绩效的全过程规范管理,建立了相对系统和完善的资助管理办法,如出台《广东省学前教育家庭经济困难儿童资助资金管理办法》(粤财教〔2014〕237号)对学前教育资助对象、学前教育资助比例、学前教育资助标准、学前教育资助资金申报流程、学前教育资助资金发放程序、学前教育资助资金监管、受助儿童家长申请资助流程、学前教育资助工作档案管理做了明确规定,学前教育资助管理工作日趋系统和完善。

二、义务教育阶段资助政策发展历程及特点

(一)义务教育阶段政策发展历程与政策内容

实行九年义务教育是将我国建设成富强、民主、文明的现代化社会主义国家的必然要求。义务教育作为基础性教育,全国上下各级党委政府高度重视,对义务教育发展有重要保障性作用的学生资助工作也得到越来越多的关注。

自1986年颁布义务教育法以来,我国义务教育阶段学生资助政策经历了三个发展阶段,即初始期(1986—1996年)、发展期(1997—2008年)和转型期(2009年至今)。① 初始期所实施的义务教育阶段学生资助政策力度有限,国家制定了针对贫困生的教育救助政策,但没有具体的实施细则,资助义务教育阶段贫困学生政策并没有得到有效落实。在发展期,我国义务教育阶段学生资助政策体系基本形成。2005年开始免除国家扶贫开发工作重点县农村义务教育阶段贫困家庭学生的书本费、杂费,并补助寄宿学生生活费。2007年,全国农村地区义务教育阶段全面实施"免杂费、免书本费、逐步补助寄宿生生活费";同年,教育部、财政部进一步调整完善农村义务教育经费保障机制改革有关政策,对贫困地区义务教育助学金的来源、实施范围、享受对象和条件、标准和用途、资金管

---

① 参见广东省教育厅学生助学工作管理中心2013年业务研究项目《广东义务教育阶段家庭经济困难学生资助工作问题与对策研究》。

理、评定办法等主要内容都做了明确规定。2008年春季，我国在北京、天津、上海等16个省区市和5个计划单列市进行免除城市义务教育学杂费试点；同年秋季学期起，在全国范围内实施免除城市义务教育阶段学杂费。① 转折期阶段根据人口流动以及社会转型带来的生源结构与学生资助需求的变化，义务教育学生资助政策主要转向了以经济资助为基础，结合学生的营养改善和进城务工子女教育权利保障方面，资助范围和形式有了一定的扩充。

广东省严格贯彻落实党和国家对义务教育学生资助政策体系建设的各项部署，从2001年起率先探索农村地区困难家庭义务教育阶段学生资助政策，2007年秋季起，在全国率先实施农村义务教育全免费。总体而言，广东省义务教育阶段资助政策的发展也经历了初始期、发展期和转型期，但新时期以来，在教育公平思想的推动下，广东省积极研究和摸索，稳步推进义务教育阶段学生资助政策的不断完善，全面实施义务教育免学杂费、课本费和家庭经济困难学生生活费补助制度，大力普及九年义务教育工作，探索出"先困难家庭后一般家庭，先农村后城乡一体化，先欠发达地区后一般地区，先经济保障后营养关注，先逐项推进后精准资助"的有广东特色的义务教育资助政策体系发展道路。

1. 优先困难家庭，优先农村户籍

早在2001年，广东就率先对农村年人均纯收入低于1500元的困难家庭义务教育阶段学生实行免收书本费和杂费（简称"两免"）制度。从2005年起，又对已实行"两免"的学生给予生活费补助（简称"一补"），标准为每人每学年100元。② 2005—2006学年，广东省在韶关乳源县等16个扶贫开发重点县建立免费义务教育试点，小学每生每学年免交杂费288元，初中每生每学年免交杂费408元。2006年秋季学期起，实施全省农村义务教育阶段免收书杂费政策。2007年秋季起，在全省农村义务教育免收书杂费的基础之上，实施免收城镇低保家庭义务教育阶段学生的学杂费、课本费（免书杂费补助标准：小学每生每学年388元，初中每生每学年588元），提高农村困难家庭义务教育阶段学生补助标准（由原来的每生每学年100元提高到每生每学年200元），形成了"两免一补"（免除学杂费、免除课本费、家庭经济困难学生生活费补助）的资助政策，此项政策成为广东义务教育发展的里程碑，即原来由学生家庭承担的书杂费，今后将

---

① 于春生，王茜，吴晶. 三年四大步：我国城乡全面实现义务教育免费历程[EB/OL]. (2008-08-21)[2017-08-29]. http://www.edu.cn/ywjy_7555/20080821/t20080821_319443.shtml.

② 刘宝超. 广东省农村义务教育阶段贫困学生资助的政策与实施[J]. 广东教育学院学报，2007(2)：57.

由各级政府承担。① 2008 年，在现有享受生活费补助的学生中划分为特殊困难学生和一般困难学生两个等级，对特困生和一般贫困生予以不同的资助标准，特困学生的补助标准为小学每生每学年 500 元，初中每生每学年 750 元，一般困难每生每学年 200 元的资助标准。2012 年年底，国家财政部和教育部联合下发《关于下达 2012 年农村义务教育免费教科书中央补助资金的通知》（财教〔2012〕334 号），要求各地财政、教育部门为所有农村义务教育学生配齐《新华字典》，广东省结合自身实际为农村小学一年级学生免费配发汉语字典。

2. 由农村扩展至城市，逐步实现城乡一体化

2008 年春季学期起，将城镇低保家庭学生免收杂费、课本费政策扩大到面向本省非农业户籍的义务教育阶段学生，自此免费义务教育由农村扩展至城镇，全面实现义务教育免费。2016 年广东省根据《国务院关于进一步完善城乡义务教育经费保障机制的通知》（国发〔2015〕67 号）的要求，进一步完善对义务教育阶段学生生活费补助政策的内容，实施城乡义务教育家庭经济困难寄宿学生生活费补助。统一城乡资助对象和资助标准，促进城乡义务教育一体化发展，即从 2017 年起统一按照小学生每生每学年 1000 元，初中生每生每学年 1250 元的标准提供生活费补助；对农村家庭经济困难非寄宿学生以一般困难学生每生每学年 200 元，特殊困难学生小学每生每学年 500 元，初中每生每学年 750 元的标准进行生活费补助。

3. 设立少数民族资助专项政策，优先向欠发达地区倾斜

2010 年，广东省教育厅联合广东省财政厅、广东省民族宗教委员会出台了《关于进一步落实少数民族地区义务教育阶段寄宿制民族班生活费补助的通知》（粤教财函〔2010〕111 号），面向连南瑶族自治县、连山壮族瑶族自治县、乳源瑶族自治县等 3 个民族县和始兴县深渡水瑶族乡、龙门县蓝田瑶族乡、东源县漳溪畲族乡、怀集县下帅壮族瑶族乡、阳山县秤架瑶族乡、连州市三水瑶族乡、连州市瑶安瑶族乡等 7 个民族乡实行义务教育阶段少数民族寄宿生生活费补助政策，资助政策向民族地区等欠发达地区倾斜，优先实现少数民族地区寄宿制民族班学生的普惠性资助，不仅经济困难家庭能享受寄宿制生活费补助，非困难家庭的少数民族寄宿制民族班学生均可享受小学每生每学年 600 元、初中每生每学年 800 元的专项资助政策。2011 年进一步提高少数民族地区义务教育阶段寄宿制民族班生活费补助标准，由原来的小学每生每学年 600 元、初中每生每学年 800 元，分别提高到小学每生每学年 800 元、初中每生每学年 1000 元。

---

① 刘宝超. 广东省农村义务教育阶段贫困学生资助的政策与实施［J］. 广东教育学院学报，2007（2）：57.

4. 先保障教育经费，后改善学生体质

2012年以前，广东省对民族地区、欠发达地区义务教育阶段家庭经济困难学生的资助政策以免除学杂费、课本费和补助生活费等经济资助为主。2012年，广东省研究制定《广东省农村义务教育学生营养改善计划试点工作方案》并以省政府办公厅文件（粤府办〔2012〕59号）印发各地实施，开始关注欠发达地区学生的营养情况。该方案确定了韶关市乳源瑶族自治县、清远市连山壮族瑶族自治县和连南瑶族自治县为省级试点县，启动省级试点工作。补助标准为每人每天补助3元，每学年按200天计算，此后不断提高资助标准。2015年，广东省将"提高农村义务教育学生营养改善计划省级试点补助标准"纳入省民生实事，将属于省级试点地区的3个民族自治县的补助标准从每生每年600元提高至800元。2016年继续提高补助标准，广东省财政厅印发《关于下达2016年农村义务教育学生营养改善计划省级补助资金的通知》（粤财教〔2016〕49号），将省级试点补助资金提高至每生每年1000元。

5. 先逐项推进资助政策，后实施建档立卡精准资助

至2015年年底，广东省义务教育阶段学生资助政策体系已经实现由农村经济困难家庭到城乡一般家庭、由农村地区到城市地区、由欠发达地区到城乡地区、由经济保障到营养关注的政策全覆盖和均衡普惠发展。2016年，广东省教育厅、广东省财政厅、广东省人力资源和社会保障厅等六部门联合印发《关于做好全省建档立卡家庭经济困难学生精准资助工作的通知》（粤教助〔2016〕5号），明确在落实现有各教育阶段家庭经济困难学生资助政策的基础上，从2016年秋季学期起实施对就读义务教育、高中教育和全日制专科教育阶段的建档立卡贫困户子女免学杂费并给予生活费补助政策，义务教育阶段建档立卡贫困户全日制学生的补助标准为每生每学年3000元。对建档立卡贫困户子女实行精准资助政策，是在落实原有资助政策的基础上进一步加大资助力度，发挥教育扶贫功能。自此，义务教育阶段的资助政策实现了均衡普惠、全覆盖和精准资助。目前，广东省现行义务教育阶段学生资助政策主要内容见表2-2。

表2-2 广东省义务教育阶段学生资助政策（2016年）

资助项目	资助对象	资助标准
免学杂费和免课本费	义务教育阶段学生	全面免除义务教育阶段（小学和初中）学生的学杂费，为城乡义务教育阶段的农村学生和城镇低保家庭学生免费提供教科书
配发字典	农村义务教育阶段学生	免费配发汉语字典

续上表

资助项目	资助对象	资助标准
农村义务教育阶段家庭经济困难学生生活费补助	农村义务教育阶段家庭经济困难学生	特殊困难小学生每生每学年500元，初中生每生每学年750元，一般困难学生每生每学年200元
农村义务教育寄宿制学生免收住宿费	农村义务教育寄宿制学生	按政策标准免除
义务教育阶段少数民族地区寄宿制民族班学生生活费补助	义务教育阶段少数民族地区寄宿制民族班学生	小学生每学年每生800元，初中生每学年每生1000元。义务教育城乡家庭经济困难寄宿学生、农村家庭经济困难非寄宿学生、少数民族地区寄宿制民族班学生生活费补助不同时享受
农村义务教育学生营养改善计划试点	韶关市乳源瑶族自治县、清远市连山壮族瑶族自治县和连南瑶族自治县县城以外的农村学校义务教育阶段在校学生	每人每天补助5元，每学年按200天计算
建档立卡学生免学费和生活费补助	2016年秋季学期起在校的广东户籍建档立卡贫困户义务教育学校全日制学生	每人每学年3000元（每月300元，每学年按10个月计）。义务教育建档立卡学生生活费补助与义务教育阶段其他生活费补助不同时享受

（二）义务教育阶段资助政策特点

1. 以保障义务教育优质均衡发展为目标

广东省教育发展"十二五"规划提出义务教育均衡发展目标，即基本实现县域内义务教育均衡发展，确保全省义务教育阶段适龄儿童少年入学机会均等。[①] 为此，自2012年起统一城乡免费义务教育公用经费补助标准、分担比例和

---

① 广东省人民政府. 印发广东省教育发展"十二五"规划的通知［EB/OL］.（2011-11-07）［2017-08-29］. http：//zwgk.gd.gov.cn/006939748/201111/t20111118_292717.html.

拨款方式，在 2012—2015 年逐年提高补助标准。2013 年起包括随迁子女在内的全省义务教育学生全部纳入免费义务教育公用经费补助范围，为全省义务教育提供免费教材。完善助学制度，进一步缩小城乡区域义务教育差距，确保教育公平。"十三五"期间，广东省提出"高水平完成 15 年基础教育"目标，实现县域均衡、探索市域均衡，实现更高水平九年义务教育。为此，广东省进一步健全义务教育经费保障机制，加大对边远地区、贫困地区、革命老区、民族地区的支持力度①，推动义务教育优质、均衡发展。

2. 以省市县三级政府为资助主体

我国义务教育阶段学生资助主体经历了"资助政策政府资助不明确——政府开始承担资助——政府为主导"的过程。② 2007 年以来，广东省高度重视义务教育阶段资助工作，逐渐确立起以省级财政为中心的资助主体。随着义务教育阶段学生资助政策和相关资金管理办法的健全完善，各级政府财政资金分担方式与比例也得到明确规定。2016 年，广东省人民政府印发《关于进一步完善城乡义务教育经费保障的通知》（粤府〔2016〕68 号），明确全省城乡义务教育学生"两免一补"政策，即（含民办学校）免除学杂费、免费提供教科书和为家庭经济困难学生提供生活费补助，由省（含中央补助）、市、县三级财政资金分项目、按比例分担；在 2013—2015 年连续提高城乡义务教育公用经费补助标准的基础上，继续按 2015 年标准执行补助政策；从 2016 年起重点加大原中央苏区县、民族自治县和困难地区的义务教育公用经费补助力度，适当提高珠三角地区和欠发达地区市辖区城乡义务教育公用经费补助省财政分担比例；提高欠发达地区农村义务教育寄宿制公办学校公用经费补助标准。此外，2016 年实施的建档立卡家庭经济困难学生精准资助政策，生活费补助政策所需资金由省财政承担 60%，免学杂费所需资金按原分担比例承担。

3. 资助内容多样化发展

从上述政策发展历程回顾中可以看出，广东省义务教育阶段学生资助政策逐步完善，从最初面向农村地区困难家庭子女免除学杂费政策，发展到建立包括"全面免除学杂费，免费提供教科书，农村学生免费配发汉语字典，农村寄宿学生免收住宿费，农村家庭经济困难学生和民族地区寄宿制民族班学生提供生活费补助，实施农村义务教育学生营养改善计划"在内的资助体系，资助内容实现多

---

① 广东省教育厅. 广东省教育发展"十三五"规划（2016—2020 年）[EB/OL]. (2017-01-09) [2017-07-21]. http://zwgk.gd.gov.cn/006940116/201701/t20170109_689216.html.
② 参见广东省教育厅学生助学工作管理中心 2013 年业务研究项目《广东义务教育阶段家庭经济困难学生资助工作问题与对策研究》。

样化发展。从经济资助到关注学生的营养和体质，由整体资助到特困、一般以及寄宿非寄宿分档资助，广东义务教育阶段学生资助政策内容不断贴近学生需求，更加符合学生的现实需要，满足学生的就读需求。

4. 资助政策内涵扩展

根据国家部署，2012年广东省先行试点实施农村义务教育学生营养改善计划，以贫困地区、民族地区、边疆地区、革命老区等为重点，因地制宜开展营养改善试点工作，逐步改善农村家庭经济困难学生营养健康状况，并不断提高补助标准，其中省级试点地区补助标准由最初每生每年600元提高至800元，2016年更是提高到每生每年1000元。此项政策通过经济资助与营养体制改善相结合的方式，拓展了传统学生资助政策内涵，既体现了各级党委和政府对贫困地区义务教育阶段学生提高身体素质的高度重视，又落实了关心下一代成长的国家战略。

三、中等职业教育阶段资助政策发展历程及特点

（一）中等职业教育阶段发展历程与政策内容

中等职业教育是我国经济社会发展的重要基础和现代国民教育体系的重要组成部分。加快中等职业教育发展，对于繁荣经济、促进就业、消除贫困、促进经济社会发展具有十分重要的意义。但随着社会主义市场经济体制的逐步确立与完善，统招统分政策的逐步退出，1991年中职教育由免费制转为收费制，加上中国传统价值观念的影响，在20世纪末及21世纪初的几年里，我国中职教育规模逐步下滑[1]。进入新世纪，一方面国民经济和社会发展对高素质劳动者和技能型人才的需求进一步加大。如何强化中等职业教育的吸引力，引导更多学子接受中等职业教育成长成才，已成为各级党委政府亟待解决的重要问题。此外，市场的选择功能导致中职学生的生源构成越来越集中于城市贫困家庭或农村家庭[2]，这一现状也决定了我国应着力从构建并完善教育资助政策体系来推动中等职业教育的发展。

2006年财政部、教育部联合印发《关于完善中等职业教育贫困家庭学生资助体系的若干意见》（财教〔2006〕74号），指出必须按照《国务院关于大力发

---

[1] 丁留宝. 中等职业教育资助体系的生成逻辑——以江西省为例 [J]. 职业技术教育，2012（10）：49.

[2] 丁留宝，张洁，王为. 中等职业教育资助体系的历史沿革 [J]. 中国职业技术教育，2013（3）：31.

展职业教育的决定》(国发〔2005〕35号)的精神,进一步完善中等职业教育贫困家庭学生助学政策体系,提出坚持政府主导,多渠道筹措资金原则,建立中等职业教育贫困家庭学生助学金、奖学金、工学结合以及困难学生学费减免、助学贷款、社会资助相结合的中职资助政策体系①。2007年国务院发布《关于建立健全普通本科高校、高等职业学校和中等职业学校家庭经济困难学生资助政策体系的意见》(国发〔2007〕13号),系统规划国家学生资助政策体系,提出完善中等职业学校国家助学金制度,对符合条件的全日制在校一、二年级农村学生和城市家庭经济困难学生提供国家助学金资助,资助标准为每生每年1500元,第三年实行工学结合、顶岗实习②。随后财政部、教育部印发《中等职业学校国家助学金管理暂行办法》(财教〔2007〕84号)和《中等职业学校学生实习管理办法》(教职成〔2007〕4号),分别对中等职业学校国家助学金资助范围、对象、标准、申请、评审和发放流程,中职学生实习的组织管理等做出详细规定,进一步明确中等职业学校国家助学金制度实施的相关要求③。

广东省作为改革开放的先行地区,也是全国职业教育大省④,一贯高度重视中等职业教育的发展,将其定位于服务区域性产业结构升级的战略部署之一。广东省坚持贯彻落实中等职业教育阶段国家资助政策体系,积极开展地区探索,注重发挥学生资助政策在中等职业教育发展中的保障和引导作用,根据人才结构优化和产业升级的需要,不断优化资助政策体系,完善资助覆盖面,提高资助标准,在全国中等职业教育阶段学生资助中发挥着引领和示范作用。总体而言,广东省中等职业教育阶段资助政策发展历程如下。

1. 首创"智力扶贫"工程与退役士兵免费中职技能培训,探索家庭经济困难学生中等职业教育资助

1999年,广东省试点开展"智力扶贫"工作,通过支持贫困家庭学生接受职业教育,落实"培训一人、就业一人、脱贫一户"目标⑤。在前期试点的基础

---

① 财政部,教育部. 关于完善中等职业教育贫困家庭学生资助体系的若干意见:财教〔2006〕74号[EB/OL]. (2006-08-27) [2017-08-28]. http://www.hunan.gov.cn/fw/grfw/rssj/sx/jyqzyzz_56573/zcfgyjd_56574/201310/t20131022_1429645.html.

② 国务院. 关于建立健全普通本科高校高等职业学校和中等职业学校家庭经济困难学生资助政策体系的意见:国发〔2007〕13号[EB/OL]. (2007-05-13) [2017-08-29]. http://www.moe.edu.cn/jyb_xxgk/moe_1777/moe_1778/tnull_27695.html.

③ 刘红. 我国百年中等职业教育学生资助制度述评[J]. 职教论坛,2011 (22):85-96.

④ 张韦韦. 广东绘制现代职教发展"新蓝图"——广东省教育厅高中与中职教育处处长邵子铀介绍广东现代职教发展情况[J]. 教育与职业,2014 (34):56-57.

⑤ 南方日报. 广东大力开展智力扶贫4年无偿帮助近3万贫困生[EB/OL]. (2005-10-21) [2017-08-29]. www.southcn.com/news/gdnews/sz/gdfp/zlfp/200510210176.htm.

上，2002年广东省委、省政府出台《关于加快山区发展的决定》（粤发〔2002〕13号），明确提出"从2002年至2007年，省财政共安排2.1亿元，用于每年资助5000名贫困家庭子女接受2年至3年的技校教育，提供3500元学杂费每生每年"，在全国首创系统实施"智力扶贫"工程，探索通过实施中等职业教育补助，促进贫困学生接受职业教育，改变家庭贫困状况。2002—2006年的三年间，广东省财政资助的智力扶贫生遍布全省50个山区县，达到1.5万名，各市县政府和各技工学校也主动参与此项工程，资助各类贫困生3万多名[①]。

2006年，广东省率先对广东户籍城镇和农村当年退役士兵提供免费中职技能培训，对复学或通过技能考试考入广东省高等职业院校、生源地为广东欠发达地区的退役士兵进行教育资助。资助标准为每人每学年7000元。这项政策的探索经验和显著成效也进一步推动了国家对退役士兵技能培训的关注，并于2010年在全国范围内实施退役士兵职业教育和技能培训工作。

2. 落实国家资助政策，启动广东特色中等职业教育资助政策体系构建

中共广东省委、省政府根据《国务院关于建立健全普通本科高校高等职业学校和中等职业学校家庭经济困难学生资助政策体系的意见》（国发〔2007〕13号）精神，结合广东省实际，制定《关于建立健全广东省普通高校和中等职业学校家庭经济困难学生资助政策体系的实施意见》（粤府〔2007〕92号），部署从2007年秋季学期起，实施中等职业学校国家助学金制度、学校资助，继续实施退役士兵免费职业技能培训工程和智力扶贫工程。其中国家助学金资助对象为，中等职业学校（包括普通中专、成人中专、职业高中、技工学校，不含计划单列市中等职业学校，下同）一、二年级全日制在校生中所有农村学生和城市家庭经济困难的学生，资助标准为1500元每生每年，主要用于生活费资助，三年级通过工学结合、顶岗实习解决。校内资助方面要求中等职业学校每年从学校事业收入中足额提取5%的经费用于学费减免和临时困难补助制度。广东省退役士兵免费职业技能培训方面，继续对符合广东省安置政策、能正常参加培训的城乡退役士兵，免费进行职业技能培训，毕业后由学校优先推荐就业。智力扶贫工程方面，在每年补助5000名贫困学生的基础上，扩大到补助1.2万名贫困学生，补助标准为每生每年3500元。

自2007年起，经前期探索，广东省在落实国家资助政策的基础上，初步形成包括国家助学金、贫困学生免费教育、学校资助、退役士兵免费职业技能培训

[①] 广东省人民政府. 广东首创智力扶贫实现培训一人脱贫一户［EB/OL］.（2006 – 09 – 09）［2017 – 08 – 29］. http://www.gd.gov.cn/gdgk/gdyw/200609/t20060911_7369.htm.

等有广东特色的中等职业教育阶段资助政策体系[①]。

3. 扩大免学费政策范围，完善国家助学金资助制度，逐步覆盖城乡家庭经济困难学生

在免学费政策方面，广东省从 2002 年开始探索构建以降低学生学费成本为中心的中等职业教育资助体系，根据国家中等职业学校免学费政策部署以及本省职业教育发展的实际需求，逐步扩大免学费资助范围，经历了五大发展阶段，逐步实现了城乡家庭经济困难学生全覆盖。

第一阶段，承前文所述，自 1999 年开始"智力扶贫"工程探索，2008 年在实施智力扶贫工程的基础上，为广东省农村贫困家庭子女免费提供 3 年职业技术教育，每年 2.24 万名贫困中职学生受益。

第二阶段，2009 年广东省落实财政部、国家发展和改革委、教育部、人力资源和社会保障部联合印发的《关于中等职业学校农村家庭经济困难学生和涉农专业学生免学费工作的意见》（财教〔2009〕442 号）精神，制定《关于中等职业学校农村家庭经济困难学生和涉农专业学生免学费工作的实施意见（试行）》（粤财教〔2010〕120 号），明确从 2009 年秋季学期起，对中等职业学校全日制正式学籍一、二、三年级在校生中的农村家庭经济困难学生和涉农专业学生逐步免除学费（艺术类相关表演专业除外）。2009 学年农村家庭经济困难学生按全省中职学生在校生的 5% 确定，2010 学年扩大至全省中职在校生人数的 10%（以上困难学生包含"智力扶贫"学生）。中等职业学校对符合条件的一、二年级农村家庭经济困难学生和涉农专业学生落实免学费资助产生的资金缺口，2009 学年省财政以每生每年 2000 元的标准提供补助，2010 学年补助标注提高至每生每年 2500 元，第三年原则上通过校企合作、顶岗实习方式获得的收入弥补，对涉农专业和经认定顶岗实习有困难的其他专业学生（艺术类表演专业学生除外），财政按一定标准予以补助。

第三阶段，2012 年为加快发展中等职业教育，促进教育公平和劳动者素质提高，财政部、国家发展和改革委员会、教育部、人力资源和社会保障部联合印发《关于扩大中等职业教育免学费政策范围 进一步完善国家助学金制度的意见》（财教〔2012〕376 号）和《关于做好扩大中等职业教育免学费政策范围 进一步完善国家助学金制度有关工作的通知》（财教明电〔2012〕3 号），广东省落实部署，制定《关于扩大中等职业教育免学费政策范围 进一步完善国家助学金制

[①] 广东省人民政府. 关于建立健全广东省普通高校和中等职业学校家庭经济困难学生资助政策体系的实施意见：粤府〔2007〕92 号[EB/OL].（2007-11-22）[2017-08-29]. http://china.findlaw.cn/fagui/p_1/81432.html.

度有关工作的实施意见》（粤财教〔2013〕54号），不仅将免学费政策享受对象进一步扩大为中等职业学校（含技工学校，下同）全日制正式学籍一、二、三年级在校生中所有农村（含县镇）学生、城市涉农专业学生和家庭经济困难学生（艺术类相关表演专业学生除外），同时也扩大免学费财政补助政策范围，第一、二学年继续由财政按享受免学费政策学生人数和补助标准补助学校，将第三学年原则上由学校通过校企合作和顶岗实习等方式弥补不足的经费缺口，由财政按照三年级享受免学费政策学生人数30%的比例和免学费标准补助学校。

第四阶段，2014年根据《广东省人民政府办公厅关于印发广东省财政一般性转移支付资金管理办法的通知》（粤府办〔2014〕31号）和《广东省特殊教育提升计划（2014—2016）》年，将残疾学生纳入高中教育阶段免学费要求，广东省财政厅、教育厅修订形成《广东省中等职业学校学生和普通高中残疾学生免学费补助资金管理办法》（粤财教〔2014〕189号），明确免学费对象为中等职业学校全日制正式学籍农村籍（含县镇）学生、城市籍涉农专业学生和非涉农专业家庭经济困难学生（不含艺术类相关表演专业学生）、残疾学生。公办学校免学费补助资金与前相同，一、二年级按享受免学费政策学生人数和补助标准补助，第三年级按享受免学费政策学生人数30%的比例和免学费标准基准定额及分担比例补助学校。民办学校参照当地同类型同专业公办学校免学费补助标准执行，经批准学费高于财政补助部分可继续向学生收取。

第五阶段，为进一步加快发展现代职业教育，实施建设职教强省工程，2015年广东省人民政府制定《关于创建现代职业教育综合改革试点省的意见》（粤府〔2015〕12号）明确提出"建立健全职业教育投入稳定增长机制；要求各地认真落实中等职业学校免学费及助学金补助配套经费[①]。"根据此项要求，同年3月，广东省财政厅、教育厅与人力资源与社会保障厅联合印发《关于调整中等职业教育免学费政策的通知》（粤财教〔2015〕16号），进一步调整免学费政策，提高第三学年中职免学费学校补助比例，实现第三学年与第一、二学年同样由财政按照享受免学费政策学生人数的100%和免学费补助基准定额及分担比例补助学校，受惠面由中职学生一、二年级扩展至三年级，第三学年中职免学费补助比例由不高于50%调整到100%。

至此，广东省中等职业学校免学费政策逐步扩大，实现城乡家庭经济困难学生全覆盖。中等职业学校免学费补助力度也逐步提高，通过进一步明确财政补助及各级财政分担比例，有效缓解中等职业学校因执行免学费政策带来的资金缺口

---

① 广东省人民政府. 关于创建现代职业教育综合改革试点省的意见：粤府〔2015〕12号[EB/OL]. (2015-01-23)[2017-08-29]. http://zwgk.gd.gov.cn/006939748/201501/t20150127_566766.html.

和运转压力,保障中等职业学校的教学管理水平。

国家助学金方面,广东省贯彻落实国家资助政策,完善资助制度,逐步实现城乡家庭经济困难学生全覆盖,对中等职业学校国家助学金制度的完善也经历了如下四个阶段。

第一阶段,2007年广东省制定并执行《关于建立健全广东省普通高校和中等职业学校家庭经济困难学生资助政策体系的实施意见》(粤府〔2007〕92号),从2007年秋季学期起对中等职业学校(包括普通中专、成人中专、职业高中、技工学校,不含计划单列市中等职业学校,下同)一、二年级全日制在校生中的所有农村学生和城市家庭经济困难学生实施国家助学金资助。原"广东省政府助学金"不再单独设立,整合到国家助学金内一并组织实施。

第二阶段,广东省财政厅 教育厅 人力资源与社会保障厅联合印发《关于我省中等职业学校县镇非农户籍学生享受国家助学相关政策的通知》(粤财教〔2011〕263号),明确从2010年秋季学期起,中等职业学校全日制正式学籍的在校一、二年级所有县镇非农户籍学生享受国家助学金资助,具体包括以下两类,一是界定为农村户籍但目前未享受国家助学金的林民、渔民以及其他无法界定的学生;二是非地级以上市中心辖区户籍的学生。

第三阶段,2013年广东省制定并执行《关于扩大中等职业教育免学费政策范围 进一步完善国家助学金制度有关工作的实施意见》(粤财教〔2013〕54号),明确从2012年秋季学期起,将中等职业学校国家助学金资助对象,由全日制正式学籍一、二年级在校农村(含县镇)学生和城市家庭经济困难学生,逐步调整为全日制正式学籍一、二年级在校涉农专业学生和非涉农专业家庭经济困难学生。其中2012年秋季学期至2013年春季学期,助学金政策覆盖一年级涉农专业学生和非涉农专业家庭经济困难学生,以及二年级农村(含县镇)学生和城市家庭经济困难学生。从2013年秋季学期起,政策覆盖范围调整完成。

第四阶段,2014年广东省落实《广东省特殊教育提升计划(2014—2016年)》进一步明确国家助学金的资助对象,将中等职业学校全日制正式学籍一、二年级的残疾学生同时纳入到资助范围。

至此,根据中等职业教育发展需要,广东省逐步扩大中职免学费政策范围,完善国家助学金资助制度,精确界定资助对象和资助标准,根据中等职业学校运转和地区经济水平差异,逐步完善免学费补助资金和助学金财政分担比例,形成了更加系统全面的中等职业教育学生资助政策体系。

4. 持续加大投入提高免学费资助标准,引领全国中等职业教育资助水平

根据中等职业教育发展需要,广东省不断完善和优化中等职业教育学生资助体系,扩大学生受惠面的同时提升中等职业教育学生资助标准,资助力度位居全国前列。2009 年，财政部、国家发展和改革委员会、教育部、人力资源和社会保障部联合印发《关于中等职业学校农村家庭经济困难学生和涉农专业学生免学费工作的意见》（财教〔2009〕442 号）中明确免学费补助资金，由中央财政统一按照每生每年平均 2000 元标准给予学校补助。广东省在落实政策同时结合省情实际制定《关于中等职业学校农村家庭经济困难学生和涉农专业学生免学费工作的实施意见（试行）》（粤财教〔2010〕120 号），明确 2009 年省财政按每生每年平均 2000 元的标准补助，2010 年起补助标准提高到每生每年平均 2500 元，率先超过国家资助标准。2013 年，广东省落实财政部、国家发展和改革委员会、教育部、人力资源和社会保障部联合印发《关于扩大中等职业教育免学费政策范围 进一步完善国家助学金制度的意见》（财教〔2012〕376 号）精神，进一步扩大中等职业教育免学费政策范围，将中等职业学校免学费补助标准提高到省属中职学校为每生每年 3500 元，市属中职学校每生每年 2500 元，远高于国家所定补助标准的 2000 元每生每年。2015 年，广东省再次调整对地市属中等职业学校免学费补助标准，并制定分步走战略，即 2015 年提高到每生每年 3000 元，2016 年提高到每生每年 3500 元，实现对地市属中等职业学校与省属中等职业学校实施同等补助标准。

从 1999 年至今实施贫困学生免费教育、退役士兵教育资助以及中等职业教育免学费资助政策的探索和实践，广东省不断完善中等职业教育资助政策体系，提升资助发展水平，在全国范围内起到了示范和引领作用。

5. 资助政策向欠发达地区倾斜力度逐步加大，确保政策扶持力度精准

广东省坚持资助政策向欠发达地区倾斜政策，减少因地区经济发展水平差异造成资助资源分布不均问题，确保教育公平。以中等职业学校国家助学金资助项目为例，2007 年中职教育阶段国家助学金所需经费分担比例为，省属中职学校所需经费由中央和省财政共同分担；地方所属中等职业学校所需经费，省内生源按生源地、外省生源按学校所在地确定各级财政分担比例：生源地或学校所在地属于珠江三角洲 7 个地级以上市及其所辖县（市、区，不含恩平市）的，所需经费由中央和省财政负担 10%，地级以上市、县（市、区）财政负担 90%；属于欠发达地区市、市辖区的，所需经费由中央和省财政负担 40%，地级市、市辖区财政负担 60%；属于欠发达地区县（市，含恩平市）的，所需经费由中央和省财政负担 60%，地级市、县（市）财政负担 40%；属于 16 个扶贫开发重点县的，所需经费由中央和省财政负担 80%，地级市、县财政负担 20%[①]。2014 年

[①] 广东省人民政府. 关于建立健全我省普通高校和中等职业学校家庭经济困难学生资助政策体系的实施意见：粤府〔2007〕92 号[EB/OL].（2007-11-12）[2017-08-29]. http://www.szgm.gov.cn/szgm/132100/xwdt17/150043/151079/331023/index.html.

广东省财政厅、教育厅联合制定《广东省中等职业学校国家助学金管理办法》（粤财教〔2014〕111号），进一步明确国家助学金经费安排使用要求，加强统筹规划和对粤东西北地区的倾斜扶持力度。其中明确珠三角地区（不包括惠州市、肇庆市和江门市的恩平市）地级市、县（市、区）国家助学金，省财政（含中央补助）负担10%，市、县（市、区）财政负担90%。江门市的台山市、开平市，省财政（含中央补助）负担49%，市、县（市、区）财政负担51%。深圳市所需资金自行负责。非珠三角地区（包括惠州市、肇庆市和江门市的恩平市）地级市、县（市、区）省财政（含中央补助）负担70%，市、县（市、区）财政负担30%[①]。由此可知，广东省中职教育阶段资助政策向粤东西北欠发达地区倾斜力度逐步加大，政策扶持力度也更为精确。

6. 关注重点保障群体需求，开展残疾学生免费教育与建档立卡生中等职业教育资助

2014年7月，广东省出台《广东省人民政府办公厅关于转发省教育厅等部门广东省特殊教育提升计划（2014—2016）》的通知（粤府办〔2014〕36号），明确"推动实施残疾学生15年免费教育，惠及残障人士的高中教育阶段和专科教育阶段，含中等职业学校全日制正式学籍一、二、三年级的残疾学生"，为残疾学生接受中等职业教育提供了政策支持。

2016年，为落实精准扶贫国家方略，实施教育扶贫工程。广东省贯彻财政部、教育部联合印发《关于免除普通高中建档立卡家庭经济困难学生学杂费的意见》（财教〔2016〕292号）精神，由省教育厅、财政厅、人力资源与社会保障厅、民政厅、扶贫办公室以及省残疾人联合会联合印发《关于做好我省建档立卡家庭经济困难学生精准资助的通知》（粤教助〔2016〕5号）结合省情实际，将义务教育、普通高中、中等职业教育以及高等教育专科阶段建档立卡家庭经济困难学生均纳入资助范围。明确对2016年秋季学期起在校，广东户籍建档立卡贫困户中等职业学校和技工学校全日制学生实施免学杂费（不含住宿费）和生活费补助政策，其中免学杂费补助标准为每人每学年3500元，生活费补助标准为每人每学年3000元（每月300元，每学年按10个月计）。

上述系列举措推动广东省中等职业教育资助政策体系的不断完善，建立健全了以中职免费、国家助学金为主，残疾学生免费教育、建档立卡学生资助、退役士兵教育资助等为特色，学校和社会资助及顶岗实习等为补充的中等职业教育

---

① 广东省财政厅，广东省教育厅，广东省人力资源和社会保障厅. 广东省中等职业学校国家助学金管理办法：粤财教〔2013〕326号[EB/OL].（2013-11-30）[2017-08-29]. http://zwgk.gd.gov.cn/006939991/201406/t20140617_532935.html.

阶段学生资助政策体系。广东省中等职业教育阶段资助政策的主要内容见表2-3。

表2-3 广东省中等职业教育阶段资助政策（2016年）

资助项目	资助对象	资助标准
国家助学金	中等职业学校全日制正式学籍一、二年级的残疾学生、涉农专业一、二年级在校学生和非涉农专业家庭经济困难一、二年级在校学生	每生每学年2000元
免学费政策	中等职业学校全日制正式学籍一、二、三年级在校生中所有农村（含县镇）学生、城市涉农专业学生和非涉农专业家庭经济困难学生（艺术类相关表演专业学生除外）	省属与地市属中等职业学校免学费补助标准均为每生每学年3500元。公办中等职业学校不可向学生收取学费；民办中等职业学校经批准的学费标准高于财政补助的部分，学校可继续向学生收取
残疾学生免费教育和助学金制度	中等职业学校全日制正式学籍一、二、三年级的残疾学生	省属与地市属中等职业学校免学费补助标准均为每生每学年3500元。公办中等职业学校不可向残疾学生收取学杂费、课本费；民办中等职业学校经批准的学费标准高于财政补助的部分，学校可继续向学生收取。中等职业教育残疾学生助学金政策，资助标准为每生每学年2000元
学校和社会资助	中等职业教育阶段家庭经济困难学生	组织开展顶岗实习，从学校事业收入中提取一定比例经费，用于设立学校减免学费、学校奖助学金、特殊困难补助等。鼓励和支持各地各校拓展社会资源，接受企事业单位、社会团体以及个人捐赠社会资助项目
建档立卡学生免学费和生活费补助	2016年秋季学期起在校，广东户籍的建档立卡贫困户中等职业学校和技工学校全日制学生	免学杂费（不含住宿费）补助标准为每人每学年3500元，生活费补助标准为每人每学年3000元

(二) 中职教育阶段资助政策特点

1. 扶持重点专业,发挥政策导向作用

社会主义建设急需高素质、技能型人才,但由于市场经济的自主调节机制,一段时间以来国家建设需要但较为艰苦的涉农专业出现了人才青黄不接的现象。学生资助政策在发挥助困、奖优功能的同时,也能够发挥引导人才流向的作用,具有引导功能。在中等职业教育阶段重点扶持涉农专业正是运用学生资助政策来引导学生选择从事特需专业,具有明显的政策导向性。广东省中等职业教育资助免学费政策率先覆盖农村家庭经济困难学生和涉农专业学生,有效解决了贫困农村家庭学生就读中等职业学校的经济压力,吸引学生就读涉农专业,对于帮助农村贫困家庭脱贫致富,提高农村人口素质,优化人才结构,发展现代农业,发展农村经济也具有重要的作用。

2. 注重引导社会力量参与,资助政策绩效加速转化

广东省在构建中等职业教育资助政策体系的过程中,注重坚持政府主导并调动社会力量的参与,如推行工学结合、半工半读等中等职业教育特有的资助政策,鼓励和支持企业接收中等职业学校学生顶岗实习,改变以学校和课堂为中心的传统职业教育人才培养模式。中等职业教育资助政策将公共政策与社会生产实践紧密结合,与其他教育阶段的资助政策相比,其政策绩效转化速度更快,受助学生接受两至三年的专业化中职教育后立即参与企业生产劳动和社会实践,通过就业改善自身生活。中等职业教育资助政策不仅有利于个人发展,也有助于经济与社会发展[1]。个人层面,中等职业教育资助有助于帮助家庭经济困难学生完成学业,提高学生的就业和创业能力,帮助和促进学生就业,减轻学生及其家庭的经济负担。经济层面,在我国工业化、城市化进程中,确保职业教育为社会培养技能型人才,缓解生产一线的劳动者素质偏低和技能型人才紧缺问题,为产业结构升级提供不可或缺的人力资源来源;社会层面,中等职业教育资助在解决低收入家庭教育问题,促进就业方面具有不可替代的功能,是社会保障体系的重要组成部分。

3. 优化人才结构,服务广东省经济转型升级

广东省中等职业教育阶段学生资助政策的发展与全省产业结构转型升级密切相关。2008 年,作为全国外贸大省和制造业大省的广东遭遇了国际金融危机的巨大冲击。此后广东省快速反应,通过推进产业和人才"双转移",促进高新科技产业和现代服务业发展,建立现代产业体系等一系列措施,加快推进全省产业

---

[1] 参见广东省教育厅委厅机关第二批业务研究项目《构建广东高中阶段教育学生资助体系研究》。

结构调整和转型升级，逐步实现以创新驱动和高新科技产值替代传统劳动密集型产值的发展目标①。

广东中等职业教育阶段学生资助工作以发展中等职业教育，优化教育结构和人才供给，服务广东产业结构升级为目标。为加大技术型、创新型人才培育，鼓励更多初中毕业生接受中等职业教育，广东省高度重视中职教育资助政策投入，大力发展中职教育资助体系，加大中等职业教育阶段的资助力度，在完善中等职业教育学生资助政策体系的同时，促进中等职业教育人才培养的市场化模式，助力产业结构转型升级，为广东省经济发展转型升级做出了积极的助力。

四、普通高中阶段资助政策发展历程及特点

（一）普通高中资助政策发展历程与政策内容

高中教育是承接义务教育和高等教育的纽带，在义务教育和高等教育之间起着承前启下的作用，关系到国民素质的提高和经济社会的又好又快发展。建立高中教育阶段资助体系对普及高中教育、实现教育公平及强化人才储备有着重要的现实意义。现阶段广东省经济社会发展处于工业化中后期阶段，急需大规模吸纳受过中高等教育的人才，高中教育作为基础教育与高等教育衔接的关键阶段，对工业化程度相对较高、经济社会发展相对较快、人才需求量相对较大的广东省来说，更具特殊意义。②

2010年，财政部、教育部联合发布《关于建立普通高中家庭经济困难学生国家资助制度的意见》（财教〔2010〕356号），标志着我国开始建立普通高中阶段的学生资助体系。广东省在综合地方实际的基础上一方面贯彻落实国家政策部署，另一方面积极探索和完善普通高中资助体系，补齐普通高中资助政策短板。

1. 由地区探索到全面构建

2007年，珠海市先行先试，从2007年秋季学期开始，对该市户籍的普通高中、中等职业学校（含职业高中、技工学校）的学生实行免学费政策，启动了覆盖本市户籍中小学生的12年免费教育，在全国范围内也走在前列。广州市增城区在2010年已经试行户籍生普通高中免费教育，广州市花都区在2015年出台户籍生普通高中免费教育实施办法。截至2016年，广东省已有广州、深圳、珠海、佛山等地市已试行12年免费教育。2011年广东省贯彻落实国家关于普通高

---

① 宋林，温思美. 加快产业转型升级 促进经济发展方式转变［J］. 理论前沿，2009（22）：5-9.
② 参见广东省教育厅委厅机关第二批业务研究项目《构建广东高中阶段教育学生资助体系研究》。

中阶段的学生资助体系建设意见，印发《关于广东省普通高中家庭经济困难学生国家资助工作的实施意见（试行）的通知》（粤财教〔2011〕67号），规定在全省内建立起普通高中家庭经济困难学生国家资助制度，从2010年秋季学期起，每年有10%的在校高中学生约21万人获得普通高中国家助学金约3150万元。自此，全省普通高中阶段资助工作实现了由地方局部先行到普通高中国家助学金制度全面建立。

2. 由本省户籍生开始，探索性覆盖随迁外籍生

广东省是人口流动大省，外来务工人员随迁子女在广东就读的需求较大，且普遍存在经济能力不足的情况。2012年以前，广东省普通高中教育阶段的学生资助政策受惠对象均要求为本省户籍的普通高中在校全日制学生，政策资源尚未实现对外来务工随迁家庭子女开放。2012年起，部分地区探索实施外来务工人员随迁子女与本省户籍学生全覆盖政策。如广州市南沙区实施区属公办小学、初中、普通高中免费教育，并强调本地户籍与外地户籍学生统一免费，首次实现普通高中阶段资助政策受惠对象本省户籍与外省户籍的全覆盖。

3. 由发展普通教育资助到重点发展特殊教育资助

2014年7月，广东省人民政府办公厅印发《关于转发省教育厅等部门〈广东省特殊教育厅提升计划（2014—2016年）的通知〉》（粤府办〔2014〕36号），明确提出要加快广东特殊教育事业发展，保障残疾人受教育权利，推动实施残疾学生15年免费教育；从2015年春季学期起，在全省范围内实施高中阶段残疾学生免费教育，免收学杂费、课本费；有条件的地区可实施从学前教育到高中阶段残疾学生免费教育。① 2014年广东省财政厅、教育厅联合印发《广东省中等职业学校学生和普通高中残疾学生免学费补助资金管理办法》（粤财教〔2014〕189号），规定高中阶段教育残疾学生免学费补助标准以不低于普通中等职业学校学生免学费补助标准的1.1倍补助学校。省属学校的残疾学生免学费补助标准为每生每年3850元，免学费资助资金由省财政负担，从2016年起，省财政对地市属学校残疾学生免学费补助标准为每生每年3850元，实现了普通高中阶段惠及残障人士的特殊教育资助，进一步扩大了受惠面。

4. 精准资助建档立卡家庭经济困难高中生

为进一步落实精准扶贫国家方略，确保国家和省精准资助政策顺利实施，广东省于2016年制定并从当年秋季学期起实施建档立卡家庭经济困难学生精准资

---

① 广东省人民政府办公厅．关于转发省教育厅等部门《广东省特殊教育厅提升计划（2014—2016年）》的通知：粤府办〔2014〕36号［EB/OL］.（2009－11－09）［2017－08－29］.http://zwgk.gd.gov.cn/006939748/201407/t20140711_537324.html.

助政策,自 2016 年秋季学期起,在普通高中阶段对广东户籍建档立卡家庭经济困难学生(含非建档立卡残疾、农村低保家庭、农村特困救助供养)的全日制学生实施免学杂费,对在校广东户籍建档立卡贫困户全日制学生提供生活费补助,并享受如助学金等除奖学金和其他有特殊要求政策外的资助政策。具体政策包括:一是对就读普通高中的建档立卡贫困户学生免学杂费,免除学杂费后,财政按普通高中每生每学年 2500 元补助学校。二是对就读普通高中建档立卡贫困户学生提供生活费补助,在原有每生每学年 2000 元国家助学金的基础上,再给予每生每学年 3000 元生活费补助。建档立卡政策在原有资助政策的基础上精准资助建档立卡贫困户子女,作为教育扶贫工程的有机组成,加大了对精准扶贫目标对象的资助力度,确保了建档立卡家庭经济困难学生的受教育权利,有利于阻断贫困的代际传递。广东省普通高中阶段现行资助政策的主要内容见表 2-4。

表 2-4 广东省普通高中教育阶段资助政策(2016 年)

资助项目	资助对象	资助标准
普通高中学校国家助学金	全日制普通高中正式学籍的家庭经济困难在校学生和残疾学生	每生每学年 2000 元
普通高中残疾学生免学费政策	普通高中具有正式学籍的残疾学生	每人每年 3500 元。普通高中残疾学生补助标准按不低于普通中职学校学生免学费补助标准的 1.1 倍拨付,省属和地市属普通高中阶段的残疾学生免学费补助基准定额为每生每学年 3850 元
学校和社会资助	全日制普通高中正式学籍的家庭经济困难学生和残疾学生	学校利用从事业收入提取的资助资金、社会组织和个人捐赠资金等,用于减免学费、设立校内奖助学金和特殊困难补助等支出
建档立卡学生免学杂费和生活费补助	普通高中阶段生活费补助对象是 2016 年秋季学期起在校的广东户籍建档立卡贫困户普通高中全日制学生	每人每学年 3000 元(每月 300 元,每学年按 10 个月计)
	普通高中免学杂费对象是 2016 年秋季学期起在校,广东户籍的建档立卡等家庭经济困难(含非建档立卡残疾、农村低保家庭、农村特困救助供养)的普通高中全日制学生	免学杂费(不含住宿费)补助标准为每人每学年 2500 元

（二）普通高中阶段资助政策特点

1. 由个体"奖优"走向政府"扶助"

广东省普通高中阶段资助政策体系于 2010 年开始系统构建，2010 年以前普通高中阶段的学生资助主要以地区探索和学校、企业、个人、基金会等社会力量开展的"奖优"性资助为主。如 2008 年广东省宋庆龄基金会出资设立"广东宋庆龄奖学金"，用于资助全省普通高中品学兼优的学生。2010 年后，随着普通高中阶段国家助学金制度的建立，政府开始成为普通高中学生资助的实施主体，突出助困功能，资助范围大幅拓宽。

2. 资助政策向欠发达地区倾斜

普通高中阶段的资助政策也呈现出向欠发达地区倾斜的特征，如《关于印发〈关于广东省普通高中家庭经济困难学生国家资助工作的实施意见（试行）〉的通知》（粤财教〔2011〕67 号）明确规定，全省普通高中家庭经济困难学生国家助学金的财政分担比例（不考虑生源地因素）按照省人民政府粤府〔2007〕92 号文中关于中等职业学校国家助学金规定执行，即向欠发达地区倾斜。2014 年《广东省普通高中国家助学金管理办法》（粤财教〔2014〕183 号）明确规定，地方所属学校国家助学金的各级财政具体分担比例为珠三角地区（不包括惠州市、肇庆市和江门市的恩平市）地级市、县（市、区）国家助学金，省财政负担 10%，市、县（市、区）财政负担 90%，其中江门市的台山市、开平市，省财政负担 42%，市、县（市、区）财政负担 58%，深圳市所需资金自行负责；非珠三角地区（包括惠州市、肇庆市和江门市的恩平市）地级市、县（市、区）国家助学金，省财政负担 60%，市、县（市、区）财政负担 40%；16 个扶贫开发县，省财政负担 80%，地方财政负担 20%。2014 年《广东省中等职业学校学生和普通高中残疾学生免学费补助资金管理办法》（粤财教〔2014〕189 号）第六条也明确指出，残疾学生免学费补助资金安排使用应坚持统筹规划，倾斜扶持原则，对粤东、粤西、粤北地区给予适当倾斜扶持。

3. 资助项目以经济资助为主

广东省普通高中阶段资助项目包括国家助学金、残疾学生免学费以及建档立卡学生免学杂费和生活费补助，学校资助和社会资助。学校资助是指学校从事业收入中提取的资助资金，用于减免学费、设立校内奖助学金和特殊困难补助等支出。社会资助是由社会力量捐资助学设立资助项目。总体而言，普通高中阶段资助项目以"助、免、补"为主要形式，以经济性资助为主，"奖优"与"发展"型资助相对不足。

五、高等教育阶段资助政策发展历程及特点

(一) 高等教育阶段资助政策发展历程与政策内容

1998 年我国颁布《中华人民共和国高等教育法》，全国开始实行高等教育全面收费制度，自此我国贫困大学生"上学难"越来越成为政府重视、社会关注的议题，高等教育阶段资助政策的重要性凸显，学生与家庭的现实需求不断增加。自实行高等教育全面收费制度后，广东高校学生资助政策体系落实国家部署，大致可分为以下两个主要发展阶段：第一阶段，建立国家助学贷款为主体，"奖、贷、助、补、减"相结合的高校学生资助政策体系（1999—2007 年）。第二阶段，建立国家奖学金、国家励志奖学金、国家助学金、国家助学贷款、勤工助学、特殊困难补助和学费减免等多种措施并存的高校学生资助政策体系（2007 至今）。①

高校扩招政策实施后，广东省高等教育规模不断扩大，高校家庭经济困难学生人数也呈逐年增多的趋势。2010 年广东大部分高校贫困生人数多达在校总人数的 20% 以上，贫困生上学难问题引起社会的广泛关注。② 自 2007 年起，广东省在高等教育资助政策体系上不断探索和完善，广东省高校资助政策经历了如下发展过程。

1. 制度设计不断系统化

2007 年 5 月，国务院颁发了《关于建立健全普通本科高校、高等职业学校和中等职业学校家庭经济困难学生资助政策体系的意见》（国发〔2007〕13 号），为健全我国高校家庭经济困难学生资助政策体系奠定了坚实基础③。

广东省贯彻落实国家政策，于 2007 年颁布《关于建立健全我省普通高校和中等职业学校家庭经济困难学生资助政策体系的实施意见》（粤府〔2007〕92 号），明确建立普通高校国家助学金政策和国家助学贷款政策，为健全全省高校资助政策体系奠定基础。随后相继于 2007 年印发《广东省普高校国家助学贷款管理办法（试行）》（粤教贷〔2007〕5 号），于 2012 年印发《广东省教育厅高校国家奖学金、励志奖学金评审的暂行管理办法》（粤教助函〔2012〕48 号）和

---

① 参见广东省教育厅学生助学工作管理中心业务研究项目《广东省家庭经济困难学生资助政策体系现状分析及对策研究》。
② 李素素. 广东省高校家庭经济困难学生资助政策探讨 [J]. 咸宁学院学报, 2011 (31): 2.
③ 程治强. 高校大学生资助政策现状及发展趋势分析 [J]. 改革与开放：文教空间, 2016 (23): 100 – 101.

《参加"三支一扶"高校毕业生国家助学贷款代偿暂行办法》（粤人社发〔2012〕29号），于2014年印发《广东省普通高校本专科生国家奖助学金管理办法》（粤财教〔2014〕191号）和《广东省国家开发银行生源地信用助学贷款的管理办法》（粤教助〔2014〕7号），于2016年制定并实施专科教育阶段建档立卡精准资助政策。由此可知，自2007年以来，广东省高等教育阶段资助政策和不断完善，并配套制定专项资金管理方法。广东高校学生资助制度设计不断系统化，初步建立起以政府投入为主，学校自筹资金，吸纳社会资金为辅的投入机制，济困与奖优结合，中央和地方经费合理分担，通过金融手段扩大资助覆盖的"奖、助、贷、勤、补"五位一体的资助体系。

2. 助学贷款政策从校园地贷款拓展至校园地与生源地信用贷款同步

助学贷款是高校资助政策体系的一项重要内容，资助覆盖广，资助力度大。我国自1999年制定并实施国家助学贷款政策。广东省助学贷款政策以校园地贷款为先导，生源地作用贷款为辅助，逐步拓展助学贷款政策的保障范围，做到应贷尽贷。2007年起，为实现国家助学贷款"全满足、全覆盖"，广东省积极探索助学贷款新模式，与国家开发银行合作开展国家助学贷款业务，贷款不再受名额限制，"应贷尽贷"政策目标得以真正实现。① 2011年，为进一步落实《广东省中长期教育改革和发展规划纲要（2010—2020）》的部署，积极、稳妥地推进生源地信用助学贷款工作。在维持校园地助学贷款工作格局不变的情况下，试行由全省各市、县教育行政部门承担当地户籍考入外省高校学生的生源地信用助学贷款工作，为进一步夯实学生资助政策保障体系奠定了良好基础。2014年广东省教育厅出台《关于印发生源地信用助学贷款工作实施意见的通知》（粤教助〔2014〕6号）和《广东省国家开发银行生源地信用助学贷款的管理办法》（粤教助〔2014〕7号），为广东省生源地信用助学贷款政策的顺利实施建立制度方向和要求。2016年广东省教育厅联合国家开发银行股份有限公司广东省分行印发《关于全面推进我省生源地信用助学贷款工作的通知》（粤教助〔2016〕72号），明确部署从2017年开始在全省各地市全面开展生源地信用助学贷款工作，并将办理对象由原只对考入省外高校的学生扩大到考取省内和省外高校的学生，从而实现了生源地信用助学贷款办理区域和办理对象的全覆盖，以及大学生助学贷款需求的全覆盖。

3. 资助面由本专科阶段覆盖至研究生阶段

随着高校扩招、高等教育发展、研究生培养制度改革，越来越多学生开始接受研究生教育，研究生阶段学生资助需求愈发凸显，研究生资助政策体系亟待建

---

① 参见广东省教育厅《2011年我省高校助学贷款工作基本情况》。

立。2012年，广东省开始实施研究生国家奖学金制度，资助面开始覆盖到研究生教育阶段；2014年，我国研究生教育收费制度逐步建立健全，从2014年秋季学期起，所有纳入国家招生计划的新入学研究生全面自费，同时，全省开始实施研究生阶段国家助学金制度，一定程度上减轻了家庭经济困难学生的经济压力。广东省在国家政策的指导下印发《广东省普通高校研究生国家助学金管理暂行办法》（粤财教〔2014〕240号），明确研究生阶段国家助学金政策的资助对象为纳入全国研究生招生计划，没有固定工资收入，规定学制期内的全日制在读研究生，实现了全日制在读研究生全覆盖。资助标准为博士研究生每生每年10000元，硕士研究生每生每年6000元，同时启动生源地信用助学贷款政策，覆盖研究生教育阶段。

4. 完善学费补偿与助学贷款政策，强化资助政策引导功能

随着我国高等教育由精英教育向大众化方向发展。在市场机制的条件作用下，经济欠发达及偏远地区，国家发展与社会建设有需要的冷门专业以及国防事业出现人才紧缺的现象，为兼顾引导人才流动和保障家庭经济困难学生接受高等教育权利两项政策目标，广东省在贯彻落实《中共中央办公厅、国务院办公厅关于引导和鼓励高校毕业生面向基层就业的意见》（中办发〔2005〕18号）、《人事部关于组织开展高校毕业生到农村基层从事支教、支农、支医和扶贫工作的通知》（国人部发〔2006〕16号）、《财政部、教育部关于高等学校毕业生国家助学贷款代偿资助暂行办法》（财教〔2006〕133号）等政策要求并结合省情实际，建立了包括基层就业、应征入伍服义务兵役、直招士官、退役士兵教育资助等在内的学费补偿、贷款代偿和学费减免政策。

在基层就业引导方面，广东省严格贯彻、落实国家相关政策规定，大力宣传高校毕业生到西部地区和艰苦边远地区就业的优惠政策，积极引导高校毕业生树立正确的成才观和就业观，鼓励、支持高校毕业生到基层自主创业和灵活就业。为进一步引导和鼓励高校毕业生面向中西部地区和艰苦边远地区基层单位就业，2009年，财政部、教育部联合印发《高等学校毕业生学费和国家助学贷款代偿暂行办法》（财教〔2009〕15号），该办法规定：对中央部门所属全日制普通高等学校应届毕业生，自愿到中西部地区、艰苦边远地区基层单位就业、服务期达到3年以上（含3年）的，实施学费补偿和国家助学贷款代偿；补偿代偿金额根据毕业生在校期间每年实际缴纳的学费或获得的国家助学贷款确定，每生每年不高于6000元；每年补偿或代偿总额的1/3，分3年补偿代偿完毕。2014年，国家对每名毕业生每学年补偿学费或代偿国家助学贷款的金额调整为本专科生最高不超过8000元，研究生最高不超过12000元。上述政策广东省均逐一贯彻落实。除此之外，2012年广东省人力资源和社会保障厅印发《关于参加"三支一扶"

高校毕业生国家助学贷款代偿暂行办法的通知》（粤人社发〔2012〕29号），鼓励高校毕业生到农村基层从事支农、支教、支医和扶贫工作，对符合条件的高校毕业生可申请代偿其在校学习期间获得的国家助学贷款本息，补偿代偿标准本专科生每生每年不高于8000元，研究生每生每年不高于12000元。每年补偿或代偿总额的1/3，分3年补偿代偿完毕。

在应征入伍服义务兵役资助方面，为鼓励高等学校应届毕业生积极应征入伍服义务兵役，推进国防和军队现代化建设，2009年财政部、教育部、总参谋部颁布《应征入伍服义务兵役高等学校毕业生学费补偿国家助学贷款代偿暂行办法》（财教〔2009〕35号），全国学生资助管理中心发布《关于做好2009年度高校毕业生服义务兵役学费补偿贷款代偿材料审核及备案工作的通知》（教助中心〔2009〕101号）。广东省积极贯彻落实上述文件要求，配合地方征兵机构做好高校应届毕业生征兵工作与服义务兵役学费补偿贷款代偿审核工作，2010年向全国学生资助管理中心就2009年服义务兵役学费补偿贷款代偿审核基本情况做出报告[①]。2016年广东省教育厅印发《关于做好2016年高校学生应征入伍服兵役国家资助有关工作的通知》（粤教助办函〔2016〕40号），进一步明确补助对象是2014年7月1日后应征入伍服义务兵役的高校在校生、毕业生及退役后复学的原高校在校生[②]，对其在校期间获得助学贷款（含校园地助学贷款和生源地信用助学贷款）实行代偿，对退役后复学的原高校在校生实行学费资助，补助标准为本专科生每生每年不超过8000元，研究生每生每年最高不超过12000元。

在直招士官资助方面，2016年广东省教育厅印发《关于做好2016年高校学生应征入伍服兵役国家资助有关工作的通知》（粤教助办函〔2016〕40号），贯彻落实财政部、教育部、总参谋部出台的《高等学校学生应征入伍服义务兵役国家资助办法》（财教〔2013〕236号）和《关于对直接招收为士官的高等学校学生施行国家资助的通知》（财教〔2015〕462号）政策要求，明确资助对象为2015年7月1日后直接招收为士官的高等学校学生。入伍时对其在校期间缴纳的学费实行一次性补偿或对获得的国家助学贷款实行代偿，补偿代偿标准为本专科学生每人每年最高不超过8000元、研究生每人每年最高不超过12000元。

在退役士兵教育资助方面，2006年，广东省率先出台退役士兵教育资助政策文件，关于印发《广东省财政厅补助经济欠发达地区退役士兵职业技能培训资

[①] 参见广东省2009年服义务兵役学费补偿贷款代偿审核基本情况报告（粤教助学〔2010〕10号）。
[②] 在校生是指高校中全日制普通本专科（含高职）生、研究生、第二学士学位在读生，以及成人高校招收的普通本专科（高职）在读生。参见财政部、教育部、总参谋部关于印发《应征入伍服义务兵役高等学校在校生学费补偿国家助学贷款代偿及退役复学后学费资助暂行办法》的通知（财教〔2011〕510号）。

金管理办法》的通知（粤财社〔2006〕175号）规定自2006年冬季开始，对复学或通过技能考试考入广东省高等职业院校、生源地为广东欠发达地区的退役士兵进行教育资助，资助标准为每人每学年7000元。2007年，《广东省教育厅关于印发〈退役士兵报读高等职业技术学院实施办法〉的通知》（粤教高〔2007〕47号），进一步明确退役士兵教育资助实施办法。国务院、中央军委于2010年发布《关于加强退役士兵职业教育和技能培训工作的通知》（国发〔2010〕42号），财政部、教育部、民政部、总参谋部、总政治部于2011年发布《关于实施退役士兵教育资助政策的意见》（财教〔2011〕538号），广东省贯彻落实上述文件精神，出台《广东省人民政府关于进一步加强退役士兵职业教育和技能培训工作的通知》（粤府〔2011〕114号），明确资助对象为生源地在广东省经济欠发达的地区的退役士兵专科生（退役一年以内），复学或者通过技能考试录取入学以及申请续报并且在校的退役士兵专科生。资助标准为每生每学年7000元，其中4000元用于退役士兵培训资金，包括支付退役士兵在校期间的全部学杂费、住宿费、实习实验费、技能鉴定费；3000元用于对农村户籍的退役士兵在校期间的伙食补助，并且直接打入退役士兵的饭卡。

5. 完善勤工助学政策机制，引导学生自立自强

勤工助学是高等教育中助困育人的重要政策之一，对实现大学生的全面发展、培养大学生自强自立和创新意识具有重要意义。国家从1994年开始要求各普通高等学校设立勤工助学基金，2007年颁布《高等学校勤工助学管理办法》，将勤工助学制度明细化。广东省贯彻落实国家政策执行勤工助学制度并不断健全勤工助学政策平台与制度保障。2016年，广东省教育厅与省财政厅联合下发《关于进一步加强高校学生资助经费管理的通知》（粤教助函〔2016〕40号），要求从2016年9月1日起，将广东省高校校内勤工助学临时岗位原每小时8元的薪酬标准提高至每小时不低于12元，并鼓励有条件高校适当上调标准（广州、深圳地区高校不低于18.30元，珠海、佛山、东莞、中山地区高校不低于14.40元，汕头、惠州、江门、肇庆地区高校不低于13.30元），进一步加强勤工助学政策制度保障。

6. 落实国家部署与发展地方特色资助并重

2012年起，广东省在落实国家学生资助政策的同时，陆续出台具有广东省特色的资助制度。

（1）完善大学新生政府资助政策。2012年出台《关于做好我省贫困家庭大学新生入学资助工作的通知》（粤府办明电〔2012〕316号），决定实施家庭经济困难大学新生资助政策，每年省财政安排5000万元，并从"6·30广东扶贫济困日"社会慈善捐赠资金中安排5000万元作为省级专项资助当年考入全日制普通高等学校的家庭经济困难大学新生。资助标准按省级人民政府制定的学费标准，最高不超过每生每年6000元。

（2）制定并实施广东省少数民族聚居区少数民族大学生资助政策，确保少数民族大学生和民族地区学生接受高等教育的权利。2013年，广东省人民政府办公厅出台《关于加大力度资助我省少数民族聚居区少数民族大学生上大学的通知》（粤府办〔2013〕20号），进一步完善少数民族地区学生资助政策，明确以户籍在广东省少数民族聚居区，且小学和初中均在少数民族聚居区中小学就读，2013年及以后通过普通高考考上全日制本专科院校（含省外学校）的少数民族大学生为资助对象。资助标准为每生每学年10000元，资助周期为本专科就读期间。

（3）开展"南粤扶残助学工程"，对残疾大学生和研究生新生进行补助，进一步完善高等教育阶段的学生资助体系。2015年，广东省残疾人联合会、广东省教育厅联合出台《"南粤扶残助学工程"实施办法》（粤残联〔2015〕85号），提出从2015年秋季学期起对新入学残疾人大学生一次性发放助学金。资助标准为专科生每人一次性资助10000元，本科生每人一次性资助15000元，硕士研究生每人一次性资助20000元，博士研究生每人一次性资助30000元。

（4）各地教育部门因地制宜完善地区学生资助政策。例如，东莞市通过《教育基金会资助困难家庭子女读书方案》，对东莞户籍困难家庭学生给予资助，并对大学生开通生源地信用助学贷款；中山市开展"大学通"助学计划，为困难家庭子女读大学提供"生源地信用助学贷款"和"助学金"资助；此外，各地还因地制宜充分调动社会力量开展家庭经济困难学生资助。

广东省在党和国家的领导下，不断完善高等教育阶段资助体系，建立了以国家助学金、国家助学贷款、国家奖学金、国家励志奖学金为主，学费补偿、助学贷款代偿、勤工助学、学费减免、"绿色通道"以及广东省贫困家庭大学新生入学资助、广东省少数民族聚居区少数民族大学生资助和"南粤扶残助学工程"等广东省特色资助政策、社会资助等有机结合的资助政策体系。高等教育阶段现行资助政策的主要内容如图2-1、表2-5、表2-6、表2-7、表2-8所示。

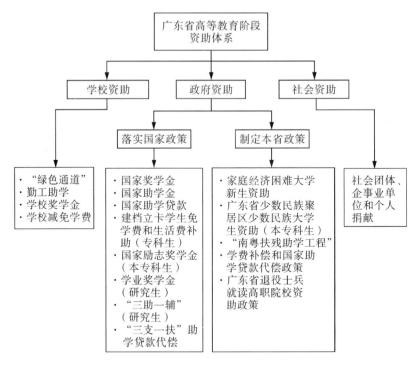

图2-1 广东省高等教育阶段（本专科生和研究生）资助政策体系

表2-5 广东省本专科生阶段国家资助政策体系（2016年）

资助政策		政策内容
本专科生国家资助项目	本专科生国家奖学金	奖励对象：特别优秀的二年级以上（含二年级）的全日制普通高校本专科（含高职、第二学士学位）在校生 奖励标准：每生每年8000元
	本专科生国家励志奖学金	奖励对象：品学兼优、家庭经济困难的二年级以上（含二年级）的全日制普通高校本专科在校生 奖励标准：为每生每年5000元
	本专科生国家助学金	资助对象：家庭经济困难的全日制普通高校本专科在校生 资助标准：每生每学年3000元。高校可根据学生家庭经济困难程度分档资助
	国家助学贷款	包括校园地助学贷款和生源地信用助学贷款 贷款对象：家庭经济困难的普通高校全日制本专科生和研究生 贷款金额：本专科生每生每学年最高申请金额不超过8000元

续上表

资助政策		政策内容
本专科生国家资助项目	学费补偿和国家助学贷款代偿	
	高校学生应征入伍服兵役学费补偿和国家助学贷款代偿及退役复学后学费减免政策	补助对象：应征入伍服兵役的高校在校生、毕业生及退役后复学的原高校在校生 补助标准：本专科生每人每学年不超过8000元，每学年实际缴纳的学费或获得的国家助学贷款低于8000元的，按照学费和国家助学贷款两者就高的原则，实行补偿或代偿
	"三支一扶"助学贷款代偿	毕业后到农村基层从事支农、支教、支医和扶贫工作，服务期满考核合格的高校毕业生，继续在经济欠发达地区基层工作满1年，可申请代偿其在校学习期间的国家助学贷款本息

表2-6 广东省研究生教育阶段国家资助政策体系（2016年）

资助政策		政策内容
研究生国家资助项目	研究生国家奖学金	奖励对象：普通高校中表现优异的全日制研究生 奖励标准：博士研究生国家奖学金每生每年30000元，硕士研究生国家奖学金每生每年20000元
	研究生学业奖学金	奖励对象：普通高校中表现良好的全日制研究生 奖励标准：省财政按博士研究生人均每年10000元，硕士研究生人均每年8000元给予支持。高校可根据实际情况，分档奖励
	研究生国家助学金	资助对象：纳入全国研究生招生计划、没有固定工资收入、规定学制期内的全日制在读研究生 资助标准：博士研究生每生每年13000元，硕士研究生每生每年6000元
	研究生"三助一辅"岗位津贴	研究生在不影响专业学习和研究的原则下，参加学校设置的"三助一辅"（助研、助教、助管和担任学生辅导员工作）岗位，获得一定的津贴报酬，帮助完成学业。"三助一辅"岗位津贴标准由高校依据国家有关规定，结合当地物价水平等因素合理确定

续上表

资助政策			政策内容
研究生国家资助项目	国家助学贷款		包括校园地助学贷款和生源地信用助学贷款 贷款对象：家庭经济困难的普通高校全日制研究生 贷款金额：研究生每生每学年最高申请金额不超过12000元
	学费补偿和国家助学贷款代偿	高校学生应征入伍服兵役学费补偿和国家助学贷款代偿及退役复学后学费减免政策	补助对象：应征入伍服兵役的高校在校生、毕业生及退役后复学的原高校在校生 补助标准：研究生每人每学年不超过12000元，每学年实际缴纳的学费或获得的国家助学贷款低于12000元的，按照学费和国家助学贷款两者就高的原则，实行补偿或代偿
		"三支一扶"助学贷款代偿	毕业后到农村基层从事支农、支教、支医和扶贫工作，服务期满考核合格的高校毕业生，继续在经济欠发达地区基层工作满1年，可申请代偿其在校学习期间的国家助学贷款本息

表2-7 广东省高等教育（本专科生和研究生）阶段特色资助项目

资助政策		政策内容
广东高等教育特色资助项目	广东省家庭经济困难大学新生资助	资助对象：广东省当年考入全日制普通高等学校的家庭经济困难大学新生 资助标准：按省级人民政府制定的学费标准，最高不超过6000元。考入省内高校的新生开学时向学校申请，考入省外的新生向户籍所在地县级教育部门申请
	广东省少数民族聚居区少数民族大学生资助	资助对象：户籍在广东省少数民族聚居区，且小学和初中均在少数民族聚居区中小学就读，2013年及以后通过普通高考，考上全日制高校（含省外高校）的少数民族本专科大学生 资助标准：每生每学年10000元，资助周期为本专科就读期间。符合条件的少数民族大学生向入学前户籍所在地的县（市、区）民族工作部门提出申请

续上表

资助政策		政策内容
广东高等教育特色资助项目	"南粤扶残助学工程"	资助对象：广东省户籍当年考入普通高校的全日制残疾人大学生（包括本专科和研究生，有固定工资收入的研究生除外） 资助标准：专科生每人一次性资助10000元，本科生每人一次性资助15000元，硕士研究生每人一次性资助20000元，博士研究生每人一次性资助30000元。符合条件的残疾人大学生向入学前户籍所在地的县（市、区）残疾人联合会提出申请
	高校学生应征入伍服兵役学费补偿和国家助学贷款代偿及退役复学后学费减免政策	补助对象：应征入伍服兵役的高校在校生、毕业生及退役后复学的原高校在校生 补助标准：本专科生每人每学年不超过8000元（研究生不超过12000元），每学年实际缴纳的学费或获得的国家助学贷款低于8000元（12000元）的，按照学费和国家助学贷款两者就高的原则，实行补偿或代偿
	广东省退役士兵就读高职院校资助政策	资助对象：复学或通过技能考试考入广东省高等职业院校的、生源地为广东欠发达地区的退役士兵 资助标准：每人每学年7000元
	"三支一扶"助学贷款代偿	毕业后到农村基层从事支农、支教、支医和扶贫工作，服务期满考核合格的高校毕业生，继续在经济欠发达地区基层工作满1年，可申请代偿其在校学习期间的国家助学贷款本息
	建档立卡专科学生精准资助	资助对象：2016年秋季学期起在校，广东户籍的建档立卡普通高校全日制专科学生 资助标准：免学杂费（不含住宿费）资助标准为每人每学年5000元；生活费补助为每人每学年7000元（每月700元，按10个月计）

表2-8 广东省高等教育阶段学校资助政策

资助政策		政策内容
学校资助	"绿色通道"	全日制普通高校对被录取入学，家庭经济确实困难、无法缴纳学费的新生，一律先办理入学手续，然后再根据核实后的情况，分别采取不同办法予以资助

续上表

资助政策		政策内容
学校资助	勤工助学	学生在学校的组织下，利用课余时间，通过自己的劳动取得合法报酬，用于改善学习和生活条件。学生参加勤工助学的时间原则上每周不超过 8 小时，每月不超过 40 小时。最低小时工资不低于 12 元（各高校按所在地标准）
	学费减免	全日制普通高校中家庭经济特别困难、无法缴纳学费的学生，特别是其中的孤残学生、少数民族学生及烈士子女、优抚家庭子女等，实行减免学费政策。具体办法由学校制定
	其他资助政策	高校利用从事业收入提取的资助资金、社会组织和个人捐赠资金等，设立奖学金、助学金，用于奖励和资助本校学生

（二）高等教育阶段资助政策特点

1. 资助主体实现政府主导多方参与

国家对高校家庭经济困难学生进行资助，解除他们读书的后顾之忧是党执政为民理念的具体体现，是中国特色社会主义建设的客观要求，也是保障广大人民受教育权利的表现。从历史和现行的高等教育阶段学生资助政策看，政府一直处于主导地位并且是最大的资助主体，尤其在 1952—1983 年，我国实施人民助学金制度，实行"政府包揽一切"，高校学生上学费用全部由政府支付，并提供助学金用于解决学生的生活问题。[①] 2007 年以来，广东省人民政府印发《关于建立健全广东省普通高校和中等职业学校家庭经济困难学生资助政策体系的实施意见》的通知（粤府〔2007〕92 号），规定普通高校每年要从学校事业收入中足额提取 5% 的经费，用于校内奖助学金、国家助学金贷款风险补偿、勤工助学、校内无息贷款、学费减免和特殊困难补助等，贫困生的资助主体发展为政府和高校两个方面。在政府的倡导和推动下，社会各界、校友、企业家都设立了多种形式的奖助学基金用以资助贫困大学生，如广东省设立"广东扶贫日"，鼓励社会捐资助学，推动了贫困生资助主体多元化局面的形成，资助主体逐步实现政府主导和多方参与。

---

① 参见广东省教育厅学生助学工作管理中心《我省高校家庭经济困难学生资助政策问题研究（2014）》。该研究将我国高校资助政策演变历程概括为五个阶段：人民助学金阶段（1952—1983 年）、奖学金与人民助学金并存阶段（1983—1986 年）、奖学金与贷学金并存阶段（1986—1989 年）、"奖、贷、勤、助、减"混合资助初步阶段（1989—1999 年）、资助体系不断完善阶段（2000 年至今）。

2. 确立有偿资助与发展型助学的政策导向

国家助学金等以无偿资助为政策体系，易造成贫困生被动接受，这不利于发挥贫困生参与助学的主动性和创造性，无益于贫困生责任能力、创新创业能力等综合素质的提升。随着高校助学贷款、生源地信用助学贷款以及勤工助学的推行，广东省高等教育资助体系在扶困助学的基础上，逐步确立有偿资助和发展型助学的政策导向，且勤工助学不断由简单劳务向智力创业发展，确立了创业助学的发展型政策导向，如广东外语外贸大学打造的创业助学"云山品牌"等。有偿资助与创业助学的发展型政策导向，使家庭经济困难学子在责任承担与逆境体验中成长，能够有效开发自身潜能和提升综合素质，从而发展出最具持续性和生命力的助学策略。

3. 由经济帮扶主导逐步发展出扶困、励志、强能资助内涵

传统高校资助项目主要以国家助学金、学费减免、困难补助、"绿色通道"等经济帮扶为主导，2007年以来广东省政府采取各种措施，全力推进各项家庭经济困难大学生资助政策按新政策、新机制运行，高等教育资助政策由经济帮扶主导逐步发展出"扶困、励志、强能"资助模式，解决学费、住宿费问题，以国家助学贷款为主，以国家励志奖学金等为辅；解决生活费问题，以国家助学金为主，以勤工助学等为辅，并不断强化"励志、强能"，开展励志教育，激励家庭经济困难学子以优异成绩报效祖国和社会，通过开展智力创业、就业培训帮扶等活动实现"授人以渔"，帮助家庭经济困难学生在实践中锻炼能力，积累才干，用自己的劳动创造财富。广东省高等教育资助政策具有由经济帮扶逐步向扶困、励志、强能资助内涵发展的政策特性，全力服务于"资助育人、立德树人"的资助目标。

第三节 工作落实

2013年11月，习近平总书记在湘西调研扶贫攻坚时首次指出"精准扶贫"概念，提出"扶贫要实事求是，因地制宜。要精准扶贫，切忌喊口号"[①]。精准扶贫离不开教育扶贫。2015年11月，中共中央、国务院发布《关于打赢脱贫攻坚战的决定》（中发〔2015〕34号），强调加快实施教育扶贫工程纳入精准扶贫

---

① 新华网. 习近平赴湘西调研扶贫攻坚[EB/OL]. (2013-11-03)[2017-07-28]. http://news.xinhuanet.com/politics/2013-11/03/c_117984236_8.html.

方略，以加快推进贫困人口脱贫。① 精准资助是教育扶贫的重要措施之一，是精准扶贫方略在教育领域的落实与体现，从政策实施角度来看，精准资助包括资助对象认定、资助项目安排、资助资金管理和资助过程动态管理，是近年来教育部门贯彻落实国家对教育扶贫的任务要求，将精准帮扶落实到学生资助全过程的具体实践。

各地教育部门在落实教育扶贫重点工作的同时也不断进行资助理念与模式创新，将精准资助工作理念延伸发展。广东省教育厅学生助学工作管理中心提出将精准资助落实于资助过程全阶段，以实现"资助对象认定精准、资助资源配置精准、资助力度实施精准"为工作思路，建立"精准认定、精细管理、精心服务"的精准资助工作模式。广东省历年来的资助政策部署、资助工作落实均紧紧围绕教育和扶贫中心任务，以精准资助为主线，以立德树人为统领，统筹协调，精细管理，不断提高学生资助水平，逐步探索建立了学生资助"广东模式"的特色工作路径。在本节以"精准资助、精细管理、精心服务"为分析维度，集中展现资助政策落实情况。

一、精准资助

本部分主要从精准资助中的资助对象认定精准、资源配置精准、资助力度精准三方面阐述资助工作的落实。

（一）资助对象认定精准

资助对象是否精准直接影响了精准资助能否实现，精准认定是精准资助的前提。家庭经济困难学生认定工作已成为公平、公正、公开、合理地分配资助资源，切实保证各项资助政策和措施真正落实到家庭经济困难学生身上的工作前提。2007年以来，广东省积极推进家庭经济困难学生认定工作，鼓励各地各校多做实践与探索，并就认定工作开展课题研究，不断完善家庭经济困难学生认定办法和审核流程。

1. 家庭经济困难学生认定标准与审核流程发展历程

广东省家庭经济困难学生认定经历了以学校为操作主体的传统认定评议到依托信息化技术手段，实施标准化精准认定的发展过程。此前，家庭经济困难学生的认定难问题主要出现在高等教育阶段。在学前教育、义务教育、中职教育及普

---

① 中共中央，国务院. 关于打赢脱贫攻坚战的决定：中发〔2015〕34号[EB/OL]. (2013-07-29) [2017-07-28]. http://www.gov.cn/xinwen/2015-12/07/content_5020963.htm.

通高中阶段，学校及负责资助管理的老师可以通过家访、询问、家长座谈等多渠道对困难家庭学生进行摸底，评估其家庭经济状况从而确认应受资助对象。且各教育阶段资助政策都有明确的实施细则，规定了贫困认定标准、申请程序及证明材料要求等，例如《广东省农村困难家庭子女免收义务教育阶段书杂费实施细则（试行）》的程序要求确定，先由个人申请，然后由村委会等联席会议评议并张榜公布，最后报县有关工作领导小组审批确定。在同等条件下，要优先考虑六种对象：①家庭年纯收入1500元以下且未得到扶助的贫困学生；②孤儿；③单亲家庭子女；④父母双方或一方残疾或长期患病，造成家庭经济困难的贫困生；⑤军、烈属后代；⑥纯二女结扎户女儿。① 申请资助要求学生要有齐全的申请材料，需准备的材料包括儿童福利证（孤儿证）、广东省城乡居（村）民最低生活保障金领取证或困难职工优待证及人均年纯收入1500元以下的困难家庭证明。② 经过村镇、学校以及严格的证明材料要求等层层把关，高等教育以下阶段基本可以实现资助对象的认定精准。

而高等教育阶段，学生生源范围宽广，受地域限制和成本限制，难以开展实地调查和访谈询问，认定工作困难较大，加之高等教育阶段资助政策多样、资金力度较大，精准认定显得尤为重要，为此国家及广东省在高校家庭困难学生认定工作上做了许多努力和尝试。

（1）传统评议认定阶段。2007年，教育部、财政部发出了《关于认真做好高等学校家庭经济困难学生认定工作的指导意见》（教财〔2007〕8号），明确了高校贫困认定工作责任主体、家庭经济困难学生的认定标准、家庭经济困难学生认定程序，明确了学校资助管理机构以资助政策为依据开展资助资料审核、认定评议、结果公示、资格复查以及问题处理的做法和流程规定。广东省在落实上述政策要求时，结合地区特点，建立了有广东特色的认定程序和做法，主要遵循以下程序：个人提交申请—学生民主评议—班级审核公示—系部审核公示—学院审核公示—名额最终确定。一般以生源地调查、经济困难证明为基础依据，以学生家庭人均收入为基础，对照学院确定的家庭经济困难学生认定标准，并结合学生日常消费行为经由班级、院系、学校层层审核，确定家庭经济困难学生名单，并根据困难程度分类给予不同档次资助。

部分高校在历年贫困认定工作实践中做出积极尝试，努力推进认定工作精确

---

① 广东省财政厅，广东省教育厅. 关于下达2013学年度义务教育阶段农村家庭经济困难学生控制数的通知[EB/OL]. (2013-10-09)[2017-08-28]. http://www.hyedu.gov.cn/zj/contents/6899/69294.html.
② 吴宏超，卢晓中. 义务教育免费后完善贫困生资助政策的设想——基于广东省的实证调查[J]. 教育研究，2014，35（4）：53-58.

化。例如华南农业大学积极在资助对象的精准识别上"做文章",深入落实"抓早、抓全、抓实、动态、真情、给力"精准识别,在资助工作实践中逐步建立了科学合理的精准摸查机制;广东财经大学主要从"开展诚信感恩教育,增强诚信守信意识""多部门协调联合,调取一卡通消费记录推进隐形认定""建立贫困生资助金调查追踪制度,侧面辅助贫困生认定""构建权利义务对等资助模式,受助人受助后履行义工义务"等来做好认定工作;佛山科学技术学院从科学性原则、可比性原则、可行性原则和动态性原则建立"家庭经济困难学生界定指标体系对照表"(见表2-9),在实际工作中选取不同侧面反映学生、学生家庭及其所在地经济与社会情况指标,用定性与定量相结合的方式推进精准认定。

表2-9 佛山科学技术学院家庭经济困难学生界定指标体系对照

一级指标	二级指标	三级指标	定量/定性
绝对贫困指标	最低生活保障线	学校所在地保障线	定量
		学生所在地保障线	
	经济资源指标	家庭人均月收入	
		家庭人均月支出	
		家庭年收入与支出比	
		家庭资产总值	
		家庭负债总额	
	人力资源指标	供养人员职业	定性
		劳动力情况	
		劳动能力评估值	定量
		家庭健康及教育支出情况	定性/定量
	自然资源指标	家庭所在地(农村/城市)	定性
		有无特殊性产业	
	社会资源指标	家庭亲戚及其资助情况	定性
		家庭社会关系网及资助情况	
	特殊性指标	有无特殊性重大事件	定性
相对贫困指标	物质资源	学生拥有电脑、手机等高档品	定性
		生活消费情况	
	文化与道德资源	学生综合测评情况	定性/定量
		有无参加勤工助学	定性

（2）标准化精准认定阶段。2016年广东省教育厅在传统家庭经济困难学生认定工作上，积极联合相关部门，研究制定学生经济状况评估办法，根据《教育部办公厅关于进一步加强和规范高校家庭经济困难学生认定工作的通知》（教财厅〔2016〕6号）和《财政部教育部人民银行银监会关于进一步落实高等教育学生资助政策的通知》（财科教〔2017〕21号）等文件精神，系统分析影响学生家庭经济状况的有关因素，率先研究出台《广东省学生家庭经济状况评估工作指导意见》。该意见覆盖了全教育阶段贫困认定工作，明确了各阶段家庭经济状况评估机构和职责、认定依据和等级、认定程序，使广东省各教育阶段贫困认定工作均有章可循，并开发家庭经济困难学生认定信息管理系统，为家庭经济困难学生的精准识别提供全省统一、客观、量化、可操作的标准和工具，贫困认定工作逐渐走向量化、系统化、精准化。

2. 家庭经济困难学生认定方法科研探索

资助对象的认定是做到精准资助的根本，是保障资助资源输送精准的关键要素。认定程序是否具有可操作性、合理性、有效性，直接影响到资助结果是否公平、是否覆盖到有需要的资助对象，如何将目标资助对象有效分离出来，实现精准认定和资助，为此广东省教育厅积极进行课题研究，探索精准认定办法。

2009年，省教育厅项目高等学校学生资助工作研究课题"高校贫困生资格认定问题研究"（项目编号：2009ZXZC018）和"高职院校贫困生认定的多维动态研究"（项目编号：2009ZXZC019）等立项，在贫困认定方面产出多项科研成果，如广州中医药大学的《数据挖掘在高校贫困生认定中期评估中的应用》，广东纺织职业技术学院的《浅析高校贫困生认定现状及存在的弊端》，广东科学技术职业学院的《高职院校贫困生认定工作的精致化模式研究》等。2011年，广东省教育厅编撰出版《高校贫困生资助新视野（2011年）》，对高校贫困生认定办法做了相关探讨。2015年，广东省教育厅编撰出版《广东省学生家庭经济状况评估认定研究（2015年）》。这一系列课题研究成果为广东省学生家庭经济状况评估认定工作奠定了基础，有效推动了"资助对象精准"的实现。

3. 家庭经济困难学生认定发展历程小结

从模糊认定到科学量化。在传统认定方式中，资助对象认定政策在具体如何认定"家庭经济困难"上存在一定的模糊性，对家庭经济困难标准缺乏统一衡量指标，对证明材料限定不严，给资助认定工作带来了一定挑战，经上述一系列认定工作研究及实践探索，2016年广东省教育厅在研究出台《广东省学生家庭经济状况评估工作指导意见》的基础上，设计运行具备规范的认定依据和等级、认定程序以及认定信息管理系统，探索实施统一、客观、量化认定操作，家庭经济状况评估认定工作由模糊认定走向科学量化。

从建档定性到动态管理。学校对贫困生资格的认定基本在学生入学就已全部完成,每年助学金分两个学期发放,每次助学金的发放都以学生入学时进行的贫困认定为准,中间缺乏对贫困生资格审核的动态管理。而近年来,认定工作已经实现资助信息动态管理,省教育厅对数据导入做了严格要求,全方位做好贫困生各项信息的汇总、统计、上报、建档、调档和定期更新,定期复核材料,定期更新数据,使资助对象有进有出,使资助资金精准投放至符合条件且最迫切需要资助的学生身上。

从认定评议到精准识别。传统贫困认定由生源地认定审核盖章,存在贫困证明材料审核辨别困难、班级民主评议难以客观公正、学生信息不对称等导致界定结果无法精准。现今广东省在学前教育至研究生教育阶段逐步启用全国学生资助管理信息系统,探索推进与民政、扶贫等部门信息的对接共享,部分高校开发属于本校的学生资助管理信息系统,实现多部门协调联动和信息共享,为贫困认定工作提供技术支持,利用大数据开展经济困难情况分析和评定,家庭经济困难学生认定工作逐步实现了精准识别。

(二) 资源配置精准

资源配置精准是精准资助的基础保障。资源配置精准与否是关乎精准资助能否实现的重要影响因素。资源配置优化是政策上推动教育公平的显著表现,历年来,各级党委和政府在教育资助上的投入逐步加大,但需要接受资助的学生数目同样十分庞大,我国社会主义初级阶段的基本国情决定了资助体系中公共财政支出以满足家庭经济困难学生完成学业的基本经费需求为主要目标,资助资源总体有限,必须优化资助资源配置,才能让资助真正落到实处,有效推进教育公平。2007年以来,广东省根据地方实际不断调整资助资源配置,优化资源配置结构,在资助资源配置精准化上做出巨大贡献。

广东省学生资助工作实践十年中,在政策的顶层设计和实施过程中,注重向农村地区、贫困地区、民族地区、特困群体和特殊专业给予政策倾斜,彰显了具有"广东特色"的资源配置策略。

1. 根据地区实际动态调整资助标准

广东省教育厅每年向各地区、各校下发资助工作统计通知,摸清广东省家庭经济困难学生尤其是建档立卡、低保、残疾、特困救助等学生的数量和地区学校分布,综合考虑在校生规模、家庭经济困难学生的数量、学校资助资金使用等,为制定资助资金预算分配方案提供科学合理的参考依据,按照统计情况合理动态调整资源配置比例。此外,资源配置精准还体现在资源分配能否有效助推广东省经济发展规划顺利实行,推进广东省产业结构转型。广东省中等职业教育阶段学生资助政策的发展与全省产业结构转型升级密切相关。广东省高度重视中职教育资助资源投入,鼓励更多初中毕业生接受中等职业教育,加大力度培育技能型、创新型人才,优化人才结构,通过资源配置推进广东省产业结构转型。

2. 欠发达与农村地区、少数民族聚居区资源配置政策倾斜

根据上述分析,广东省城乡区域之间经济发展差距较大,农村群体性贫困问题凸现出小康社会建设中的结构性矛盾。习近平总书记在北京市八一学校考察时的讲话指出:"要优化教育资源配置,逐步缩小区域、城乡、校际差距,特别是要加大对革命老区、民族地区、边远地区、贫困地区基础教育的投入力度。"①广东省粤西、粤北地区与珠三角地区经济水平差异显著,来自粤西、粤北地区的家庭经济困难学生占了相当大的比例,广东省根据地域经济水平、人口结构和分布特点,制定和实施推进城乡义务教育均衡优质标准化发展、特困地区农村义务教育营养改善计划、少数民族聚居区义务教育阶段寄宿生生活费补助、少数民族地区大学生资助政策,加大对欠发达农村地区、少数民族地区的政策倾斜。

3. 特殊群体政策倾斜

根据加快发展特殊教育保障残疾人受教育权利等政策要求,广东省从推动并保障残疾人接受基础教育和高等教育两方面优化资助资源配置,建立了残疾学生教育阶段全覆盖的资助政策体系,有效保障了残疾学生受教育机会,为残疾学生通过学习发展能力,改善自身状况提供了政策支持。一是基础教育阶段,广东省推动实施残疾学生15年免费教育,在全省范围内实施免费义务教育的基础上,从2015年春季学期起,在全省范围内实施高中阶段残疾学生免费教育,免收学杂费、课本费,并鼓励有条件的地区实施从学前教育到高中阶段残疾学生免费教育。二是高等教育阶段。广东省残疾人联合会、广东省教育厅联合实施"南粤扶残助学工程",从2015年秋季学期起对新入学残疾人大学生一次性发放补助,资助标准为专科生每人一次性资助10000元,本科生每人一次性资助15000元,硕士研究生每人一次性资助20000元,博士研究生每人一次性资助30000元,为残疾学生顺利完成高等教育提供了强有力的资助保障。上述残疾学生免费教育、"南粤扶残助学工程"充分体现了广东省资源配置向特殊群体倾斜,使需要帮助的特殊人群真正享受到政策帮扶,资源配置不断走向精准化。

---

① 刘奕湛. 努力培养出更多更好的人才——习近平总书记在北京市八一学校考察时的讲话引起热烈反响[N]. 人民日报,2016-09-11(001).

4. 特殊专业政策倾斜

资源配置精准也体现在资源配置方面是否具有政策导向，实现增加紧缺人才、优秀人才的培养。例如国家奖学金和励志奖学金名额和资金分配向民族院校以及农、林、地、矿、油、核等专业倾斜，考虑不同学科专业、培养层次、学生经济困难程度等因素，科学配置资助资源，引导学生学习国家最需要的专业，促进高校进一步优化学科结构。且资助资源在一定程度上还向优秀学校、重点高校倾斜，如中山大学、华南理工大学等省重点高校名额和资金分配占比高，引导学生为考取重点院校、成为优秀人才而努力。

学生资助"广东模式"在资源配置方面，注重向农村地区、贫困地区、民族地区、特困群体和特殊专业倾斜，把有限的财政资源配置到"刀刃"上，避免"平均分配"现象，有效助力推进教育公平，资源配置精准成效显著。

（三）资助力度精准

资源力度精准是精准资助的关键，是实现精准资助的重要环节。2007年以来，广东省在推进资助力度精准方面积极探索与实践，根据不同学生类型、不同教育阶段、不同资助需求，精心设计资助内容，采取"精准滴灌"的方式确保资助力度的精准。

1. 实施助学金分档资助

根据学生的困难程度，实施国家助学金分档设置，高校家庭经济困难学生认定通过后分为特殊困难、比较困难、一般困难3个等级，国家助学金分3档发放，切实保障家庭经济困难学子受助力度精准。

此外，各地各校强化资助项目有机组合，各项校园资助、社会资助项目也优先向特困学生倾斜，加大对特困学生的资助力度，促进资助供需有效对接，避免"平均资助"。例如北京师范大学珠海分校"校内无息借款（学费缓交）"归还期限也分3档，勤工助学也是低年级、特困等级的学生优先安排，对本校家庭经济困难学生实施"上不封顶，下要保底"的资助政策，切实保障学生获得有力资助。

2. 大力实施建档立卡家庭经济困难学生精准资助

2016年10月，广东省教育厅出台《关于推进教育精准扶贫精准脱贫三年攻坚的实施方案》（粤扶组〔2016〕18号）[①]，切实落实好中央和省教育精准扶贫实施方案，明确补助对象和补助标准，以数据为基础，制定建档立卡学生补助资金安排方案。该实施方案明确了义务教育阶段、高中教育阶段、高等教育阶段专

---

① 广东省教育厅. 关于推进教育精准扶贫精准脱贫三年攻坚的实施方案[EB/OL]. (2016 – 10 – 12) [2017 – 07 – 28]. http://www.gdfp.gov.cn/zcfg/sfpldxz/201610/t20161012_798045.htm.

科学生的建档立卡资助对象、资助标准、省级财政分担比例以及民办学校和省外就读户籍生的补助措施。明确提出率先从建档立卡家庭经济困难学生实施普通高中免除学杂费，逐步分类推进中等职业教育免除学杂费。在落实现有家庭经济困难学生资助政策的基础上，对贫困户子女就读小学、初中、高中、中职（含技校）、大专实行生活费补助。①

建档立卡家庭经济困难学生精准资助政策实现了公办、民办学校全覆盖。公办学校实施学杂费全免，民办学校按照同类型公办学校补助标准免除学杂费，高出补助标准的部分可继续收取。符合条件的资助对象，已享受其他家庭经济困难生活费补助的学生按"就高不就低"原则享受补贴，各地各校免除学杂费和生活费补助范围宽于或高于标准要求的，继续执行。政策还规定其他各教育阶段家庭经济困难学生资助政策，除奖学金和其他有特殊要求的政策外，必须将建档立卡学生列入资助对象。在落实原有学生资助政策基础上，这一措施加大了对这类学生的保障力度。

3. 按需分类、动态调整资助力度

资助内容按需设计是落实资助力度精准的核心，是保障资助资源输送精准的基础。要针对不同对象实行分类资助，保障不同类别资助对象的资助内容精准，避免为简化操作程序实施"一刀切"。为此，广东省结合省情，进一步明晰农村义务教育家庭经济困难学生资助政策，将学生分成寄宿制学生和非寄宿制学生两类进行精准资助；根据学生的困难程度和现阶段家庭教育经费支出等因素，对不同教育阶段实施不同的资助政策。对未实现普惠性教育资助且家庭教育成本支出较高的高中阶段、高等专科教育阶段的建档立卡学生实行免除学费和生活费补助政策。对实现普惠性教育资助且家庭教育成本支出较低的义务教育阶段建档立卡学生实施生活费补助政策。

动态调整是确保资助力度精准的基本措施。根据本省经济社会发展水平、物价水平、城市居民最低生活保障标准和财力状况，动态调整各资助项目的资助标准，确保资源配置满足日益增长的资助需求。此外，对突发致贫、临时困难、突遇灾难的学子开通"绿色通道"或特别资助政策，切实保障各类原因致贫致困学生得到有力资助。例如，2008年汶川县爆发较大地震，广东省教育厅及时转发《财政部教育部关于对汶川地震重灾区家庭经济困难学生实施特别资助政策的通知》（财教明电〔2008〕1号），结合广东实际，贯彻落实好特别资助政策，

---

① 中共广东省委，广东省人民政府. 关于新时期精准扶贫精准脱贫三年攻坚的实施意见：粤发〔2016〕13号［EB/OL］.（2016 - 12 - 13）［2017 - 07 - 28］. http://www.gzns.gov.cn/zwxxgk/zdlyxxgk/fpgz/fpzcfg/201612/t20161213_336251.html.

广东普通高中和中等职业学校免除了灾区学生的学费并补助了生活费；广东普通高校和高等职业学校对接收地震重灾区家庭经济困难的学生免除了学费，扩大国家助学金的覆盖面。广东省 29 所高校（除部属高校），有 531 名地震重灾区家庭经济困难学生免除了学费，领取了每人每学年 2000 元的国家助学金。广东各级各类学校的地震重灾区学生全部通过"绿色通道"顺利就学。

4. 地区探索、学校与社会资助为有效补充

广东各地各校依据自身实际情况，因地制宜制定符合地方实际的特色资助政策，确保在落实国家、省资助政策的基础上，对地区或学校存在的局部资助需求予以力度精准的保障。如汕头大学采取"集中与分散相结合，及时解决学生经济困难"的方式保障资助力度精准，对于国家励志奖学金、助学金以及外设助学金等形式、金额相对固定的资助项目，学校集中申请、审批；对于临时困难补助等资助项目，学校采取随用随批的方式资助，确保家庭经济困难的学生随时可以得到有力资助。广东省财政职业技术学校已经形成"以国家资助为主，社会资助为辅，学校扶困助学金为补充"的三位一体助学模式。既有面上的免学费资助政策，也有点上的国家助学金资助政策，同时引入社会资助力量，结合学校的扶困助学金，帮助没有享受到国家助学金的同学缓解生活费问题。

二、精细管理

精细管理是实现精准资助的基础保障。注重规范，严格施策是实施精准资助的基础，2007 年以来，广东省不断完善学生资助体制机制建设，狠抓日常资助工作的管理建设和流程建设，在管理制度、资金管理、流程管理、信息管理、机构队伍管理、监督管理上全面提升，学生资助管理不断精细化、规范化。

（一）规范管理制度

1. 资助制度多元化发展

2007 年以前，广东省学生资助工作以贯彻落实国家决策部署为主线，结合本省实际的资助政策探索与投入尚未成体系。广东省第十届政协委员陈志实曾在《时代周报》上发表评论指出：回顾过去的 30 年，广东省的教育发展水平并没能与经济发展水平相匹配，造成这一后果的直接原因，还是与全省过去在教育方面的投入偏低有关。[①] 2010 年 9 月，时任广东省委书记的汪洋同志指出："有关各

---

① 陈志实. 教育投入偏低制约广东发展 [EB/OL]. (2010-09-09) [2017-07-28]. http://news.ifeng.com/opinion/gundong/detail_ 2010_ 09/09/2466716_ 0. shtml.

级政府要优化财政支出结构,切实保证教育财政拨款增长明显高于财政经常性收入增长,从今年起,各级财政都要逐年提高财政一般预算支出中教育拨款比例一个百分点,力争到2012年达到22%以上,到2015年达到24%左右。"①

2010年以来,广东省不断加大教育投入,"十二五"期间全省教育投入达12098亿元,其中省本级财政投入1676亿元,分别比"十一五"时期的5922亿元和729亿元增长104%和130%。②"十二五"期间,广东省全省总共资助各级各类学生1317.8万名,资助金额179亿元。学生资助财政投入力度逐年增强,建立了教育阶段全覆盖、公办与民办全覆盖、家庭经济困难学生全覆盖的多元资助制度,并发展家庭经济困难大学新生资助政策、少数民族大学生资助、"南粤扶残助学工程"、建档立卡精准资助等为特色的广东学生资助政策体系。此外,广州、佛山、顺德、珠海为代表的地区积极探索全市中等职业教育资助全覆盖,实施12年免费教育等资助政策探索。

2. 资助管理规范化发展

随着广东省学生资助政策多元化、系统化发展,广东省资助管理工作也随之以制度化、标准化和规范化为自我要求。为此,广东省教育厅联合相关职能部门,统筹制定多项资助政策管理办法和监督方案,如《广东省农村困难家庭子女免收义务教育阶段书杂费实施细则(试行)》《广东省普高校国家助学贷款管理办法(试行)》《广东省教育厅高校国家奖学金、励志奖学金评审的暂行管理办法》等,要求各级学校和地区设立学生资助专门机构,负责落实学生资助各项政策,确保资助资金管理、配套与发放,资助信息管理、档案管理以及资助宣传等各项工作的落实到位。各校也积极推进校级资助管理系统化,如广东工业大学建立"1+9"校级学生资助管理制度体系,包含一个"意见"即《广东工业大学全日制本科学生资助工作实施意见(试行)》,九个"办法"即家庭经济困难学生认定、奖学金评定、助学贷款实施、勤工助学管理、学生工作考评等,确保学生资助工作更加系统化、制度化、规范化。

2016年,根据新时期学生资助工作形式和任务要求,全面落实精准资助工作目标,广东省率先研究出台《广东省学生家庭经济状况评估工作指导意见》,覆盖了各教育阶段家庭经济困难学生认定工作评估机构和职责、认定依据和等级、认定程序,并将配合全省学生资助工作信息化建设,实施家庭经济困难学生

---

① 陈志实. 教育投入偏低制约广东发展[EB/OL]. (2010-09-09)[2017-07-28]. http://news.ifeng.com/opinion/gundong/detail_ 2010_ 09/09/2466716_ 0. shtml.
② 广东省教育厅. 关于印发《广东省教育发展"十三五"规划(2016—2020年)》的通知[EB/OL]. (2016-12-30)[2017-07-28]. http://www.gdhed.edu.cn/publicfiles/business/htmlfiles/gdjyt/flfg/201707/512212.html.

认定,标准量化、操作统一,进一步提升广东省各教育阶段贫困生认定工作规范化、精准化水平。

3. 档案管理标准化发展

随着广东省对学生资助工作全流程规范管理的实施要求建立,以及学生资助工作精准化的内在要求,学生资助档案管理工作也得到进一步规范和重视。例如各地学校逐步修订档案管理制度,开设资助工作档案室,专项用于存放受助学生档案资料,档案材料实行专人专柜管理,受助学生档案资料按年份、项目保存,并以纸质文件和电子档案材料形式同步存储等。顺德北滘职业技术学校在开设资助工作档案室的同时,实施"三位一体"管理模式,确保了学校学籍系统、国家助学系统、年初统计系统的零误差动态管理,做到数据更新及时、常态管理,做到"籍在人在,人走籍销;信息变更,及时处理;过程档案,二档(电子及纸质档案)一致"的信息采集和档案管理目标,三个系统管理分工合作,定期审核数据,互通信息,互相纠错,发现问题,及时解决,信息档案管理精准,从而助推精准资助。

2008年,为预防学生恶意拖欠学费和国家助学贷款,助力培养大学生诚信素质等,广东省教育厅在华南理工大学、南方医科大学等10所高校中开展建立大学生信用档案建设试点工作。2009年12月中旬,广东省教育厅召开了广东大学生信用档案建立与国家助学贷款风险防范专题会议,对有关高校进一步开展试点工作提出工作意见和要求。2010年,试点工作全部结束,达到预期目的并取得了显著的工作成效。参加试点的10所高校181656名在校学生和毕业学生建立了信用档案,激活学生档案146051份,激活率为80.4%,各高校已审核学生录入信息数311万多条。大学生诚信档案建设试点工作是开展助学贷款风险防范的重要举措,推进保障资助工作长效落实。诚信档案的试点建设显示出广东省已经充分认识档案建设、档案管理对资助工作的重要性,并逐步推进档案管理的标准化建设。

(二)规范资金管理

资金管理是学生资助工作的核心要务,要杜绝挪用、截留、挤占学生资助资金,规范资金管理是必要环节。2007—2016年,广东省逐步明确资金使用管理规范,建立健全资金管理办法,调整完善资金拨付程序,建立资助经费联动机制,加强国家助学贷款风险防范机制,切实保障每一笔资助资金落实到受助学生手中。

1. 建立健全资金管理办法

为保证各项政策公正、公平、有效落实,广东省先后制定并实施多项省、市、县三级分担机制以及制定专项资金管理办法和奖助学金评审办法,明确各级财政和资助工作主体在资助资金管理中的任务要求。如 2012 年制定《广东省普通高等学校国家奖学金国家励志奖学金评审的暂行管理办法》,2013 年印发《广东省中等职业学校免学费补助资金管理办法》,2014 年先后研究制定了 7 项管理制度,包括学前教育资助专项奖补资金管理办法、农村义务教育学生营养改善计划专项资金管理办法、中等职业学校免学费补助资金国家助学金补助资金管理办法、普通高中国家助学金资金管理办法、家庭经济困难大学新生资助专项资金管理办法、高校本专科生国家奖助学金资金管理办法、研究生国家奖助学金资金管理办法等。

2016 年,广东省在原有监管体系的基础上,新制定了 11 项资金管理办法,内容涉及奖助学金规范评审和各教育阶段资助资金的规范管理,明确资金使用管理规范,同时更加注重资助项目的绩效评价,建立监督考核机制。2012 年度全省各部门资金使用绩效评价的 108 项专项资金中,普通高校国家奖助学金综合评分排名第二,国家助学贷款贴息补助综合评分排名第五。

2. 资助资金过程管理不断加强

2007 年以来,资助经费管理办法和审计制度也逐步完善,2012 年探索建立高校、普通高中从事业收入中提取校内奖助学经费和市、县(市、区)落实资助配套经费以及经费使用情况的定期报告制度,探索建立引入中等职业教育国家助学金和免学费的审计制度,2013 年颁布《广东省中等职业教育学生资助管理工作经费管理办法》,2014 年广东省对高校学生资助经费管理提出新要求,将学生资助经费纳入部门预算,学生资助经费不再单独下达资金。2016 年进一步加强高校学生资助经费管理,明确高校从事业收入足额提取 5% 的经费用于学生资助等相关工作,并计划建立校内资助经费与国家资助经费联动机制,绑定双方的共同义务,保障资助工作经费,促进资助工作精细管理。

3. 筑牢国家助学贷款风险防范机制

2007 年广东省教育厅通过与国家开发银行广东省分行合作,启动国家开发银行助学贷款运作模式。该模式成功实现了以下目标:一是改革风险补偿金的管理、使用办法,建立风险防范的激励约束机制;二是建立以广东省教育厅为管理平台、以各高校助学贷款管理机构为操作平台的运作方式;三是理清政府、银行、高校在助学贷款政策实施中的责任与义务,将贷款的审批权下放到高校。该模式有效保障了助学贷款政策的顺利推进,但同时风险防范一直是广东省高校国家助学贷款工作的重点。例如,中山大学、华南理工大学一直实行追贷学院负责制,广州大学以贷款金额 5% 的比例奖励毕业时一次性还清贷款的学生,广州工程职业技术学院为学生建立"诚信银行",广东岭南职业技术学院实行贷款违约率与今后的贷款额和院系经费挂钩，等等，强化了贷后管理，有效地降低了贷款违约率。2016年，广东省成立高校助学贷款和中职学生资助省级管理小组，通过分类指导，部分学校的助学贷款违约率上升势头得到遏制，2016年高校国家助学贷款全省平均还款结清率为98.94%，接近100%。

总体而言，资金管理各环节得到逐步重视与持续优化，对保障资助政策的实施提供了切实保证。

（三）规范程序管理

资助程序指的是涵盖资助宣传、学生申请、学校评审、公示结果到发放资金等一系列操作流程，一般资助工作的程序流程（如图2-2所示）。程序公正是结果公正的必要条件，资助流程的公正有效实施是落实精准资助的有力保证。十年来，广东省在规范程序管理方面也做出尝试和努力，并取得显著进步。

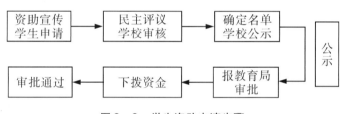

图2-2 学生资助申请步骤

1. 政策宣传体系化

广东省教育厅着力从加强资助宣传队伍建设，完善资助宣传制度，提升资助宣传实效等方面促进资助政策宣传体系化发展。

一是加强宣传队伍建设。完善"省—市—县—校"四级资助体系以及资助宣传工作队伍建设。鼓励各地各校建立多级学生资助宣传工作队伍，形成上下联动、多维立体、持续有效的资助宣传工作新局面。如在暑假期间开展"国家资助和助学贷款政策下乡行"活动，组织大学生志愿宣传队深入省内不同镇村宣传学生资助政策。

二是完善资助宣传制度。从全省层面加强学生资助宣传制度建设和目标要求，制订宣传计划，严格按照规定的工作程序部署开展资助宣传，合理选择时机，运用有效方式，确保学生宣传工作落到实处。如在高校报考指南和报考目录中刊登国家资助政策简介并且在高校录取通知书里发放《高等学校学生资助政策简介》、"广东省家庭经济困难学生申请认定表"等，方便大学新生在入学之前便能了解学生资助政策。

三是注重宣传工作的实效性。重视学生资助宣传网络体系建设，把握学生资助宣传重点，丰富学生资助载体。如在高中阶段新生入学前，要求普通高中举办国家资助政策宣讲专题班会、年级会和家长会。运用多种媒体途径宣传政策，如省教育厅、各地市教育局在门户网站和官方微信公众号宣传政策；广东省教育厅领导和广东省学生助学工作管理中心负责人员多次上线电台、电视台，系统解读助学政策，介绍助学成效，解答咨询；在《人民日报》《南方日报》等媒体开辟专栏介绍广东资助政策。制作学生资助公益宣传片在网络和电视台滚动播出。

2. 申请流程细节化

随着各项资助资金管理办法或实施办法的制定，资助申请流程被明确纳入资助管理制度中，各项资助资金的申请流程走向具体化和细节化，如广东省教育厅在2015年制定《广东省中等职业教育资助工作管理规范》的基础上对资助管理的部分内容进行细化，将申请流程、档案管理、财务管理等要求模板化，要求各中职学校将资助工作责任落实到人，做到流程化、简单化、科学化。2016年制定和印发了《广东省学前教育资助工作管理指引》。从资助条件、申请流程、审核流程、资金发放流程到信息管理都建立明确规定，学前教育资助的申请认定流程从省到各市、区都有明确具体的流程指引。乐昌市结合当地实际，在资助管理办法中对申请认定流程做了详细规定，按幼儿园—中心小学—市财政、教育部门的层级做了明确分工，完成申请、审核、公示、信息报送、资金拨付等工作。在调研中，幼儿园和家长都认为流程比较清晰明了，能确保资助工作公平、公正、公开，促进资助工作高效完成。

另外，部分高校在资助程序建设上也进步明显。例如，广东工商职业学院汇编了《广东工商职业学院学生资助工作手册》《广东工商职业学院国家助学贷款申请流程图解》《广东工商职业学院应征入伍学费补偿申请工作指南》等各项工作指引性文件，促进学生资助流程的明晰化。顺德区的北滘职业技术学校在每步资助程序上都力求在细节上精益求精。在政策宣传上，新生入学后第一周，学校资助管理办公室通过班主任向学生开设资助专题班会课（或班会微课），将国家免学费、助学金政策以及学校资助管理制度向学生及时传达；在资格审查上，规定新学年第一周，学校资助办要核查学生资料的准确性，特别是审查清楚户籍性质属城市还是农村，核查准确后上交"新生户籍性质审核表"到区级审核。区审核无误后，安排下发免学费和助学金申请表接受学生申请。要求各班上交班级集体照与"国家免学费信息确认表"，两者人数必须一致，之后由班主任结合"国家助学金申请表"对享受国家助学金资格进行初审，学校资助管理办公室进行二审。

3. 评议评审公正化

在资助评议方面，开始立足家庭经济困难学生的区域差异性，建立对家庭经济困难学生资助资格认定的多元评价，代替以往"以表认定""主观评议认定"等单一手段，通过评价主体多元化、评价内容多维化、评价方法多样化，在不同区域间，实施标准一致的资助资格量化认定。在评审方面，逐步设置资助项目评审办法，如2012年省教育厅颁布《广东省教育厅高校国家奖学金、励志奖学金评审的暂行管理办法》，惠州经济职业技术学院颁布《惠州经济职业技术学院国家奖学金评审办法》和《惠州经济职业技术学院国家励志奖学金评审办法》。成立专项资金评审小组，实行由系、校、教育行政部门的多级评审制度，按照规定组织实施，评审结束后拟出奖补名单，在门户网站公示，接受大众的举报监督。

广东省近期开始着手建立学生资助工作专家库，专家群体将参与到省教育厅组织的各类奖助学金评选、审核等工作，推进全省评审程序逐步走向民主科学、公开公正。

4. 资金拨付规范化

一方面，广东省资助资金拨付方式实现专项资金专项账户，奖助学金发放管理功能全面开通了网络银行划账功能，资助款直接电子支付至学生的个人银行账户里，减少中间流程和手续；另一方面，落实资助资金管理办法规定，在中等职业教育阶段、普通高中阶段、高等教育阶段均要求落实为资助学生办理中职卡、普高卡等资助金银行卡，实现专款专人专卡，集中统一划拨到学生账户中；最后通过研究开发资助金管理与发放系统，力求实现资金拨付系统化、准确化、快速化。

此外，各地也积极完善资金拨付规范管理办法，确保资金拨付操作规范。如2015年中山市颁布《中山市学前教育专项资金管理办法》（修订稿），明确建立固定的资金管理机构，提高专业化水平，减少中间流程和手续，根据资金分配方案下发专项资金分配文件，并按照国库集中支付管理有关要求办理拨付手续，确保专款专用和单独核算。

（四）规范信息管理

国家资助政策体系建立实施后，学生资助工作呈现出业务量成倍增长，业务种类持续增多，工作复杂度和难度日益增加的特点。新形势和新任务对资助工作提出了更高要求。学生资助工作信息化建设必然要适应这些新要求。规范信息管理建设可以为资助评审工作奠定良好基础，提高资助工作效率，推动资助管理向科学化管理方向发展，促进落实精准资助。学生资助工作历经十年系统发展，全省在信息管理系统建设方面也做出了积极探索。

1. 确保信息填报规范

资助学生信息管理建设一直受到高度重视，2003年广东省教育厅将《天津大学严格资格审定完善数据管理做好国家奖学金评审工作的通知》转发给全省各地高校，号召各高校结合本校实际情况参照建立完善资助家庭经济困难学生的信息数据管理。而后，对全省信息填报工作明确要求，除了及时进行受助学生信息采集维护、学生名单管理、信息采集报送与审核，还力求做到信息管理规范，机制维护完善。

各高校严格贯彻落实广东省教育厅要求，重视信息管理建设，部分高校在信息管理规范建设方面卓效显著。例如，华南师范大学发挥"互联网+"大学生思想政治教育工作优势，整合各方资源，升级改造学生工作信息管理系统为学生综合服务平台，与省教育厅启用全国资助管理信息系统对接，从线上线下科学认定家庭经济困难学生确保信息数据采集和填报管理规范。

2. 规范信息系统应用

资助系统的应用，将进一步规范广东省学生资助管理工作，提高教育部门对学生资助信息的统计分析与监管水平，提升全省学生资助政策研究与决策水平。广东省自2008年全面启用全国学生资助管理信息系统普通高中和义务教育子系统，2014年广东省中职资助系统上线运行，至此教育部全国学生资助管理信息系统在广东省得到了全面应用，并运行良好。2009年助学贷款发放工作启用高校助学贷款信息管理系统，有效提高助学贷款申办、发放与跟踪管理效率和准确性。2016年教育部在广东省进行了全国学生资助管理信息系统高校资助子系统国家奖助学金试点测试工作，为完善全省各教育阶段学生资助信息平台建设打下坚实基础。2016年为提高资助认定体系信息化程度，建立省级家庭经济困难学生资助认定数据库，广东省教育厅开发了《广东省高校学生家庭经济状况评估信息管理系统》，并分别于2016年11月和2017年4月进行了局部试点和全省试点，实现家庭经济困难学生资助的全周期动态管理和全省资助资源的动态调配，增强了资助育人工作成效。

3. 信息化人才培育

重视对各级资助管理人员定期开展信息系统培训工作，且要求各地各校资助管理工作人员经全省统一培训后，通过各级资助工作体系，层层培训、层层落实，将资助信息系统的使用和日常管理、维护要求落实到市、县（区）、校级资助管理工作队伍。广东省教育厅学生助学工作管理中心根据学生信息工作管理要求，定期组织业务人员接受系统培训。如2009年3月份举办了广东省全国中等职业学校学生信息管理系统培训班。2009年9月广东省教育厅协同国家开发银行完成了全省112所高校国家助学贷款经办工作人员的培训工作。2010年，召开广东省中等职业学校资助监管工作暨信息管理系统升级应用培训工作会议。2016年6月27—29日,在广州举办了全国学生资助管理信息系统义务教育和普通高中子系统应用培训班。总体而言,2007年以来,广东省在资助信息管理建设上不断探索,通过规范信息填报、研发信息系统、培养信息化人才,有效推动全省高校资助家庭经济困难学生工作向科学化、规模化、制度化方向发展。

(五)规范机构队伍建设管理

1. 完善资助管理机构建设

2001年,根据全省高等学校国家助学贷款管理工作需要,广东省机构编制委员会批准设立广东省学生贷款管理中心,为省教育厅下设事业单位,核定事业编制5名,负责制定全省高等学校国家助学贷款管理办法和规定,指导高等学校开展国家助学贷款业务工作;制订全省高等学校国家助学贷款年度指导计划,核准各校年度申请贷款计划,以及管理省财政拨付贴息经费等工作。2004年根据全省学生资助工作发展要求,经省机构编制委员会批准"广东省学生贷款管理中心"更名为"广东省学生助学工作管理中心",增加学生奖学金、助学金、困难补助和减免学杂费等统筹管理工作,机构规格、人员编制等保持不变。

在全国学生资助管理中心和广东省教育厅的指导下,广东省学生助学工作管理中心主要开展四大方面工作:一是组织协调全省学生资助工作;二是协助开展国家助学贷款的发放、使用和回收;三是审核高等教育年度资助贷款计划,管理省财政拨付的贷款贴息经费和风险补偿专项经费;四是承担义务教育阶段免收书杂费和生活费补助工作。截至2016年12月,在全省21个地市、122个县之中,学生资助机构设置情况如下:地市方面,有3个地市注册了独立法人学生资助管理单位,有15个地市设立了学生资助管理的专职机构,有3个地市指定专人负责学生资助管理工作;县级方面,有4个县成立了独立法人学生资助管理单位,有98个县设立了学生资助管理的专职机构,有20个县指定专人负责学生资助管理工作。地市成立了学生资助管理机构的占比为85.71%,县级成立了学生资助管理机构的占比为83.61%,学生资助管理机构的健全为学生助学工作提供强而有力的机构保障。

2. 加强资助工作队伍建设

(1)建立健全学生资助管理体系。随着学生资助管理制度的落实推进,广东省搭建了"省—市—县—校"四级资助工作体系,建立了任务明确、责任清晰的分工管理机制,并保证学生资助管理机构的办公条件和业务经费需要,确保了学生资助工作的有序开展。广东省教育厅设立学生助学工作管理中心,负责全省各级各类教育的学生资助管理工作。各区、县教育主管部门按照全省学生资助工作归口管理要求，设立学生资助专门机构或明确专人管理，保证学生资助管理机构的办公条件和业务经费需要，制定了区、县学生资助工作管理办法和实施细则，落实业务培训等工作要求。各普通高校、高职院校即中职学校均能建立由校长负责制的校级学生资助工作领导小组，指派专人负责校内资助工作，并通过院系辅导员、班主任实现学生资助工作的层层落实。

（2）定期开展学生资助管理人员业务能力培训。每年定期开展学生资助管理人员专题培训，提升管理人员业务能力水平。2008 年，广东省教育厅分三期对 108 所普通高等学校、独立学院近 250 名学员进行国家助学贷款网络操作培训；针对中职阶段的助学管理工作人员，进行了广东省全国中等职业学校学生信息管理系统的培训。2009 年，完成全国中等职业学校学生信息管理系统升级培训。2011 年，分别举办两期全省高校国家助学贷款档案整理和信息系统业务培训，加强高校助学贷款经办人员培训。2015 年，开展了广东生源地信用助学贷款和高校助学贷款系统业务培训、广东中等职业教育学生资助工作管理规范化培训、广东省全国学生资助管理信息系统学前及普通高中资助子系统培训等。2016 年 6 月 13—15 日，省教育厅与国家开发银行联合开展 2016 年生源地信用助学贷款业务培训工作。开展生源地信用助学贷款业务的 7 个地市及所辖县（市、区）教育局助学贷款工作负责人、经办人参加了培训。2016 年 6 月 27—29 日，广东省教育厅在广州举办了全国学生资助管理信息系统义务教育和普通高中子系统应用培训班，全省各市、县（市、区）义务教育和普通高中学生资助管理人员约 200 人参加培训。

（3）选树典型，表彰先进，强化激励引领。为激发全省学生资助工作者工作热情，树立典型，发挥引领带动作用，由省教育厅统筹定期开展学生资助工作单位与先进个人评选工作，充分激发广大资助工作者"撸起袖子加油干"的工作热情。例如，2015 年联合国家开发银行广东省分行开展助贷系统"十大优化建议"评选活动，获奖单位始兴县和南雄市参加了由全国学生资助管理中心和国家开发银行总行共同举行的颁奖典礼并接受表彰。2016 年，在省教育厅的精心组织和指导下，委托广东省奖学助学工作专业委员会理事长单位具体承办广东省"百佳学生资助工作单位典型和个人典型"评选活动，全省共有 131 个"单位典型"、160 名"个人典型"入围评选，最后评选出 100 个"学生资助工作单位典型"和 100 名"学生资助工作者典型"，遴选出 7 个"单位典型"和 6 名"个人典型"推荐到教育部进行全国参评。

（六）规范监督管理

监督管理是保障资助资金落实到位的重要环节。2007 年到 2016 年，广东省在完善资助工作监督管理机制方面做出了重要探索。

1. 强化顶层设计，建立监督机制

建立全面有力的"关口"前移监督机制。从有关高校和中职学校抽调了一批专家，组织了一支高素质的监管队伍，通过常规工作定期督查、突出问题重点督查、专项问题专项督查、综合问题综合督查等形式，建立起定期或不定期的巡察和检查制度。制定并修订了《中职教育国家助学金和免学费政策落实情况检查工作方案》《广东省高校国家助学贷款工作考核办法》，建立了高校助学贷款违约定期通报制度、专项资助情况月报制度、专项资助约谈并定期整改制度等。2016年，省教育厅印发《广东省学生资助工作绩效考评办法》（粤教助〔2016〕1号），积极引导并规范各地学校全面贯彻国家资助政策，不断提高资助管理水平，并着手设计广东省学生资助工作督查制度。此外，通过召开培训会、专项工作会议、视频会、约谈会、评审会、开学检查、信访接待、专项督查、联合检查、第三方审计等形式，及时发现问题，督促各项学生资助工作的全面落实。

2. 实行多级监督，明确监督责任

落实教育部部署，建立省、市、学校多级监督机制。2010年，广东省教育厅配合教育部，实施全省中职学校国家助学金的自查自纠和全面检查，抽查了两所省属学校和清远、湛江两个地级市。2011年和2014年，广东省教育厅部署了全省中职的大检查，检查了每一个地市以及地市下的两个县区。2012年广东省教育厅和国家开发银行广东省分行联合对全省普通高校2011—2012学年助学贷款工作进行了考核，通过学校自查和考核组抽查加强对高校助学贷款动态管理和风险控制工作。2014年通过政府采购程序公开招标确定会计师事务所，对43所省属中等职业学校2007年秋季学期至2013年秋季学期国家助学金及2009年秋季学期至2013年秋季学期免学费补助资金的发放管理情况进行第三方审计。2016年，全省各级教育行政部门开展了普通高中学校国家助学金管理工作督查工作，成立高校助学贷款和中职学生资助省级管理小组，对全省各地市高校贷款、中职学生资助工作规范化管理进行专项检查。

3. 多方协调联动，加强过程监管

一是实施政府部门联动。针对助学资助管理和监督工作，广东省教育厅联合财政厅、人力资源和社会保障厅以及高教处、基财处、思政处等多方业务主管单位对助学工作进行管理和监督。例如，2009年，广东省教育厅高教处、思政处和学生助学工作管理中心的同志到广州、肇庆等地高校进行新学年开学检查，深入高校检查学校新年开学情况，落实国家对家庭经济困难学生的资助政策。二是开展社会大众联动。广东省教育厅积极完善学生家长监督机制，主动接受社会大众监督。建立投诉咨询热线，全面开通省、市、县多级学生资助机构和学校资助工作咨询投诉热线电话，在媒体、公共网站以及单位网站主页上公布接受咨询投诉，及时处理、通报和反馈学生和家长反映的情况。省学生助学工作管理中心还联动广东省易方达教育基金会、华南理工大学政府绩效评价中心、中大社工服务中心、益先社会工作研究院、广东省电化教育馆等单位多次对学生资助工作进行研究探讨，提升资助工作的专业水平。

4. 引入第三方评估，强化成效监管

从2015年开始，广东省开展学生资助工作绩效评价，2016年广东省立足省情，大胆探索，制定并印发《广东省学生资助工作绩效考评办法》（粤教助〔2016〕1号），采取材料审核、问卷调研、工作抽查等方式对各地级市、普通高校、省属学校进行绩效考评。委托第三方连续两年对全省学生资助工作进行绩效考评，推进学生资助工作的规范化、标准化建设。

三、精心服务

精准资助，服务育人。资助育人是精准资助的核心任务，也是新时期资助工作的新理念。从长远看，资助是"输血"，育人是"造血"，输血是手段，造血才是目的，资助的最终目的是铸人，资助工作与育人工作统一于人才培养这个根本任务，二者相辅相成，互相促进。十年来，广东省在资助工作实践中抓好励志教育、诚信教育与社会责任教育，由"单纯型助困"走向"发展型助困"，不断创新资助育人途径和方式，努力开创学生资助工作新局面，服务于"立德树人"这个根本目标。

（一）育人工作

立德树人是资助工作的灵魂，学生资助工作不能停留在经济资助层面，还要与育人工作有机结合起来。为了进一步拓展资助育人功能，广东省主要从以下三方面入手，狠抓落实。

1. 把"立德树人"的根本任务和"人人成才"的教育目标融入资助工作的全过程

（1）抓好励志教育，培育励志典型。充分发挥奖学金导向作用，挖掘受资助的优秀学生典型，用学生身边的真实事例激励广大学生积极进取、刻苦学习、立志成才。例如，广东省学生助学工作管理中心组织开展"国家资助 助我飞翔""助学·筑梦·铸人"等主题教育活动，大力传播了正能量，鼓励引导家庭经济困难学生勇于面对困难，培养自强自立、艰苦奋斗的优良品质。在获奖受助的学生中，涌现出一大批自强不息、积极向上的成长成才典型，如获得由共青团中央、全国学联主办的 2016 年度"中国大学生自强之星"称号的陈鸿佳、刘易，获得央视节目《向幸福出发》关注的励志女生王景丹等，2016 年全省有 2 名同学被教育部评选为全国"国家资助 助我飞翔"励志成长成才优秀学生典型，另涌现了 100 名省级励志成长成才优秀学生典型。

（2）抓好诚信教育，培养诚信品质。教育学生"诚实守信"是学校义不容辞的责任和义务。各地、各校除了组织全校普及性的诚信教育活动外，特别要针对获得国家助学贷款资助的学生开展诚信教育，不断强化诚信意识，让每位贷款学生充分认识到贷款违约可能带来的严重后果，避免贷款学生因缺乏常识而产生不必要的违约行为。2008 年省教育厅在华南理工大学、南方医科大学等 10 所高校中开展大学生诚信档案建设试点工作。2009 年 12 月，召开了广东大学生信用档案建立与国家助学贷款风险防范专题会议，着重研讨学生诚信教育以及信用档案建设与应用工作。此外，广东省还定期举行"学生资助诚信教育宣传月"活动，在全省建立"诚信教育"长效机制，联动各高校紧贴大学生实际，围绕诚信教育主题，开展形式多样的学生资助政策和国家助学贷款学生信用档案等政策介绍，强化资助育人功能。

（3）抓好社会责任感教育，培育感恩之心。党的十八大报告提出，要"注重培养学生的社会责任感"。关心帮助家庭经济困难学生是政府应尽的职责，但在资助过程中也应引导受助学生建立社会责任感，以早日实现学习成才，回报社会。各地各校在资助育人工作中，注意加强感恩教育，教育广大受助学生要有感激之情、感恩之心和社会责任感，不忘回报政府和社会的帮助之情，不忘承担国家建设之责。广东省早在 2010 年设立"广东扶贫济困日"，历年来广泛开展以"奉献爱心扶贫助学"主题教育和捐赠活动，以主题日长效机制警醒、培育企业和个人的社会责任感。

2. 丰富以发展能力为导向的资助体系

资助工作团队关注学生的多样化需求，瞄准学生发展性需求，在育人工作中针对性提供服务内容。一方面，围绕学生共性需求，集中开发多种资助育人项目促进学生个体全面发展。另一方面，从学生的个体差异需求出发，有针对性地为他们的成才创造条件、优化环境、搭建平台，为学生个体提供可选择的"菜单"。以华南农业大学为例，该校打造了五个资助育人品牌："竹铭计划"励志强能工程、模范引领计划、勤工助学校园快递服务站、竹铭书屋和大学生勤工助学服务队，推动资助工作与创新创业、勤工助学、实习实践深度融合，重视学生在实践活动中成长成才。这五个品牌培育了一批优秀学生，获得了外界的支持，赢得了积极反响。2016 年，竹铭书屋获得了"星巴克青年领导力发展项目"和"中国石油·公益未来成才基金项目"2 个立项资助。服务队 2015 年 2 次被评为

"广东省志愿服务先进集体",服务队近5年产生了30多名校级优秀学生干部(标兵),涌现了如"全国三好学生""广州市十大孝子"区杰财等一批品学兼优的先进典型。

佛山科学技术学院实施"家庭经济困难学生综合素质提升工程",为大一、大二学生开办包括"网商班""农商班"和"女企班"等普适性大学生综合素质提升训练营,着重培养学生的礼仪、演说能力、办公软件、公文写作、行政管理、英语口语、职业素质等,为大三、大四学生开展"定向化企业储备人才班"专项性综合素质提升项目,引入合作企业资源,由行业企业选派企业家、高管、行业精英为储备班开设针对性培训课程,精准缩短学生技能与市场对人才资源诉求的差距,帮助困难学生毕业后能以最快速度在就业岗位上开展工作,提升困难学生的综合素质和就业能力。

3. 以人为本,关注学生心理,促进学生健康成长

受家庭经济困难的影响,多数困难学生人际交往能力薄弱,不爱与人交往,他们在个人能力、自我价值等方面低估自己,存有自卑、焦虑甚至偏执的情况。随着学生资助工作的不断深化,各地各校对家庭经济困难学生的心理健康越来越关注,在资助过程中加强心理引导,深入了解学生的思想、学习、生活状况,为学生制定个性化帮扶方案。同时,采取心理健康普查、个别咨询、团体活动、交心谈心、开设课程等方式,培养学生健康向上的心态、承受挫折的能力,减轻他们在学习、生活和就业上的心理压力,促进其健康成长。部分地市、高校在中秋节、新年等传统假日,发放月饼、生活用品、慰问卡等,举办茶话会、联欢会等活动,同时以此为契机,疏导学生心理,使学生感受到学校细致入微的关爱。

(二)资助工作人员综合素质能力提升

资助工作人员专业服务能力的提升有助于资助工作效率的提高,从而促进实现精准资助、精细管理、精心服务。随着全省省级资助工作专项化、资助队伍体系化,资助工作人员的服务能力在长期实践中也得到显著提升,并且从事学生资助工作的一线辅导员和学生工作部门管理人员具有丰富的学生工作经验,探索出较为完整的资助理论知识和成果。

1. 业务服务能力专业化

广东省教育厅每年为学生资助管理人员定期开展岗位培训、专题培训,提升管理人员业务能力水平。如开展国家助学贷款网络操作培训、全国中等职业学校学生信息管理系统操作培训、高校国家助学贷款档案整理培训、广东中等职业教育学生资助工作管理规范化培训、广东省全国学生资助管理信息系统学前及普通高中资助子系统培训等，提高资助工作人员的网络操作能力和资助管理能力，更好地服务于资助育人工作。

2. 理论研究水平科学化

一方面，重视智库建设和专家库建设。广东省十分重视资助智库建设，并成立助学贷款省级管理小组，参与研究全省助学贷款政策制定与执行，加强顶层设计和分类指导。成立学生资助研究会，定期开展专项研究，组织各级学生资助管理人员进行研讨和交流。从 2008 年开始，管理小组就完成了《完善中等职业学校家庭经济困难学生的资助政策促进中等职业技术教育的战略性结构调整》和《关于完善高中阶段资助政策体系的报告》。2009 年，广东省学生助学工作管理中心与广东省易方达教育基金会合作，由基金会出资，资助广东省普通高校开展学生资助工作课题研究。2014 年，省教育厅专门拿出专项经费 100 万用于资助育人提升计划的项目研究，共资助 15 个研究项目，鼓励高校探索学生资助经验模式。此外，广东省教育厅还着手建立资助工作专家库，参与省教育厅组织的学生资助工作调研督查、各类奖助学金评选审核、资助典型案例征文评选、资助领域理论研究、资助政策宣传培训、资助类文献成果汇编等工作，全面服务于资助育人工作，并不断提升资助工作的专业化和科学化。

另一方面，资助工作者科研能力提升。广东省教育厅统筹建设资助研究平台，培养学生资助工作队伍资助育人的科研能力，鼓励开展资助理念与特色模式研究，前后完成课题并发表文章十余项，包括：《广东省高校国家助学贷款风险防范与控制》《我省高校家庭经济困难学生资助政策问题研究》《我省义务教育阶段家庭经济困难学生资助工作问题与对策研究》《广东省家庭经济困难学生认定的研究》《我省农村义务教育学生营养改善计划试点工作问题研究》等，为广东省学生资助政策体系的完善提供参考借鉴。其中 2016 年广东省教育厅学生助学工作管理中心申报两项厅级立项业务研究课题，并在资助政策完善与执行过程中进行具体运用。上述措施有效推进了广东省学生资助研究成果的广泛运用，推动资助工作人员的科研能力迈上了新台阶。

（三）资助手段和方式创新

为提升资助工作效率，推进精心服务，广东省在资助工作实践中不断探索，摸索出一些具有创新性的现代化资助手段和方式，如资助宣传工作的创新、资助管理系统的创新，各地各校也创建出具有个性化的资助模式，推进实现精准资助，有效服务资助育人目标。

1. 育人宣传创新

近年来，育人宣传工作逐步实现了线上与线下渠道相结合，以多媒体、多角度、多方式广泛宣传学生资助政策与成效，提升政策知晓度。一是与媒体合作，"专栏＋活动"多角度宣传，连续每年在《南方日报》通过专栏介绍资助政策和资助项目，召开座谈会，举办"阳光助学·让梦飞翔"广东贫困学生资助政策公益宣传活动。二是制作学生资助公益广告宣传片。通过覆盖全省的媒体平台如广东卫视，将国家学生资助政策送达到广大学生和家长。三是创新建设"广东教育"新媒体平台宣传。紧紧围绕广东省教育"创强争先建高地"中心工作，做好教育资讯发布和教育便民服务，该新媒体现已成为学生与家长了解广东省助学工作的重要渠道和重要互动平台。再如广东工程职业技术学院开展筑梦"微平台"工程，该校顺应社会新媒体的发展，通过"微博、微信、微电影"，努力打造"三位一体"的资助宣传新格局，开通勤工助学服务中心公众平台和官方微博，尝试制作首部资助育人成效宣传片《让梦想点亮芳华》，向广大师生和社会展现贫困同学自立自强、奋发成才的学习成长历程，提升政策宣传成效；广州大学华软软件学院通过微信公众号宣传平台展示家庭经济困难学子的成才经历，在广大学子中形成榜样宣传效应。

此外开展线下活动，如"资助政策下乡行"活动。2010 年起每年暑假组织 20 所高校 1000 名学生志愿者，宣传组成宣讲队开展"资助政策下乡行"活动，深入乡村、中小学宣传国家和省的学生资助政策。2016 年，由省教育厅联合国家开发银行广东省分行共同组织编写《国家资助伴你成长助学贷款助力成才——广东省"国家资助和助学政策下乡行"活动资料汇编》，并组织 66 所高校 1000 多名学生志愿者参加该活动，让更多人了解获助渠道。开展励志成长优秀学生典型宣传评选活动，2013 年积极参加全国学生资助管理中心举办的首届全国学生"国家资助，助我成长"主题征文活动，主题征文和优秀典型事迹材料亦成为资助宣传的一种有效渠道。

2. 资助管理系统创新

广东在全国学生资助信息系统的基础上开发和部署本省的各功能模块和子系统，进一步提高学生资助信息系统的应用功能，以信息化带动助学工作的科学化、高效化。如 2008 年在全国中等职业学校学生信息管理系统基础上增加功能模块，完成了广东省中职学校国家助学金分配系统的研发。2011 年开发了广东学生资助信息管理系统（普通高中分项目），2016 年开发了广东省高校学生家庭经济状况评估信息管理系统，有效提高家庭经济困难学生认定效率和精确度，实现让"信息多跑路，学生少跑腿"。

此外，部分高校在资助管理探析研究中也开发了拥有自身特色的学校资助工作管理系统，如汕头大学设计、开发了学生事务管理系统，涵盖学杂费管理、奖助学金管理、贫困生认定管理、勤工助学管理、国家助学贷款管理等多个资助工作子系统。依托该平台，汕头大学能够更加有效地完成信息采集、信息审核和信息实时维护工作，显著提升了工作效率，同时做到全方位、动态性地把握学生的受助情况，为精准高效实施个性资助提供了强有力的保障。

3. 学生资助金融产品开发

为努力满足贫困学生享受高等教育的资金需求，广东省实行以校园地国家助学贷款为主，以生源地信用助学贷款为辅的模式，在校园地信用助学贷款稳步推进的同时，加快推进全省生源地助学贷款工作。2016年内扎实推进生源地信用助学贷款部署，在原有四个地市30个县（市、区）开展生源地信用助学贷款的基础上，又新增了阳江市、茂名市、云浮市三个地市3个县（市、区），共七个地市55个县（市、区）开展了生源地信用助学贷款业务，构建了校园地助学贷款和生源地信用助学贷款并行发展机制，确保了普通高校广东户籍和非广东户籍在读学生助学贷款政策的全覆盖。

4. 各地各校资助方式创新

各校因地制宜，将资助政策与资助育人工作有机结合，不断创新资助内容与形式，通过项目化手段为受助学生提供能力建设与社会参与平台，提升育人成效。如华南理工大学充分利用"互联网+"技术，将学生管理系统与传统资助方式紧密结合，运用"家庭经济认定系统+实地走访"精准识别困难学生的资助需求；通过"助学金申请系统+校园一卡通消费系统"，在实施分档精准资助的同时，动态收集学生的消费情况，为资助项目的调整提供依据；结合"勤工助学管理系统+勤工助学阳光成长计划"和"综合测评系统+帮扶举措"提升受助学生能力，实施资助育人工程；运用"学生就业管理系统+就业补贴"措施，帮助家庭经济困难学生顺利就业，完成"迎进来，送出去"育人工作任务。该校通过全面跟踪每一个家庭经济困难学生的成长成才情况，使学生资助工作真正做到精准资助，成为高校精准资助模式的创新典范。

小　　结

本章主要从资助理念的构建、政策体系的完善、资助工作的落实三大方面来详细阐述学生资助"广东模式"的发展历程。经过十年的探索、落实和完善，广东省在资助理念和政策体系上均实现了较大的发展，资助理念发展由单纯助困走向综合育人，学生资助工作发展由局部实施走向全面推进。

(一) 资助理念发展：从单纯助困走向综合育人

一直以来，"教育公平、共享发展"是学生资助"广东模式"的目标和理念，通过长期实行"扶困助学"资助模式，为贫困家庭学子提供物质上的帮扶救助，以此推进教育公平，推动全省人民共享社会发展的成果。但随着社会发展带来的贫困学子个性化需求的不断增加，广东省学生资助工作理念也逐步发展，资助理念由"教育公平、共享发展"拓展为"助困育人、立德树人、教育公平、共享发展"。"助困育人、立德树人"是前提，"教育公平、共享发展"是结果，资助理念最大的变化是由单纯助困走向综合育人，其表现在形成了由"扶困助学保障性资助"向"发展育人综合性资助"转变的资助理念。

1. 由"扶困助学保障性资助"走向"发展育人综合性资助"

在资助工作初始期，全省主要实行的是扶困助学式资助，通过经济帮扶的方式保障贫困学子能够顺利接受教育。近年来，资助理念更加重视培育受助学生的科学精神、思想品德、实践能力和人文素养，资助理念实现了由"扶困助学保障性资助"走向"发展育人综合性资助"的重大创新发展。发展育人综合性资助主要体现为三方面的特征：一是更加凸显受资助者的主体地位，发展育人综合性资助着眼于受助学生的成长发展，充分尊重受助学生的个性特点、主观意愿和成长发展规律，使受助学生获得平等、自主、理解和尊重，充分体现社会和学校的人文关怀；二是资助形式更加多样化，发展育人综合性资助改变了单一的经济资助方式，而是根据贫困学子的需求开展针对性的多元化的资助，在帮助学生解决经济困难的同时，更加注重对其的思想引领、心理疏导、人际交往引导等，实现物质帮扶和精神帮扶同步，促进贫困学子的身心素质、精神面貌、综合能力的全面发展；三是更加注重受助学生的可持续发展，发展育人综合性资助以培养家庭经济困难学子的个性品质和能力素质为价值取向，更加注重家庭经济困难学子未来的职业发展，通过社会实践、专业技能等综合组织能力的锻炼和培训，不断激发并提升他们的发展潜能，促进家庭经济困难学子的全面协调和可持续发展。

2. 由"经济资助"走向"经济资助与体质改善相结合"

通过实施农村义务教育学生营养改善计划，努力改善农村家庭经济困难学生体质不健康问题，标志着我国在资助工作发展过程中开始关注贫困学子的营养体质情况，注重发展经济资助与体质改善相结合的资助方式。广东省积极跟进落实农村义务教育学生营养改善计划，切实试点执行，着力解决贫困地区、特困地区、民族地区学生在校吃不上热饭，甚至饿着肚子上学的现象，保障贫困学子的营养状况，为学生的成长和发展提供基础保障，不让孩子输在起跑线上，努力促进起点公平。

（二）学生资助的发展：从局部实施到全面推进

2007年，广东省积极建立健全学生资助政策体系，由最终的探索试点、部分教育阶段实施资助政策逐步过渡到整体推进资助政策体系建立。广东省学生资助政策体系历经十年发展，实现资助范围全面覆盖、资助内容不断丰富、资助主体基本明确、资助功能逐渐多元、资助保障全面发展，形成了较为完善的资助政策体系。

1. 政策体系日臻完善，实现三个"全覆盖"

十年来，省财政、教育等部门全面落实党和政府的重大决策部署，从省情出发，坚定不移地持续推进全省学生资助制度建设。学生资助政策体系从不完整逐步走向完善，资助内容从单一走向丰富，资助面从窄到宽，实现了"三个全覆盖"，即所有教育阶段全覆盖、公办民办学校全覆盖、家庭经济困难学生全覆盖。通过十年的探索和努力，充分保障了"不让一个学生因家庭经济困难而失学"。

2. "三位一体"资助格局基本稳定

经多年发展，逐步形成了以政府财政投入为主要力量，学校和社会资金为重要补充的资金筹措分担渠道，构建了政府主导、学校参与、社会补充的"三位一体"资助格局。政府投入是主导：政府持续加大财政投入，强化政府职责，充分发挥公共财政职能作用，凸显政府在基本公共服务中的基础性保障作用。学校参与为辅助，各级各类学校按照国家以及广东省政策要求加大学生资助经费投入，从事业收入中提取一定比例用于学生资助。社会力量是补充，企事业单位、社会团体和个人积极捐资助学成为我国学生资助事业不可或缺的重要组成。其中，财政资金重点解决全局问题、一般性问题，学校资金和社会资金重点解决局部问题、特殊问题。政府、学校、社会形成三位一体的资助格局，将资助之网织密、织牢。

3. 资助功能逐步多元，形成"六元复合功能体系"

十年来，广东省学生资助功能不断发展丰富，走出了一条具有广东特色的资助之路，逐步发展形成"公益普惠""扶困助学""奖优激励""励志强能""引导就业""培养人才"的六元复合功能体系。

一是"公益普惠"，以免学费、残疾人资助政策、少数民族资助政策、建档立卡资助政策为主，体现了资助工作的公益普惠性。二是"扶困助学"，以国家助学金、国家助学贷款、困难补助、"绿色通道"等为主，保障贫困生能够拥有足够学费和生活费接受教育而不致辍学，体现了公平性。三是"奖优激励"，以国家奖学金、国家励志奖学金、学业奖学金和校内奖学金为主，激励贫困学子好好学习，以优异的学业成绩获取资助，体现了激励性。四是"励志强能"，通过勤工助学、创业帮扶等活动"授人以渔",帮助困难生在活动中锻炼能力,积累才干,用自己的劳动创造财富。五是"引导就业",以中西部基层单位就业国家资助、应征入伍投身国防建设进行学费补偿国家助学贷款代偿、师范生免费教育、中职学生免学费为主,体现了倡导性。六是"培养人才",通过资助政策来优化教育结构,保障更多学子接受更高层次的教育,促进高等教育持续健康发展,培养高学历人才。此外,通过资助政策来培养更多国家建设所需要的特殊专业人才,如农、林、矿、油、师范类人才。

4. 形成"三精"工作手法,资助保障全面发展

十年来,广东省不仅在资助理念、政策体系和资助功能等方面取得重大突破,广东省在资助保障方面也取得了全面发展,形成了"精准施助""精心管理""精心服务"的"三精"工作手法。通过不断推进资助对象精准、资源配置精准、资助力度精准逐步实现"精准施助",为实现精准资助奠定基础;通过不断规范管理制度、规范资金管理、规范程序管理、规范信息管理、规范机构队伍建设管理、规范监督管理等形成严密的资助管理体制,实现"精心管理",为精准资助提供保障;通过进行育人工作、提高资助工作人员的综合素质、创新资助手段和方式等实现"精心服务",根本服务于"精准资助、立德树人"目标。"三精"工作手法全面保障了精准资助的顺利实现,有力推进了教育公平。

(三)广东政策体系特色小结——"广东模式"

广东省学生资助经过十年的发展演进,形成了具有广东特色的资助工作模式,简称"广东模式",此模式可以总结为"四三三四"模式,即贯彻助困育人、立德树人、教育公平、共享发展四大理念,以务实、开放、创新三大岭南精神为引领,形成精准资助、精细管理、精心服务三大工作手法,实现改变学生命运、优化人才结构、发展教育事业、推进全面小康四大改变,积淀形成多维立体全覆盖的广东学生资助模式。

第三章 成就与影响
——"广东模式"取得的成效[①]

第一节 发展成就

2007年以来，广东省按照国家"加大财政投入，经费合理分担，政策导向明确、多元混合资助、各方责任清晰"的基本原则，逐步建立健全了覆盖学前教育、义务教育、高中阶段教育（含中等职业教育）和高等教育的较为完善的学生资助政策体系，资助资金连年增长，家庭经济困难学生上学基本得到保障。总体而言，学生资助"广东模式"通过各教育阶段资助政策的实施，取得了显著成效，有力保障了教育公平，切实推动了教育发展，取得了良好的阶段性成果。

一、总体层面

（一）资助规模逐年扩大

十年间，全省学前教育、义务教育、高中教育（包含中职教育和普通高中教育）、高等教育本专科及研究生阶段受资助学生人数从2007年的164.68万人增长到2016年的316.69万人，增幅为92.31%。其中，学前教育阶段自2012年制定学前教育资助政策后，资助人数保持高速增长。义务教育阶段逐步实现城乡一体化均衡发展，到2015年资助人数持续上升，2016年义务教育阶段资助人数出现突破性增长，由102.78万人增长到136.32万人，增长33.54万人。高中教育阶段资助人数保持稳定增长，从2010年起增幅加快。高等教育本专科阶段资助人数保持稳定增长，研究生阶段自2014年起增幅大幅提升，较2012年增长近65倍。（见表3-1、如图3-1所示）

[①] 如无特殊说明，本章关于2007—2016年广东省学生资助人数及金额的数据均来源于广东省教育厅《2007年以来广东省学生资助情况》统计表。

第三章　成就与影响——"广东模式"取得的成效

表3-1　2007—2016年广东省各教育阶段资助学生人数统计

（单位：人）

年份 教育阶段	2007	2008	2009	2010	2011	2012	2013	2014	2015	2016
学前教育	0	0	0	0	0	276742	299032	317694	317260	339445
义务教育	1027797	1008957	1007476	1007476	974975	1011707	1021144	1090718	1090718	1363244
高中阶段（含中职）	437022	443412	483104	740235	889442	1100434	1099394	1027933	1033351	1058309
高等教育本专科阶段	181944	220074	248882	276306	285382	293431	294333	317462	327796	345022
高等教育研究生阶段	0	0	0	0	0	937	952	45632	50855	60895
合计	1646763	1672443	1739462	2024017	2149799	2683251	2714855	2799439	2819980	3166915

注：义务教育阶段不含免学杂费和免课本费的资助人数。

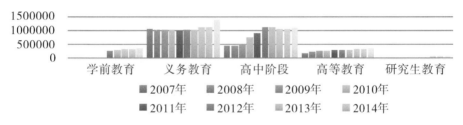

图3-1　2007—2016年广东省各教育阶段受资助学生人数

由上述数据可知有越来越多的学生从资助政策中受益，资助政策也通过奖学金、助学金、学费减免、生活费补助、勤工助学等资助项目保障了越来越多的家庭经济困难学生不会因贫困而上不起学。

（二）各级财政投入逐年增长

2007—2016年，广东省在学生资助资金投入方面，各级财政（含中央、省、市县级财政，以下简称"各级财政"，其中省、市县级财政简称"地方财政"）累计投入297.33亿元。2016年各级财政投入总金额58.02亿元，是2007年的6.41倍。

学前教育阶段。2012年，广东省建立了从学前教育阶段到研究生教育阶段的全阶段学生资助政策体系，当年学前教育资助各级财政投入2.01亿元。2016年，全省学前教育资助标准提高，各级财政投入增长到3.39亿元，较2012年增长1.38亿元。

义务教育阶段。从2007年起，该阶段资助的各级财政投入稳步增长，从当年的1.54亿元，增长到2016年的6.11亿元，增长了4.57亿元。

高中教育阶段（含中职），2007—2013年间，各级财政投入实现加速增长，由3.28亿元增长到20.75亿元，2014年资助金额有所降低，但随后资助金额依然保持均匀增长，尤其2016年资助金额达到32.85亿元，在所有教育阶段资助金额中所占比例最大。

高等教育阶段，从2007年到2016年，学生资助金额一直保持快速增长。由此可见，广东省对高等教育的资助程度越来越高。2012年开始进行研究生教育阶段的资助，基本保持均衡增长的状态，从2012年到2016年资助金额增长了约4.15亿元。（见表3-2、如图3-2所示）

表3-2　2007年—2016年广东省各教育阶段学生资助各级财政投入总额

（单位：万元）

年份 教育阶段	2007	2008	2009	2010	2011	2012	2013	2014	2015	2016
学前教育	0	0	0	0	0	20100.00	20294.00	25448.00	21200.00	33944.50
义务教育	15429.00	27695.78	27710.60	27710.60	26800.00	29104.88	29903.92	33372.81	31518.02	61143.42
高中阶段（含中职）	32777.00	68696.00	74169.16	119437.00	142921.70	192385.00	207541.00	198269.00	287514.90	328459.16
高等教育本专科阶段	42364.69	49309.45	53617.17	66955.53	81831.03	86422.52	90885.04	97741.63	104971.31	113202.83
研究生教育阶段	0	0	0	0	0	2032.00	2060.00	18826.64	36016.04	43483.30
合计	90570.69	145701.23	155496.93	214103.13	251552.73	330044.40	350683.96	373658.08	481220.27	580233.21

注：义务教育阶段不含免学杂费和免课本费的财政投入资金。

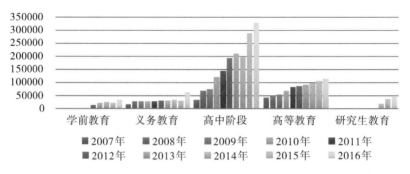

图3-2　2007—2016年广东省各教育阶段学生资助财政投入总额

（三）资助范围逐步扩展

学生资助"广东模式"资助范围的扩大体现在资助对象群体扩大方面。义务教育阶段"两免一补"政策对象，由2007年实施"全面免除城乡义务教育阶段学生学杂费，为农村学生和城镇低保学生免费提供教科书"，发展到2016年"全面免除义务教育阶段学生学杂费，免费教科书，为农村学生配发汉语字典，免收农村寄宿生住宿费，为农村家庭经济困难学生和民族地区寄宿制民族班学生提供生活补助"，逐步由农村覆盖城镇，促进城乡义务教育一体化发展。普通高中阶段，将逐步将普通高中残疾学生、建档立卡等家庭经济困难学生（含非建档立卡残疾学生、农村低保家庭、农村特困救助供养对象）纳入国家助学金和免学费范围。中等职业教育阶段，免学费资助范围逐步扩大，从城乡退役士兵群体，扩大至中等职业学校全日制正式学籍一、二、三年级在校生中所有农村（含县镇）学生、城市涉农专业学生和家庭经济困难学生（含建档立卡学生、非建档立卡残疾学生、农村低保家庭、农村特困救助供养对象，艺术类相关表演专业学生除外）。同时逐步扩大中等职业学校国家助学金资助范围，从2007年"对中等职业学校一、二年级全日制在校生中所有农村学生和城市家庭经济困难的学生"实施资助，扩大至2016年对"中等职业学校全日制正式学籍一、二、三年级所有在校农村（含县镇）学生、城市涉农专业学生和建档立卡等家庭经济困难学生（艺术类相关表演专业学生除外）。高等教育本专科和研究生阶段，通过不断完善"奖、贷、助、补、减、勤、绿色通道"等资助体系，将家庭经济困难以及遭受临时家庭经济困难的对象均纳入资助范围，实现入学前、入学时、入学后资助的无缝对接。

（四）资助标准稳步提升

从2007年开始，广东省学生资助根据教育发展目标和资助需求，逐步提高资助标准，或是以提高资助资金，或是以增加资助项目的形式，确保资助的范围逐渐扩大，让更多适龄学生能够享有优质教育。

从人均资助金额①看，学前教育阶段，2012年的人均资助金额约为726.31元，2016年人均资助金额提升至1000元。从2012年到2016年，学前教育阶段人均资助金额增长1.38倍。义务教育阶段人均资助金额从2007年的150.12元，提升到2016年的448.51元，人均资助金额十年间增长了1.9倍。高中教育阶段（含中职），2007年人均资助金额为750元，2016年人均资助金额提升为3063.43

---

① 人均资助金额等于资助总金额除以资助总人数。

元，增长了3.08倍。高等教育本专科及研究生阶段，2007年人均资助金额为2328.45元，2016年人均资助金额为3860.06元，增长了0.66倍。

学生资助"广东模式"顺应经济发展水平和教育改革发展要求，逐步完善资助政策体系，提高资助标准，回应资助需求，保障每一个家庭经济困难学生获得平等的教育机会，切实避免了因家庭经济困难而失学的情况发生。

（五）"三位一体"资助格局日趋完善

经过多年发展，学生资助"广东模式"逐步形成了政府财政投入为主导，学校、社会经费为补充的资金筹措渠道，建立了政府主导、学校、社会协调参与的资助格局。

政府主导方面，2007年到2016年十年间，各级财政资助资金投入总额达到297.33亿元。部分地市还探索设立政府奖学金或实施15年免费教育项目（如珠海等地已实行高中教育免费），总体而言，对教育资助的财政投入力度前所未有。

学校社会协同参与方面，各级院校积极落实按一定比例从事业收入中提取资助资金。广泛发动社会力量，接受社会组织、个人捐赠资金，用于减免学费、设立校内奖助学金和临时困难补助等资助项目。以高等教育阶段为例，2008年，社会筹集各类社会奖学金4.38千万元，有1.35万名家庭经济困难学生受到资助；2010年，全省普通高校筹集社会资金设立各类奖助学金近5000万元，有1万多名家庭经济困难学生受助；2011年，全省高校筹集社会资金设立各类奖助学金4000多万元，有1万多名家庭经济困难学生受助。据统计，2010—2016年间，广东省高等教育阶段政府、学校、社会三方共计投入142.36亿元，其中政府财政投入71.05亿元，占49.91%；学校资助经费41.93亿元，占29.45%；企业、社会团体及个人捐助共4.27亿元，约占3%；金融机构（助学贷款）等资金约占16.91%；其他资助项目约占0.73%。（如图3-3所示）

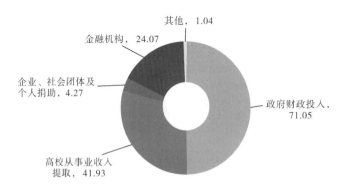

图3-3 2010—2016年广东省高等教育阶段政府、学校、社会三方资助经费投入（单位：亿元）

（六）多级财政分担机制日趋完善

2007—2016年，各级财政投入资助经费的总额297.33亿元，其中中央财政累计投入36.09亿元，占12.14%；地方（含省级、市县级，下同）财政累计投入261.24亿元，占87.86%（如图3-4所示）。中央财政投入由2007年的1.32亿元，增长到2016年的5.40亿元，增幅达309.09%；地方财政投入由2007年的7.74亿元，增长至2016年的52.63亿元，增幅达579.97%。

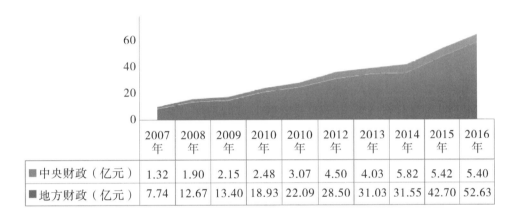

图3-4 2007—2016年广东省学生资助资金中央财政与地方财政投入

二、各教育阶段资助政策执行情况

（一）学前教育阶段

1. 资助人数逐年增加，资助面大幅扩大，资助标准明显提高

广东省家庭经济困难儿童学前教育资助制度于2011年秋季学期开始实行，截至2016年，广东省共资助全省学前教育幼儿155.01万人，各级财政共投入约12.09亿元。（各年度资助情况如图3-5所示）

2012年资助学前教育幼儿27.67万人，各级财政投入2.01亿元，人均资助额为726.31元；2016年资助学前教育幼儿33.94万人，各级财政投入3.39亿元，人均资助额为1000元。资助总人数较2012年增长6.27万人，增长率为22.66%；各级财政投入总额较2012年增长1.38亿元，增长率为68.66%。

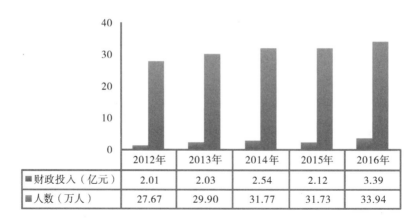

图 3-5　2012—2016 年广东省学前教育阶段资助人数及财政投入

2016年广东省教育厅与省财政厅联合下发《关于调整完善学前教育资助政策的通知》（粤财教〔2016〕22号），全省学前教育困难家庭幼儿资助标准从原每人每学年300元提高到每人每学年1000元，此项工作列入2016年全省十件民生实事，予以重点推进并落实到位。因资源分配不均，幼儿园"入园难、入园贵"的问题阻碍了学前教育阶段教育公平的体现。提高学前教育阶段资助标准，对于经济困难家庭无疑是重要的解困手段。学前教育资助提高标准有效实现了资源配置优化，保障了经济困难家庭儿童接受学前教育的机会与权利。

2. 贫困家庭幼儿园入学率显著提高

广东省于2010年9月在《广东省教育综合改革试点总体方案》中明确提出了"坚持学前教育的公益性"，在学前教育领域建立政府主导、社会参与，公办与民办并举的办园体制，同时逐步加大学前教育的财政投入力度，扶持欠发达县、农村学前教育发展，对家庭经济困难的幼儿入园给予补助。①

根据《广东省中长期教育改革和发展规划纲要（2010—2020）》，广东省学前教育阶段的发展目标是：2012年全省幼儿在园人数为270万人，学前三年毛入园率全省85%以上，其中珠三角发达地区和地级市城区90%以上；2015年全省幼儿在园人数为290万人，学前三年毛入园率达90%，珠三角发达地区达95%。据统计，2015年广东省学前教育毛入园率②已达到100.97%。（各年度学前教育阶段毛入园率如图3-6所示）

---

① 曹斯，张胜波，雷雨. 广东启动教育综合改革试点 [N]. 南方日报，2010-09-01 (A14).
② 毛入园率（毛入学率）是指某一年级教育在校学生（不分年龄）总数占该年级教育国家规定年龄组人口数的百分比，由于包含非正规年龄组学生，毛入学率可能会超过100%。

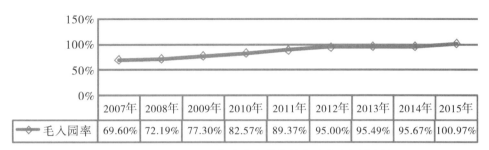

图3-6 2007—2015年广东省学前教育阶段毛入园率①

3. 学前教育资助工作全面精细化、规范化

广东省在资助工作管理中注重规范化管理，确保资助精准化。2016年广东省通过深入调研，经过多次研讨，积极吸纳各地市教育局和学前教育幼儿园意见，最终制定和印发了《广东省学前教育资助工作管理指引》。该管理指引进一步规范了学前教育资助工作，健全了学前教育资助管理机制。各地根据指引建立和完善资助工作制度。从资助条件、申请流程、审核流程、资金发放流程、信息管理都制定明确规定，确保资助工作公平、公正、公开。同时进行及时动态的信息跟进，确保受助儿童信息的真实、可靠。

(二) 义务教育阶段

2007年秋季学期起，广东省在全国率先实现义务教育阶段全免费，2007—2016年，全省义务教育阶段学生资助各级财政共投入约31.04亿元，共资助1060.42万人。2012—2016年，通过农村营养改善计划共有53.23万人受惠，财政总投入为2.23亿元。

1. 生活费补助资助持续平稳推进，资助范围逐步扩大

2007—2016年全省义务教育阶段家庭经济困难学生生活费补助累计资助学生993.64万人，累计资助金额26.36亿元（各年度数据如图3-7、图3-8所示）。2005年起，广东省对已实行"两免"的农村困难家庭学生提供生活费补助（简称"一补"）。2005—2006学年，省财政安排补助资金4.24亿元，用于在广东省16个扶贫开发重点县建立免费义务教育试点，129.93万名农村孩子"提前"享受到免费义务教育。② 2007年秋季学期起，在实施农村义务教育"两免一

---

① 数据来源于2007—2015年各年度《广东教育年鉴》。
② 南方日报. 粤960万农村娃享免费义务教育 学杂费由各级政府出资[EB/OL]. (2006-09-02)[2017-08-28]. www.southcn.com/news/gdnews/sd/200609020007.htm.

补"的基础上，免收城镇低保家庭义务教育阶段学生学杂费、书本费，并提高农村困难家庭义务教育阶段学生生活费补助标准。2010年落实少数民族地区义务教育阶段寄宿制民族班生活费补助政策，对连南瑶族自治县、连山壮族瑶族自治县、乳源瑶族自治县等3个民族县和始兴县深水度瑶族乡、龙门县蓝田瑶族乡、东源县漳溪畲族乡、怀集县下帅壮族瑶族乡、阳山县秤架瑶族乡、连州市三水瑶族乡、连州市姚安瑶族乡等7个民族乡义务教育阶段少数民族寄宿生，进一步扩大生活费补助范围。资助范围的扩大让更多的学生享受资助政策，让义务教育真正惠及有需要的人群，确保适龄学生都能落入基础教育的安全保障网。据统计，2015年广东省九年义务教育阶段的小学五年保留率为98.37%，义务教育阶段巩固率为93.74%，达到了广东省教育发展"十二五"规划的主要目标。

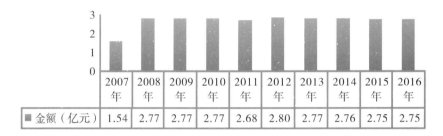

图3-7　2007—2016年广东省义务教育阶段家庭经济困难学生生活费补助财政投入

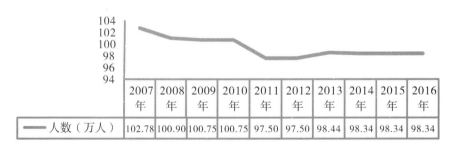

图3-8　2007—2016年广东省义务教育阶段家庭经济困难学生生活费补助资助人数

2. 免收学费、书本费，降低贫困家庭教育成本，保障家庭经济困难学生接受基础教育

2007—2016年广东省义务教育阶段的小学学生毛入学率[①]一直维持在99%，2014年更是达到了99.99%；初中阶段学生毛入学率从2007年的100%提升到

---

① 数据来源于2007—2016年各年度《广东教育年鉴》。

2015 年的 114.62%。(各年度小学/初中毛入学率如图 3-9 所示)

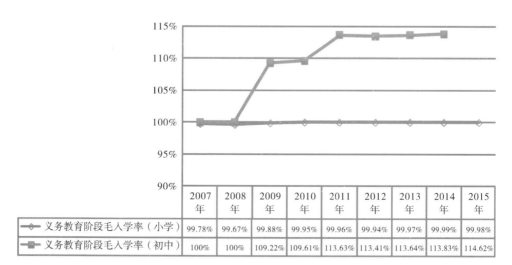

图 3-9　2007—2015 年广东省小学/初中毛入学率

　　义务教育的"两免一补"政策已提升到立法的层面。根据袁连生、刘泽云的观点，在义务教育阶段，对儿童入学做出决策的是家长而非儿童本人，家长在做出儿童教育决策时，是从家庭效用最大化出发的。家长在选择儿童入学与否时，如果增加儿童的教育支出，就减少了当期可用于消费、生产和投资的资金，贫困家庭的货币收入很少，无储蓄可以动用，也难以获得信贷资金，面临很紧的预算约束。将稀缺的货币资金用于子女教育，机会成本非常高。因此，对贫困家庭来说，即使预期认为让子女上学是家庭最好的一项投资，但当入学成本偏高又无法得到必要的资助时，让子女失学是无奈却理性的选择。[①] 由此可见，义务教育阶段的免学杂费、免书本费以及寄宿生生活费补助等资助政策无疑解除了家长作教育选择时的沉重负担。

3. 农村义务教育学生营养改善计划保障学生体质和学习发展，促进城乡教育均衡发展

　　根据"以人为本、健康第一"的指导思想，广东省从 2011 年 11 月份起，根据国家部署，通过建立健全工作机制，统筹农村校舍改造工程，改善学生校舍就餐条件，加强学校食品安全卫生监管，鼓励社会组织参与等方式在 3 个民族县（韶关市乳源瑶族自治县、清远市连山壮族瑶族自治县和连南瑶族自治县）实施

[①] 袁连生，刘泽云．我国义务教育贫困学生资助制度分析[J]．北京师范大学学报（社会科学版），2007（5）：117-124．

营养改善计划。2015年,该计划已扩展到10个地级市和3个试点县,共1239所学校。当年广东省政府将营养改善计划列入年度十件民生实事,将省级试点补助标准由每生每年600元提高到800元,从2016年开始,提高到每生每年1000元。教育的目标是学生德智体美劳的全人发展,学生的营养水平直接影响着学生的身体素质,根据中国疾病预防控制中心营养与食品安全所2014年的监测结果,营养改善计划的成效体现在:学生一日三餐的比例升高,保证每餐都有得吃;学生就餐的质量有所提高,每餐都能吃饱;学生营养状况有所改善,学生身高体重有所增长,贫血率有所下降;学生学习能力有所提高,缺课率下降,平均成绩同比有所提高。[①] 广东省农村义务教育营养改善计划的实施重点已不仅仅是保证学生的膳食营养均衡,更是通过培训宣传强化师生和家长的食品安全意识,通过健康营养知识的学习和不良饮食行为的转化,引导学校、社会、家庭共同为学生营造健康成长的良好氛围。

4. 启动建档立卡学生精准资助工作,实施教育扶贫工程,阻断贫困代际传递

为响应国家扶贫攻坚战,广东省于2016年启动精准扶贫惠民工程,精准资助建档立卡学生,对2016年秋季学期起在校的广东户籍建档立卡贫困户义务教育学校全日制学生实施生活费补助政策。生活费补助标准为每人每学年3000元(每月300元,每学年按10个月计)。2016年建档立卡人数为13.55万人,财政总投入为2.44亿元。建档立卡学生资助增加了贫困家庭子女受教育的机会,让贫困家庭子女都能接受公平有质量的教育。

(四)普通高中阶段

2010—2016年,广东省普通高中国家助学金共资助家庭经济困难高中生138.96万人,各级财政投入资金共计22.91亿元。2010—2016年财政投入资金中,中央财政2.16亿元,占比9%,地方财政20.75亿元,占比91%(如图3-10所示)。2016年开始建档立卡学生免学费和生活费补助,共资助学生2.71万人,资助金额为0.71亿元。

---

① 财政部.吃得好了身体好了学习好了学生营养改善计划取得五大显著成效[EB/OL].(2014-03-12)[2017-09-10].http://www.mof.gov.cn/zhengwuxinxi/caijingshidian/zgcjb/201403/t20140312_1054055.html.

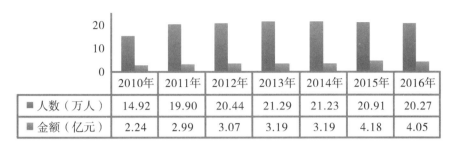

图 3-10　2010—2016 年广东省普通高中国家助学金资助人数及财政投入

1. 资助政策减轻家庭负担，高中阶段毛入学率逐年提升

根据广东教育年鉴数据，高中阶段的毛入学率①由 2007 年的 65.9% 提高到 2016 年的 96.09%（各年度数据如图 3-11 所示），高中阶段教育的普及率稳步提高。2015 年全省高中阶段全日制在校生（含中职教育）380.19 万人，是 2007 年高中阶段（含中职教育）在校生 263.19 万人的 1.44 倍，其中，普通高中在校生 205.4 万人，是 2007 年普通高中在校生 172.43 万人的 1.19 倍。

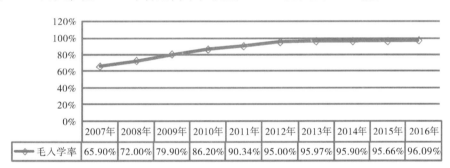

图 3-11　2007—2016 年广东省高中阶段毛入学率

2. 普通高中资助政策趋向普惠式资助，部分发达地区已实现十二年免费义务教育

为推进人力资源强国的发展，2016 年国务院颁布的《国家教育事业发展"十三五"规划》中将普及高中阶段教育作为"十三五"时期教育改革发展的目标之一，而广东省在普及高中阶段教育方面已是走在前列。广东省广州市、深圳市、珠海市、佛山市等市已试行 12 年免费教育。珠海市从 2007 年秋季入学起，将免费教育范围扩大到高中阶段教育，对该市户籍的普通高中、中等职业学校

---

① 数据来源于 2007—2016 年各年度《广东教育年鉴》。

(含职业高中、技工学校)的学生实行免学费政策,初步实现"十二年免费教育"。广州市增城区早在 2010 年已经试行户籍生普通高中免费教育。广州市南沙区于 2012 年春季开始实现区属公办小学、初中、普通高中免费教育,本地户籍与外地户籍学生统一免费。广州市花都区于 2015 年出台普通高中免费教育实施办法,户籍生可以免除学费,并于 2015 年前实现了中职教育全面免费。普及高中阶段教育不仅避免了学生因交不起学费而中断教育,而且有助于全省人力资源的知识水平提升。

3. 善用社会资助资金,设立普通高中奖学金发挥奖优激励作用

在普通高中阶段,从 2008 年开始,广东省宋庆龄奖学金由广东省宋庆龄基金会出资,广东省教育厅和广东省宋庆龄基金会共同设立,用于奖励普通高中品学兼优的学生。奖励比例为高二在校生的 1‰,奖励金额为每生每年 3000 元,2016 年调整为每生每年 1000 元。目前宋庆龄奖学金已进行了八届的评选,每年举行隆重的颁奖仪式,以激励广东省高中学生学习宋庆龄先生的伟大精神和崇高品格,热爱祖国,勤奋学习,注重德、智、体、美全面发展,成为品学兼优的有用之材。

4. 启动建档立卡学生精准资助,全面覆盖家庭经济困难学生

2016 年,出台了《中共广东省委、广东省人民政府关于新时期精准扶贫精准脱贫三年攻坚的实施意见》(粤发〔2016〕13 号)、《广东省扶贫开发领导小组关于印发〈省教育厅等单位贯彻关于新时期精准扶贫精准脱贫三年攻坚的实施意见〉配套实施方案的通知》(粤扶组〔2016〕18 号)、《广东省教育厅、广东省财政厅、广东省人力资源和社会保障厅、广东省民政厅、广东省扶贫开发办公室、广东省残疾人联合会关于做好我省建档立卡家庭经济困难学生精准资助工作的通知》(粤教助〔2016〕5 号)等政策文件,将"率先从建档立卡的家庭经济困难学生开始实施普通高中免除学杂费,在落实现有资助政策的基础上对贫困户子女提供生活费补助"等作为实施教育文化扶贫工程,落实精准扶贫、精准脱贫方略的重要工作。广东省启动精准扶贫惠民工程,精准资助建档立卡学生,对高中教育阶段的建档立卡学生实行免除学杂费、生活费补助政策。免学杂费(不含住宿费)补助标准为普通高中每人每学年 2500 元,生活费补助标准为每人每学年 3000 元(每月 300 元,每学年按 10 个月计)。

(四)中等职业教育阶段

2007—2016 年,广东省中等职业阶段通过实施中职免学费、国家助学金以及建档立卡学生精准资助政策,共资助学生 691 万人,各级财政投入资金共计 141.6 亿元。资助学生由 2007 年的 43.7 万人增长至 2016 年的 84.24 万人,增长了 0.93 倍；资助金额由 2007 年的 3.28 亿元增长至 2016 年的 28.08 亿元，增长了 7.56 倍。其中国家助学金，从 2007 年至 2016 年，全省中等职业学校国家助学金共资助学生 335.75 万人，资助金额 47.66 亿元；中职免学费，从 2009 年至 2016 年，全省中等职业学校学生享受国家免学费政策 353.86 万人，免学费金额 93.69 亿元。（各年度数据如图 3-12、图 3-13 所示）

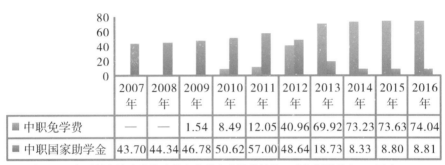

注：2016年开始实施本阶段建档立卡学生生活费补助，当年资助学生1.39万人。

图 3-12　2007—2016 年中等职业教育阶段资助人数（单位：万人）

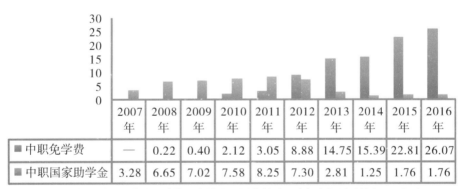

注：2016年开始实施本阶段建档立卡学生生活费补助，当年各级财政投入0.25亿元。

图 3-13　2007—2016 年中等职业教育阶段学生资助财政投入（单位：亿元）

1. 中职免学费资助政策减轻学生辍学风险，推进教育公平，促进社会和谐与稳定

广东省中等职业教育生源呈现农村学生多，城市贫困家庭子女多的特点，贫困学生比例高达 30%。如果没有相应资助政策，许多来自农村以及城市经济困难家庭的孩子将面临失学。这些学生由于年龄小，没有一技之长，若缺少受教育机会，不仅不利于他们将来的生存和发展，而且不利于社会和谐与稳定。根据广东教育年鉴数据，2007年中职在校生为35.56万人，随着2012年中职免学费政策扩大资助范围，农村（含县镇）学生、城市涉农专业学生和家庭经济困难学生（艺术类表演专业除外）都纳入资助范围，中职在校生人数逐年增长并保持在200万人左右。中职阶段资助政策帮助农村及城市家庭经济困难学生都能上得起学，使职业教育真正成为面向人人的教育。中职资助政策吸引许多农村以及城市家庭经济困难的初中毕业生选择就读中职学校；吸引一些因家庭经济困难失学者和已外出打工的青年重返学校，接受中等职业教育。既能够让他们享有平等接受教育的机会，圆了继续读书之梦，又帮助他们掌握一技之长，提供了劳动就业能力，为生存和发展奠定了良好的基础。学生资助政策的实施大大减轻了农民家庭的经济负担，对改善民生、促进教育公平和社会公正、构建和谐社会等发挥了重要作用。

2. 资助管理规范化，资助结果精准化，资助成效获得全国肯定

广东省中等职业教育阶段的资助管理工作注重落实精准资助、精细管理和精心服务的"三精"要求。广东省教育厅先后于2013年印发《广东省中等职业教育学生资助管理工作经费管理办法》（粤财教〔2013〕204号），2014年印发《广东省中等职业学校国家助学金管理办法》（粤财教函〔2014〕111号），为中等职业教育阶段资助政策的落实，明确组织管理、资金分担等实施细则；2015年制定了《广东省中等职业教育资助工作管理规范》，2016年对资助管理规范中的部分内容进行细化，将申请流程、档案管理、财务管理等要求模板化，要求各中职学校将资助工作责任落实到人，做到流程化、简单化、科学化。上述资助管理制度化、工作要求规范化措施为广东省中等职业资助精准化发展奠定了坚实基础。

2016年6月底，由教育部职业教育与成人教育司和全国学生资助管理中心组成的联合调研组，实地调研湛江市、茂名市、佛山市中职学生资助政策落实情况。调研组充分肯定了广东省在中等职业教育学生资助工作中取得的成绩。在实地调研的现场抽查中，广东省佛山市顺德北滘职业技术学校学籍库、基础数据库和资助信息库能做到及时更新，三个数据库名单完全统一，实现零误差，受到联合调研组的高度评价。2016年12月，教育部在广东省顺德召开全国中职精准资助经验现场推介会。参会人员到顺德北滘职业技术学校、陈村职业技术学校进行现场观摩。学校从资助管理机制建设、责任到人、流程规范、资助资金及档案标准化管理，全方位展示了"学生佐证材料零误差""基础信息零误差""学籍系统中在校学生人数零误差""受助学生对象认定零误差""受助学生数据录入零误差""资助资金发放零误差""两系统之间数据同步零误差"等七个精准资助工作的具体做法，得到教育部充分肯定及参会代表的高度赞扬。

3. 服务于广东经济社会发展,为广东省实现从人力资源大省向人力资源强省转变发挥重要的推动作用

广东省中等职业教育持续多年保持在校生数、当年招生数、校均规模、就业率、技能鉴定人数、教学科研成果、全国性技能竞赛获奖名次和获奖数目、高技能人才培养量等综合指标位居全国前列。① 中等职业教育阶段通过免学费、顶岗实习等方式让学生上得起学,零距离上岗,让来自贫困家庭的学生也能享有人生出彩的机会。通过顶岗实习、合作办学等方式,学校和企业共同培育专业技术人才的发展,实现了专业与产业对接,为广东省地区经济发展输送了一批又一批的高素质、高质量的技术技能型人才。②

(五) 高等教育阶段

本专科阶段:

2007—2016 年,广东省高等教育本专科阶段累计资助学生 279.06 万人,各级财政累计投入 78.73 亿元。资助学生由 2007 年的 18.19 万人增长至 2016 年的 34.5 万人,增长了 0.9 倍;资助金额由 2007 年的 4.24 亿元增长至 2016 年的 11.32 亿元,增长了 1.67 倍。

2007—2016 年普通高校学生资助金额中,中央财政投入 13.55 亿元,占比 17.21%;地方财政投入 65.18 亿元,占比 82.79%。

十年间高等教育本专科阶段学生资助财政投入如图 3-14 所示,各年度资助金额见表 3-3。

国家奖学金。2007—2016 年,广东省高等教育本专科阶段各类奖学金累计奖励学生 41.23 万人,奖励金额约 21.18 亿元。其中,国家奖学金奖励学生 1.87 万人,奖励金额约 1.5 亿元;国家励志奖学金奖励学生 39.36 万人,奖励金额约 19.68 亿元。

国家助学金。2007—2016 年,广东省高等教育本专科阶段各类助学金累计奖励学生 174.44 万人,资助金额约 46.47 亿元。

国家助学贷款。2007—2016 年,全省高等教育本专科阶段国家助学贷款(含校园地国家助学贷款和在学生户籍所在地办理的生源地信用助学贷款)累计发放学生 57.68 万人,国家助学贷款贴息补助共约 6.3 亿元。

---

① 中商情报网. 2012 年广东省职业教育发展现状分析 [EB/OL]. (2013-01-11) [2017-09-17]. http://www.askci.com/news/201301/11/111482154748.shtml.

② 陶红,王玉婷. 广东省中等职业教育区域均衡发展研究 [J]. 职业技术教育,2014 (34): 48-52.

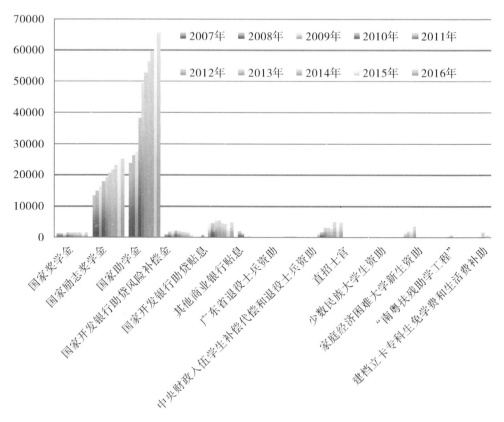

图3-14 2007—2016年高等教育本专科阶段学生资助财政投入（单位：万元）

表3-3 2007—2016年广东省普通高等教育本专科阶段学生资助金额

（单位：万元）

时间 内容	2007年	2008年	2009年	2010年	2011年	2012年	2013年	2014年	2015年	2016年
国家奖学金	1350.00	1384.00	1406.40	1462.40	1506.40	1545.60	1552.00	1578.40	1568.00	1615.20
国家励志奖学金	13422.00	14894.50	16252.00	17939.00	19295.50	20766.50	21764.50	23070.50	24260.50	25150.00
国家助学金	23792.00	26407.20	27607.80	38253.45	49501.55	52825.20	56542.65	59605.65	64506.00	65688.90
国家开发银行助贷风险补偿金	1032.80	1700.84	2076.59	2336.67	2122.00	1879.00	1721.31	1582.49	1443.98	—

续上表

时间 内容	2007年	2008年	2009年	2010年	2011年	2012年	2013年	2014年	2015年	2016年
国家开发银行助贷贴息	830.98	3576.68	4237.25	4627.44	5342	5648.81	4678.52	4348.98	4018.97	4900.00
其他商业银行贴息	1936.91	1263.23	323.85	281.12	124.18	185.32	182.99	180.19	176.79	225.00
广东省退役士兵资助	—	83.00	176.40	294.00	469.00	392.00	479.50	206.50	498.40	912.10
中央财政入伍学生补偿代偿和退役士兵资助	—	—	1536.88	1761.45	3470.40	3180.09	2733.57	5116.92	4091.00	4829.00
直招士官	—	—	—	—	—	—	—	—	—	164.00
少数民族大学生资助	—	—	—	—	—	—	1230.00	2052.00	3196.00	3731.00
家庭经济困难大学新生资助	—	—	—	—	—	—	—	—	666.67	846.43
"南粤扶残助学工程"	—	—	—	—	—	—	—	—	545.00	652.00
建档立卡专科生免学费和生活费补助	—	—	—	—	—	—	—	—	—	4489.20
合计	42364.69	49309.45	53617.17	66955.53	81831.03	86422.52	90885.04	97741.63	104971.31	113202.83

研究生阶段资助：

2012—2016年，广东省研究生国家奖学金、学业奖学金和国家助学金资助研究生15.93万人，累计资助金额10.24亿元。其中2014—2016年研究生国家助学金资助12.14万人，累计发放6.53亿元；2013—2016年研究生奖学金资助3.79万人，累计发放3.71亿元。

1. 逐步完善高等教育阶段资助政策，减轻困难家庭负担，有效助力教育发展

2016年广东省普通高校149所，全日制在校生（含本专科与研究生阶段）

高等教育毛入学率35.1%[①]，而2007年全省高等教育的毛入学率为25.6%[②]，十年间提高了9.5个百分点。

2007年至今，广东省高等教育阶段已建立了包括"奖、助、贷、补、免、减"等多位一体的资助体系，并且积极落实精准扶贫、教育脱贫方略，于2016年更是启动建档立卡学生精准资助工作，对高等教育专科阶段建档立卡学生实行免除学杂费，实施生活费补助政策。当年精准资助建档立卡学生0.62万人，财政总投入0.45亿元。综合现有的资助政策，本专科生人均政府资助达到1.3万（含助学贷款），占生活成本的86.7%。博士、硕士研究生人均政府资助达到1.8~2.2万元，占生活成本的100%。对于家庭经济困难学生而言，现有的资助能够减轻家庭经济负担，保证学生接受公平教育的机会。广东省高等教育阶段资助政策不仅保障了合理的资助标准，还保障了较为稳定的资助覆盖面，高等教育（含本专科生与研究生）阶段学生资助覆盖面每年都保持在20%左右（各年度数据见表3-4）。

表3-4　2007—2016年高等教育（含本专科与研究生）阶段资助学生人数与占比

年份	在校生总人数	资助学生人数	资助学生占比（%）
2007年	1031825	181944	17.63
2008年	1053976	220074	20.88
2009年	1251975	248882	19.88
2010年	1295978	276306	21.32
2011年	1440701	285382	19.80
2012年	1489242	294368	19.77
2013年	1580339	295285	18.69
2014年	1651750	363094	21.98
2015年	1706604	378651	22.19
2016年	1757498	405917	23.10

注：资助学生占比是指资助学生人数占在校生总人数的比例。

---

① 数据来源于广东省统计年鉴和广东省教育厅统计数据。
② 数据来源于《2007年中国教育统计年鉴（广东部分）》。

2. 高校贫困生认定,从模糊认定向科学量化方向发展

高校贫困生问题一直以来都备受国家和社会的关注,特别是在2007年国务院出台《国务院关于建立健全本科高校高等职业学校和中等职业学校家庭经济困难学生资助体系的意见》(国发〔2007〕13号),系统建设学生资助体系以来,贫困生的认定工作更显出重要性,贫困生的认定程序是否具有科学性、公平性和可操作性,直接影响了资助精准度。高校贫困生的认定具有一定的难度,存在认定标准模糊、认定标准差异显著、认定材料可信度不高、名额有限导致分配不均、评议过程存在争议以及主观因素影响等问题。[①] 广东省在各项资助政策中明确资助对象认定标准,各高校落实政策要求,除了根据学生提交的"广东省家庭经济困难学生认定申请表"及相关证明,同时结合学生本人在学校、班级、宿舍的生活、消费水平、交往等综合表现,进行综合评定。部分高校更是在广东省认定标准的基础上细化家庭经济困难学生的认定标准。因此,在具体操作中既要有硬性指标量化界定,又要有柔性评价、人本管理,多管齐下、"软硬兼施"、共同作用。广东省教育厅更是率先制定家庭经济困难学生认定办法,结合全省实践,研究出台《广东省家庭经济困难学生认定工作指导意见》,进一步推动认定工作的科学化、精准化发展。

3. 资助育人成效明显,涌现出一批资助成才典型

家庭经济困难学生不仅承受着巨大的经济压力和生活压力,而且也承受着因物质匮乏所带来的精神压力。做好高校资助育人工作,不仅是合理有效配置社会资源,保障贫困生平等受教育权的体现,更能够为国家培养优秀的人才。[②] 广东省在高校资助工作中把对家庭经济困难学生进行感恩教育,培养学生社会责任感作为资助育人工作的重要内容。在资助育人工作中注重学生的隐私和自尊,以学生的健康心理成长为首要目标,不做强制性的感恩教育,也不让学生因受资助而感到有心理负担,这是学生资助"广东模式"以人为本、精心服务的重要体现。通过多年的资助育人工作,一方面,通过开展实践活动,全面提升学生素质和能力。各高校通过勤工助学、社会实践、见习实习等不同形式的活动,着力培养家庭经济困难学生的实践能力。另一方面,以公益活动为媒介引导学生传递爱心、回报社会,积极组织开展义务支教、社区服务、环境保护、义务宣传等公益活动。2013年和2015年广东省共举办了两届"国家资助 助我飞翔"立志成才优秀学生典型评选活动,共有4名同学被教育部评选为全国"国家资助 助我飞

---

① 李小鲁. 高校贫困生资助新视野[M]. 广州:广东高等教育出版社,2000:81.
② 赵贵臣,刘和忠. 试析高校学生资助体系的育人功能[J]. 黑龙江高教研究. 2010(1):132 - 134.

翔"励志成长成才优秀学生典型，200 名被评选为省级励志成长成才优秀学生典型。

4. 发挥资助政策引导作用，调整专业人才结构

广东省学生资助政策体系发挥了较好的引导作用。首先，广东省的资助政策通过优化资助名额和资金分配机制，向以农林水地矿油核等学科专业为主的高校倾斜，培育国家亟需农林水地矿油核等专业人才。根据广东省教育厅近4年来发布的高校毕业生就业质量年度报告可知，广东省高校在农、林、水、地、矿、油等专业的毕业生人数稳步增长，而且毕业率也高于毕业生平均就业率，特别是农学类专业，在本科就业率中持续四年位居前三，而专科的农林牧渔大类和水利大类的就业率也保持在96%以上。（详见表3-3）其次，通过实施高校毕业生学费补偿和国家助学贷款补偿政策，引导高校毕业生到艰苦地区基层单位就业，促进我国人才资源的合理分布。广东省基层就业人数逐渐增加，2013 年广东省基层就业人数为33.01 万人，2016 年基层就业人数增加到40 万人，增幅为17.5%（详见表3-5）。最后，引导高校毕业生应征入伍服义务兵役，提高兵员征集质量，推进国防和军队现代化建设。

表3-5 2013—2016 年广东省普通高校农、林、水、矿、油专业毕业生就业情况①

年份	2013	2014	2015	2016
本科农学类就业率（%）	97.52	94.19	95.37	96.00
本科农学类就业率排名	1	3	2	1
专科农林牧渔类就业率（%）	—	97.89	97.14	98.57
专科水利大类就业率（%）	—	98.48	99.08	99.78
基层就业人数（万人）	33.01	35.62	39.00	40.00
专科农林牧渔毕业生人数（人）	772.00	1282.00	1853.00	—
本科农学类毕业生人数（人）	2705.00	2874.00	2829.00	—

5. 勤工助学有效助困，融合学生的创业教育与素质教育

在普通高校的各项资助工作中，勤工助学工作有较好的发展趋势，不仅表现在参与人数和资助标准的提升，在参与方式上也有更多的创新和发展。学生资助

---

① 数据来源于2013—2016 年广东省教育厅发布的各届《广东省高校毕业生就业质量年度报告》。

"广东模式"发展的这十年,勤工助学得到各高校的充分重视,保障制度也日趋完善,各高校基本建立了勤工助学管理服务机构,制定了一系列规章制度,建立了勤工助学基金,设立了一些校内外相对固定的勤工助学工作岗位,为大学生勤工助学的正常开展提供了条件。普通高校提供的校内外勤工助学岗位形式丰富,也积极联合校外企业,为学生创造更多的实习、就业机会。勤工助学在高校学生中也颇受欢迎。根据广东省教育厅2010年的调查结果,有88.3%的学生认为"贫困生在校期间应参加勤工助学活动"。十年的探索发展,部分高校更是在勤工助学方面形成特色品牌项目,如广东省外语外贸大学依赖"专业化、市场化、实体化"的企业创业模式创建了云山咖啡屋、创业园等20多个"云山"品牌系列勤工助学实体,搭建大学生勤工助学和创业实践相结合的育人平台。广东医学院(现广东医科大学)通过在图书馆中建立塔形管理模式,对勤工助学学生进行有效管理,有效地为学生提供了可以兼顾工作和学业,增强学生就业能力的勤工助学岗位。[①]

第二节 综合影响

2007—2016年,广东省委、省政府高度重视家庭经济困难学生资助工作,建立完善资助政策体系,不断加大财政投入,提升学生资助水平,全省各阶段学生资助工作稳步高效落实。经过十年的发展与完善,学生资助"广东模式"秉承资助育人、立德树人的理念,通过推进学生资助工作,改变了家庭经济困难学生的命运,优化了人才结构,促进了教育事业的发展,不断推进全面小康。下文将从学生助困、人才培养、教育发展和社会发展四个方面分析学生资助"广东模式"所取得的成效。

一、改变学生命运

我国自古以来便尊师重教,"知识改变命运"更是长久以来社会主流价值观。教育不仅关乎学生的个人命运,亦关系到其所在家庭的命运。教育被视为社会公平与正义的基础。教育为社会不同阶层提供向上流动的通道,即使是处于底层的民众获得同等的教育机会后,也可能依靠教育改变命运,继而实现阶层流

---

① 贾国洁. 塔形管理模式的应用——广东医学院图书馆流通部勤工助学管理模式典例 [J]. 2016 (7): 139-142.

动、提升收入等。资助政策对学生命运的影响与改变,主要从经济助困、资助育人、心理帮扶以及能力提升四个方面改变学生因家庭贫困而导致的不利处境,通过持续的教育资助、心理帮扶和能力建设,最终达到扶困助学、立德树人、投身中国梦的资助目标。

(一)经济资助保障受教育权利

尽管我国不断推动教育发展,为适龄学生提供受教育机会,但也有一些社会成员因家庭经济困难或处境不利而无法获得教育机会。家庭贫困的原因,一部分源于地域贫困,部分地区产业发展滞后,就业机会不足,缺乏致富渠道;另一部分属于理念能力致贫,因为教育跟不上,观念落后,不具备劳动致富所需的知识和技能,没有脱贫的信心、技能和动力。而后者作为主观原因是可以通过个人的主观能动性和教育实现改变,因此,发展教育是有效脱贫的重要途径。[①] 学生资助工作无疑是教育脱贫中的一个重要举措。学生资助工作为家庭经济困难学生提供教育资金与资源的支持,使得贫困学生可以享受同等的教育机会,保障了贫困学生通过接受教育改变自身状况的机会与权利。

(二)资助育人实现立德树人

学生资助工作是践行社会主义核心价值观,是"以人为本、执政为民"理念在教育工作中的具体体现,是实现长治久安、建设社会主义和谐社会的本质要求,更是保障和改善民生、建设幸福广东的重要举措。立德树人乃资助工作的灵魂,学生资助"广东模式"并不只是经济资助层面,还与育人工作有机结合,达到"经济上帮助学生、精神上鼓励学生、能力上锻炼学生"于一体。

广东省各地各校通过诚信教育、感恩教育、励志教育和社会责任教育等方式,开创了典型的资助育人项目,培养了优秀杰出的学生。(详见附录四《广东省学生资助特色典型与做法一览表(2007—2016年)》) 如中山市教育局提倡"助学兼顾育人",从2005年至今,为受助学生提供实习机会,让他们参与政策宣讲等扶困助学工作,在提供经济资助的同时,关注受助学生各方面发展,向全体受助学生提出"三个学会"的号召,即"学会知识,学会沟通,学会感恩";在寒暑假期间,中山市教育局会组织受助学生参加市助学办、热心单位举行的座谈会、见面会等活动,平时也通过书信、电子邮件等形式保持沟通与交流。从2010年到2016年,中山市教育局已经召开了239次座谈会和考核与见面会,参会的大学生累计2429人次。中山市教育局"助学兼顾育人"的做法,一方面减

---

① 朱之文. 扎实推进教育脱贫着力阻断贫困代际传递 [J]. 行政管理改革. 2016(2):4-10.

轻了受助学生家庭经济的负担，另一方面也鼓舞家庭困难学生的学习斗志，在精神上给予关怀和鼓励。

（三）心理帮扶推动全人发展

受经济方面的影响，多数家庭经济困难学生在人际交往方面较为内向，不太容易融入同学圈子。他们普遍存在自信心不足、自卑、焦虑甚至偏执的情况，若不及时调整，不利于学生发展自身能力，影响未来就业与社会生活。十年间，广东省各地各校的学生资助工作越来越关注家庭经济困难学生的心理健康，在资助过程中注重加强心理引导，深入了解学生的思想、学习、生活状况，为学生制订个性化帮扶方案。同时，采取心理健康普查、个别咨询、团体活动、交心谈心、开设课程等方式，培养学生健康向上的心态，增强其经受考验、承受挫折的能力，减轻他们在学习、生活和就业上的心理压力，促进其健康成长。部分地市、高校在中秋节、新年等传统假日，发放月饼、生活用品、慰问卡等，举办茶话会、联欢会等活动，同时以此为契机，疏导学生心理，使学生感受到学校细致入微的关爱，切实促进学生的全人发展。

（四）能力建设提升就业能力

广东省学生资助在实施经济助困、资助育人以及心理帮扶的同时，注重发展学生综合能力、就业能力，为学生改变自身生活状况做好充足的能力准备。如广东省中等职业教育阶段通过校企结合的模式和顶岗实习的方式，为中职学生提供了上岗锻炼的机会，增强学生的就业能力，从"输血"型的资助向"造血"型的资助转变。高等教育阶段也以勤工助学的资助方式，让困难家庭学生能够通过自己的劳动获得经济收入，同时也在工作的过程中提前了解社会需求，增强就业技能。如广东省外语艺术职业学院自2013年以来对勤工助学进行职业化管理，该校自上而下，全面统筹，以课程为依托，制定相关规章，创新勤工助学活动的模式，严格规范流程，坚持通过全院性的上岗培训、各部门面试竞聘的标准，开展勤工助学活动，并聘用学校公共管理和人力资源管理专业学生团队承担招聘工作，力图全方位提升家庭经济困难学生的就业核心能力。该校通过勤工助学职业化管理，让学生通过勤工助学提前进入职场环境，体验生活和职场要求。通过岗前培训、面试竞聘、岗位工作、考核总结等环节，提前了解职业规范，树立职业意识；同时在了解社会、服务社会中，激发学生社会责任感，提高社会适应能力和自身职业素养，提升就业竞争力，有效加快家庭经济困难大学生的社会化进程。

二、优化人才结构

从本书第一章的分析可知，广东省经济发展水平逐年提升，随着产业结构转型升级，对技能型、创新型人才需求日益增长。人才结构对经济社会发展有着至关重要的作用。根据周青的观点，所谓人才结构是指在一定的时空范围内，社会的就业人员在数量、程度、工种等方面的比率。[①] 人才结构与用人需求匹配时对社会生产力产生增值效应。反之，随着经济社会的发展，人才结构的"金字塔"也会呈现"水涨船高"的态势[②]，也就是说人才的教育程度和技能水平也会相应提升。

广东省2016年的经济总量达到79512.05亿元[③]，已经连续16年蝉联全国GDP第一位。（如图3-15、表3-6所示）"十二五"时期，广东省农业保持稳定，工业发展速度有所下调，而随着经济发展水平的提高，对生产性和生活性服务的需求不断扩大，服务业在国民经济中的地位不断上升，服务业成为广东经济第一大产业。2013年，广东第三产业现价增加值占地区生产总值的比重上升到48.8%，超过第二产业成为经济发展的支柱型产业，提早两年实现广东省国民经济与社会发展"十二五"的规划目标。2015年，第三产业比重继续提升到50.6%，三次产业结构调整为4.6∶44.8∶50.6，第三产业的比重首次超过50%，广东省三大产业"三二一"发展格局基本形成。[④] 由此可见，广东省近十年的GDP水平逐年提升，第三和第二产业的增加值相对较高，对第三产业和第二产业的人才需求显著增加。

人才的培育离不开教育，广东教育以"创强争先建高地"为目标，在十年的发展过程中取得了不凡的成绩，而学生资助作为重要的一环，更是为保障家庭经济困难学生受教育权利，提高成才机会发挥了重要作用。学生资助"广东模式"的具体实践一方面提高了广东省各教育阶段学生的入学率与就业率，使得更多学生享受教育机会，培养更多新世纪人才；另一方面，学生资助政策发挥导向作用，促进教育服务于社会人才需求和发展。

[①] 周青. 普及高中教育建构合理化人才结构［J］. 科技咨询导报，2007（12）：235–237.
[②] 周青. 普及高中教育建构合理化人才结构［J］. 科技咨询导报，2007（12）：235–237.
[③] 广东统计信息网. 2016年广东国民经济和社会发展统计公报［EB/OL］.（2017–03–06）［2017–09–30］. http：//www.gdstats.gov.cn/tjzl/tjgb/201703/t20170308_358320.html.
[④] 广东省统计信息网. 向全面小康奋进的五年——"十二五"时期广东经济社会发展综述［EB/OL］.（2016–08–16）［2017–10–10］. http：//www.gdstats.gov.cn/tjzl/tjfx/201608/t20160817_342271.html.

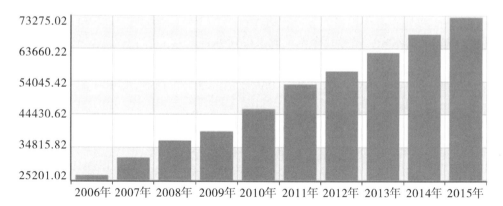

图 3-15　2006—2015 年广东省地区生产总值（单位：亿元）

表 3-6　2008—2015 年广东省三大产业和人均生产总值

指标	2015 年	2014 年	2013 年	2012 年	2011 年	2010 年	2009 年	2008 年
地区生产总值（亿元）	72812.55	67809.85	62474.79	57067.92	53210.28	46013.06	39482.56	36796.71
第一产业增加值（亿元）	3345.54	3166.82	2977.13	2847.26	2665.20	2286.98	2010.27	1973.05
第二产业增加值（亿元）	32613.54	31419.75	28994.22	27700.97	26447.38	2314.53	19419.70	18502.20
第三产业增加值（亿元）	36853.47	33223.28	30503.44	26519.69	24097.70	20711.55	18052.59	16321.46
人均地区生产总值（元/人）	67503.00	63469.00	58833.00	54095.00	50807.00	44736.00	39436.00	37638.00

（一）资助政策多措并举，大幅提升各教育阶段入学率，助推人力资源强省建设

学生资助"广东模式"从学前教育到研究生教育阶段全面覆盖，免学费、助学金和奖学金等资助政策多措并举，各教育阶段入学率大幅上升，有效提升全省受教育人口比例，有力促进建设人力资源强省的战略落实。2007 年至今广东省各教育阶段的入学率有了明显的提升，具体如下：

学前教育在园幼儿从 2011 年的 300 万人增加到了 2014 年的 339.43 万人，2016 年广东省学前教育毛入园率达到 100.97%。

义务教育阶段，2014年小学学龄儿童净入学率达到99.99%，2015年继续保持接近100%的水平，义务教育普及成果得到巩固。

高中阶段（含中职教育），2007年年底高中阶段教育毛入学率是65.9%，2016年高中阶段教育毛入学率达到96%，比2007年提高30.1个百分点，比2010年提高9.89个百分点。

高等教育快速发展得到保障，2007年高等教育毛入学率为25.6%，2016年高等教育毛入学率达到35.1%，比2007年提高9.5个百分点。[①]

由以上分析可知，广东省已基本普及学前教育和义务教育，高中教育也达到了较高普及水平，高等教育大众化程度不断提升，为广东省落实建设人力资源强省战略做出了积极推动。

（二）发挥资助政策导向作用，加大紧缺人才培养，服务经济社会发展

学生资助"广东模式"紧密联系经济社会发展人才需求，通过发挥政策导向作用，引导适龄学生就读有需要专业，提升中职、高职、高等教育院校对技能型、创新型人才的培养力度，提高人才对口输出效率。广东省最早从1999年开始探索中等职业教育资助，2007年系统构建学生资助体系以来，该阶段资助工作一直走在全国前列，建成了全国最大规模的职业教育体系。广东省中等职业教育的发展，与广东省作为我国改革开放最早的省份之一，拥有经济综合实力居全国前列的发展水平相匹配。但是长久以来，尽管作为职业教育大省，广东省在劳动力供求结构方面的矛盾仍较为突出，中高等技能型人才依然短缺。[②] 为此，广东省在中等职业教育阶段除了通过实施国家助学金和免学费等资助措施保障职业教育的发展，同时也通过校企结合和工学结合的方式培养技术型人才。

广东省面向社会、面向市场，加快发展紧缺人才专业，中等职业学校毕业生深受企业和劳动力市场的欢迎，首次就业率连续多年保持在96%以上，2007年就业率高达96.8%，全省中等职业学校22.15万名毕业生，其中18万名毕业生服务于第二、三产业，80%输送到珠三角地区就业，支持了珠三角地区的经济发展。从表3-7可知，广东省就业总量不断扩大的过程中，第二、三产业的就业需求比重不断升高，而第一产业需求比重逐年下降。广东省学生资助政策的教育阶段全覆盖让更多的学生有机会接受高等教育和职业教育，不仅加大了技能型人

---

① 数据来源于广东省统计信息网。
② 刘海莹. 广东省中等职业技术教育的现状与发展对策［D］. 武汉：华中师范大学，2012.

才的培养力度，也通过资助政策的引导功能大力培养紧缺型人才，促进经济社会发展。

表3-7　2000—2010年广东省按三次产业分的年底就业人员比重①

年份 项目	第一产业（%）	第二产业（%）	第三产业（%）
2000	41.1	26.2	32.7
2001	40.0	27.3	32.7
2002	39.6	26.7	33.7
2004	35.7	39.1	35.2
2005	32.9	30.7	36.4
2007	29.2	33.6	37.2
2008	28.3	33.4	38.2
2010	25.7	34.9	39.4

（三）实施应助尽助，保障人才培养，强化教育智力支撑作用

学生资助"广东模式"在保障基础教育资助水平的同时，也根据地区产业结构升级和创新驱动需求，为适龄学生创造更多接受高等教育的机会，人才受教育程度和知识技能水平不断提升。2007年至今学生资助"广东模式"精益求精，力求做到"应助尽助"，全面完善了学生资助体系，特别是在高等教育阶段，已建立了完善的资助系统。高等教育本专科阶段，2007—2016年累计投入资助金额78.73亿元，累计资助学生279.06万人。2012—2016年，研究生阶段累计投入资助金额10.24亿元，累计资助学生15.93万人。2007—2016年，广东省高校毕业生人数成逐年递增趋势，2016年的广东省高校毕业生人数达到了53.4万人，是2010年的1.53倍（如图3-16所示）。高校毕业生的增加意味着有更多的人能够接受高等教育，高等教育人才输出有助于人才结构的调整，而人才结构是对产业结构调整的智力保证和支撑，有助于经济转型升级发展。

---

① 曹卉. 广东省高校毕业生就业情况和影响因素分析[J]. 现代商业，2015（11）：272-274.

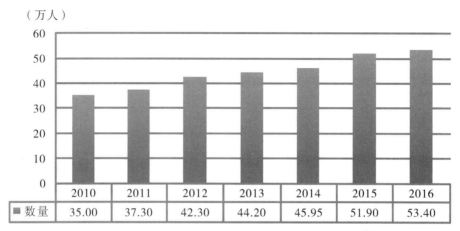

图3-16 2010—2016年广东省普通高校毕业生数量①

三、促进教育事业发展

本书第一章已分析2007年以前广东省经济社会发展不平衡的状况导致了部分地区教育相对落后,教育事业发展不充分,教育公平难以保障的情况。在过去的十年,广东省积极落实国家学生资助政策,构建了多维立体的学生资助体系,为广东省教育"创强争先建高地"做出了重要贡献,也为教育的协调发展和共享发展创造了有利的条件。2016年,广东省建成教育强镇1574个、教育强县(市、区)132个、教育强市20个,覆盖率分别为99%、99%、95%。珠三角地区教育现代化先进县(市、区)和先进市分别为42个和7个,覆盖率分别达86%和78%②。学生资助工作不仅在横向上促进教育政策的优化和教育质量的提升,也从纵向上推动了教育的地区均衡发展和教育规模的扩大,有效地促进了教育事业的发展。

(一)均衡教育资源分配,降低地区教育发展不平衡程度

从第一章广东省学生资助工作面临的现实情况可知,广东省区域之间发展不平衡,珠三角地区占据了全省GDP近80%的比重,粤东西北经济发展水平上则较为薄弱,甚至集中了全省的贫困人口。

---

① 数据来源于广东省教育厅2010—2016年各年度《广东省大学毕业生就业报告》。
② 广东招生信息网.2017年广东省教育工作会议在广州召开[EB/OL].(2017-01-13)[2017-09-30].http://www.gdzsxx.com/news/jy/201701/112282.html.

1. 重点加大欠发达和少数民族地区的资助力度

广东省学生资助政策体系在各教育阶段均注重对粤东西北欠发达地区和少数民族地区的倾斜与扶持。十年来,广东省义务教育阶段农村家庭经济困难及少数民族地区寄宿制民族班学生生活费补助累计投入26.36亿元,共资助了993.64万名学生。从2012年秋季学期开始,广东省在3个民族县(韶关市乳源瑶族自治县、清远市连山壮族瑶族自治县和连南瑶族自治县)开展农村义务教育学生营养改善计划试点工作,补助资金全部由省财政承担,补助标准与国家相同(2015年随国家同步提高标准),并鼓励各地自行出资开展试点。营养改善计划切实体现了党和国家对农村学生的健康成长的关心,解决省内经济不发达、贫困面较大、贫困程度较深的地区学生的吃饭问题和身体健康问题,促进全民健康可持续发展。2012—2016年政策实施5年来,广东省农村义务教育学生营养改善计划省财政补助经费累计支出1.81亿元。省级试点县实施营养改善计划的学校约180所,小学154所,初中26所。每年补助学生约3.3万人,其中小学生2.3万人,初中生1万人。

2. 对口帮扶,促进地区协调发展

从2016年起,响应国家的扶贫攻坚战,广东省通过建立"6+12"对口帮扶模式,推进精准扶贫,从而促进教育的精准资助。珠三角6市对口帮扶粤东西北12市,建立精准扶贫对口帮扶关系,从产业对接、文化旅游、教育医疗、人才培养等方面深化合作,全面推进广东省的区域协调发展。其中广州市对口帮扶梅州、清远市,深圳市对口帮扶河源、汕尾市,珠海市对口帮扶阳江、茂名市,佛山市对口帮扶湛江、云浮市,东莞市对口帮扶韶关、揭阳市,中山市对口帮扶肇庆、潮州市。从教育资助的角度看,对口帮扶能够从区域协调发展角度解决好教育发展区域不平衡问题,减轻经济欠发达地区的教育财政分担压力,为贫困地区引入更多的优质教育资源,共谋区域协调发展,共享教育发展成果。[1]

(二)学生资助规范管理促进教育资源的规范管理

学生资助"广东模式"经过了十年的发展,在家庭经济困难学生认定、资助流程和资助管理等方面已形成了一系列规范化标准。特别是在学前教育阶段和中等职业教育阶段的资助管理规范方面,已在全国树立典型并在全省范围内推广实施。2016年,顺德北滘职业技术学校、陈村职业技术学校在全国中职精准资助经验交流会上用"零误差"、学籍库与基础数据库和资助信息库"三库"统一

---

[1] 凤凰财经. 珠三角6市对口帮扶粤东西北12市广东:"6+12"推进精准扶贫[EB/OL]. (2016—11—09)[2017-10-10]. http://finance.ifeng.com/a/20161109/14994609_0.shtml.

的杰出资助工作经验,说明了如何通过中职资助的规范化管理确保精准资助每一位学生。

另外,关于家庭经济困难学生的认定也逐渐清晰细化,形成了精准的认定标准。广东省教育厅研究出台《广东省学生家庭经济状况评估指导意见》,并广泛征求地市教育局、各高校和有关省直部门的意见,计划于2017年实施。另外,广东省还将以该指导意见为基础开发"广东省家庭经济困难学生认定信息管理系统",实现困难学生认定的统一规范、智能认定。2016年,该信息系统已由13所高校进行试点测试工作,2017年4月将继续试点,并于暑假前后全省上线应用。此后,广东省教育厅将按照系统认定的结果分配名额,自下而上、按需分配,正实现"精准滴灌"的要求,不同于以往自上而下、按在校生人数比例分配名额的方式,对以往实行的资助名额安排方法做出较大的调整。这种做法更有利于学生的精准资助,同时通过信息化的手段让资源的配置更加合理高效。

(三)全面构建教育阶段全覆盖、公办民办全覆盖、家庭经济困难学生全覆盖的资助体系,提高办学效率

截至2016年底,广东省各级各类民办学校共计1.44万所,占全省学校总数的43.96%,在校生规模占全省在校生总数的30.30%,占全国民办教育在校生总数的七分之一。[①] 民办教育发展环境不断优化,发展质量逐步提升,已成为推动广东省教育事业改革与发展的重要力量。民办学校能否成功办学取决于招生人数的多少。相比于公办学校,民办学校因价格较高、师资未有保证、缺乏名气等难以吸引生源。学生资助工作通过覆盖资助民办学校的家庭经济困难学生,让困难学生有了更多可选择的就学机会,在一定程度上增加了民办学校的学生数量,减轻了民办学校的经费负担,提高了民办学校的办学率。从本书第二章学生资助"广东模式"的发展历程分析可知,十年来广东省学生资助资金投入以省级分担资金为主,也就是说,省级财政资金担负了大部分家庭经济困难学生的学费和生活费补助经费。大力度的学生资助资金投入能够有效地消除学费拖欠,降低学校的办学风险。另一方面,在高等教育阶段,近年来广东省教育厅积极推进生源地信用助学贷款,降低了高校在校园地助学贷款办理过程中存在的拖欠贷款的风险,也是促进学生积极贷款,确保高校学费及时到位的有力措施。

---

① 今日头条. 全国看广东,广东看深圳:看经济最发达省市如何撬动民办教育[EB/OL]. (2017 - 09 - 04)[2017 - 09 - 30]. www.southcn.com/news/gdnews/sz/gdfp/zlfp/200510210176.htm.

（四）有效促进教育共享发展，推进社会公平正义

教育的共享发展从能够为全体国民提供优质均衡的教育资源，保障教育事业的公平公正；学生资助"广东模式"十年间从教育资源共享和成果共享两方面有效地促进了教育共享。

1. 共享教育资源

教育公平是对教育横向结构的地区之间、地区内部的学校之间，以及教育纵向结构的各级各类教育之间的教育资源，尤其是优质教育资源的均衡配置。其为学生提供均等教育机会和条件，保障每位受教育者享受平等的受教育权利，使每位受教育者获得发展。在广东省学生资助工作十年（2007—2016年）社会满意度调查问卷中，85%以上的同学或家长在问卷中表示学生资助能够降低贫困家庭的经济负担，减少其经济压力。在问卷中摘录的部分学生或家长对广东省十年学生资助工作的评价包括：

> 给贫困生带来了生活费补助，减少压力；请把善事继续办下去，给有困难的人减少负担。
> 让学生们有更好的学习环境，让更多贫困生享受到更好的教育。
> 资金上的鼓励，让学生们受到更好的教育。这份工作很棒。
> 贫穷学生基本可以继续学业，减轻贫穷家庭的经济负担，有利于学生放飞梦想，追逐梦想。

从这些评价中可见广东省学生资助工作保证了贫困学生能够获得平等的教育资源，通过资助共享，减轻困难家庭的经济负担，使经济困难学生安心完成学业，追求梦想。除此之外，广东省也是全国流动人口最多的省份之一，通过实施积分入学政策和政策性借读，促使流动儿童能够在流入地接受教育，实现教育资源的共享。

2. 共享发展成果

广东省经济发展迅速，但各地市之间存在差异。通过创新机制，学生资助"广东模式"有效解决经济欠发达地区的资助需求，使得经济欠发达地区的贫困学生也能够享受教育资助。如肇庆市位于广东省中西部地区，东临珠三角地区，西靠桂东南，属于广东省经济欠发达地区，很多县城属于山区，经济比较落后。但是肇庆市通过创新机制，着眼于市域内均衡发展，调整工作思路，建立多渠道投入机制，筹措教育资助资金，以政府投入为主，引导社会参与，多渠道筹措资金，保证学生资助政策得以落实。经济发展与教育发展相辅相成，学生资助工作

作为教育资源的再分配机制，有效地平衡了地区间、人群间的教育资源分配，实现共享教育发展成果。

四、推进全面建成小康社会

全面建成小康社会是新时代开创有中国特色社会主义事业新局面的要求，是"十三五"时期的重要目标。2002年党的十六大提出了全面建设小康社会的标准，其中包括了国民生产总值、人均可支配收入、家庭纯收入、恩格尔系数、城镇人均居住面积、城镇化、计算机普及率、大学入学率、医生平均数、城镇最低生活保障率等。教育的发展关系着人力资源的发展，也关系着社会生产力的发展。

党的十六大提出了全面建设小康社会的目标之一是"全民族的思想道德素质、科学文化素质和健康素质明显提高，形成比较完善的现代国民教育体系、科技和文化创新体系、全民健身和医疗卫生体系。人民享有接受良好教育的机会，基本普及高中阶段教育，消除文盲。形成全民学习、终身学习的学习型社会，促进人的全面发展"[1]。

党的十七大在十六大的基础上对全面建设小康社会提出了更高的要求，其中在教育层面提出了"加快发展社会事业，全面改善人民生活。现代国民教育体系更加完善，终身教育体系基本形成。全民受教育程度和创新人才培养水平明显提高"[2]。

党的十八大首次提出对全面建成小康社会，为新时期的社会主义建设事业提出了更具体、更顺应民意的新要求，在教育层面提出了"全民受教育程度和创新型人才培育水平明显提高，进入人才强国和人力资源强国行列，教育现代化基本实现，这是实现人的全面发展的基础"[3]。

由此可见，教育发展是全面建成小康社会宏伟目标的重要组成部分。全民教育程度的提高意味着要确保家庭经济困难学生能够公平、及时享有教育发展的成

---

[1] 人民网. 全面建设小康社会, 开创中国特色社会主义事业新局面——在中国共产党第十六次全国代表大会上的报告 [EB/OL]. (2002-11-17) [2017-10-10]. http://cpc.people.com.cn/GB/64162/64168/64569/65444/4429121.html.

[2] 人民网. 高举中国特色社会主义伟大旗帜 为夺取全面建设小康社会新胜利而奋斗——在中国共产党第十七次全国代表大会上的报告 [EB/OL]. (2007-10-25) [2017-10-10]. http://cpc.people.com.cn/GB/64162/64168/106155/106156/6430009.html.

[3] 人民网. 坚定不移沿着中国特色社会主义道路前进 为全民建成小康社会而奋斗——在中国共产党第十八次全国代表大会上的报告 [EB/OL]. (2012-11-8) [2017-10-10]. http://cpc.people.com.cn/n/2012/1118/c64094-19612151.html.

果，能够平等接受优质的教育资源。广东省十年间的教育资助工作所取得的成效在扶贫、助学、育才等方面加快推进广东省实现教育现代化，全面建成小康社会的步伐。

（一）促进城乡教育均衡发展

十年来，广东省学生资助工作通过优惠补助政策促进了农村教育水平，同时通过对城乡流动人口的政策覆盖，确保了所有在省的学生都能够获得均等的教育机会，促进城乡教育均衡发展。

1. 师资培养方面

教育发展离不开优质师资力量的投入，学生资助"广东模式"通过实施师范生免学费和"三支一扶"的学费补助政策吸引了一批有学识有志向的大学生投入农村教育事业，推进城乡教育均衡发展。"十二五"期间，广东省全面实施"强师工程"，支撑科教强省与人才强省战略。广东省财政每年投入5亿元，促进教育教师队伍整体数量、结构、素质协调发展。不仅实施山区和农村边远地区义务教育学校教师生活补助制度，而且实施"高校毕业生到农村从教上岗退学费"政策，"十二五"期间共为农村补充了2万多名新教师。除此外，还实施吸引行业企业优秀人才到职业学校任教的职业院校"能工巧匠进校园"计划，以及"百千万人才培养工程"，培养500名中小学高水平教师。通过高校"珠江学者"岗位计划和"千百十"人才培养工程的设立，引进与培育了一批领军人才和创新团队。

2. 政策保障方面

2011年，经广东省教育厅学生助学工作管理中心组织协调，与教育厅基教处、基财处共同完成了"解决我省非户籍流动人口子女情况"的调研报告。报告结合实际工作，对全省义务教育非户籍流动人口子女情况进行了数据统计和分析，收集了北京、上海、江苏、浙江、山东等省市的有关情况，实地考察了非户籍学生密集的珠三角地区。了解了广东省义务教育阶段非户籍流动人口子女的基本情况，掌握了解决非户籍流动人口子女义务教育的情况，对进一步解决广东省非户籍流动人口子女义务教育问题提出了建议。在各地市（特别是珠三角地区）"一市一策"和"积分制"入学政策的基础上，不区分省内外户籍，将全省非户籍流动人口适龄子女全部纳入免费义务教育。对接收非户籍流动人口子女入学的学校进行经费补助。满足入读公办学校条件的，免费入学；入读民办学校的，按民办学校收费标准，减除各级财政核拨的免收杂费、课本费补助后缴费入学。调研报告对下一步解决全省非户籍流动人口子女平等接受义务教育问题提供参考。

《广东省教育发展"十三五"规划（2016—2020年)》（以下简称《规划》）

指出,"十三五"期间,广东省着力通过以下措施,加大力度推进教育公平。2012年起统一城乡免费义务教育公用经费补助标准、分担比例和拨款方式,并在2012—2015年逐年提高补助标准。2013年起将包括随迁子女在内的全省义务教育学生全部纳入免费义务教育公用经费补助范围。继续为全省义务教育提供免费教材。全省非户籍义务教育学生入读公办学校比例达52%。积极稳妥推进随迁子女参加中考、高考等升学政策。对于非户籍流动人口子女的政策体现机会公平,让流动儿童享有同等的受教育机会。实施重点高校面向扶贫开发重点县招收农村学生专项招生计划,招生计划数和录取人数逐年增长。《规划》还特别指出,"十二五"期间,助学制度更加完善,中等职业教育免学费范围进一步扩大,补助标准逐步提高。2013年起实施少数民族聚居区少数民族大学生资助政策等①,资助措施的完善进一步为促进城乡教育均衡发展提供政策保障。

2016年年底,广东省人民政府发布了《广东省人民政府关于进一步完善城乡义务教育经费保障机制的通知》(粤府〔2016〕68号),从政策上统筹城乡义务教育资源配置,推进城乡义务教育均衡优质标准化发展。通过完善"两免一补"政策、实施统一城乡义务教育公用经费补助政策,调整城乡义务教育公用经费分担比例、提高义务教育寄宿制公办学校公用经费补助标准、稳定免费教科书政策、统筹家庭经济困难学生生活费补助政策、建立城乡统一的校舍安全保障长效机制、巩固落实城乡义务教育教师工资政策等八个内容推进城乡义务教育的一体化发展,减少因家庭收入差距、地区差异、城乡差异等方面因素影响,保障各教育阶段学生享受同等的受教育机会。

(二)落实精准资助,发展教育脱贫一批

2013年10月,习近平总书记到湘西考察时,提出"实事求是、因地制宜、分类指导、精准扶贫"的重要指示,首次提出了"精准扶贫"的概念。"十三五"规划建议中提出:要完善资助方式,实现家庭经济困难学生资助全覆盖。2016年召开的中央扶贫开发工作会议,将"发展教育脱贫一批"作为脱贫攻坚"五个一批"之一,提出要让贫困家庭子女都能接受公平有质量的教育,阻断贫困代际传递。国家和广东省高度重视民生改善,对家庭经济困难学生资助工作提出了更高的要求,党的十八届五中全会指出要"逐步分类推进中等职业教育免除学杂费,率先从建档立卡的家庭经济困难学生实施普通高中免除学杂费,实现家

---

① 广东省教育厅. 关于印发《广东省教育发展"十三五"规划(2016—2020年)》的通知[EB/OL]. (2016-12-30)[2017-07-28]. http://www.gdhed.edu.cn/publicfiles/business/htmlfiles/gdjyt/flfg/201707/512212.htm.

庭经济困难学生资助全覆盖"。广东省也紧紧围绕教育和扶贫中心任务，以精准助学为主线，以立德树人为统领，统筹协调，精细管理，不断提高学生资助水平。

2007—2016年，学生资助"广东模式"切实帮助了家庭经济困难学生顺利入学、完成学业，通过教育改变了个人和家庭命运，有效阻止了贫困代际传递。2016年，广东省教育厅制定《关于推进精准扶贫精准脱贫三年攻坚的实施方案》，提出加强教育脱贫工作的部署，要以建档立卡的贫困人口为重点，采取有力举措，精确对准教育最薄弱领域和最贫困群体，重点推进多项脱贫任务：一是改善教育基础设施建设，二是学生资助惠民政策，三是特殊困难儿童保障政策，四是职业教育富民政策，五是加强贫困地区师资队伍建设。广东省积极落实各教育阶段的建档立卡学生精准资助工作，义务教育阶段建档立卡学生生活费补助精准资助13.55万人，省级财政投入资金2.44亿元；普通高中阶段建档立卡学生免学费和生活费补助政策资助学生共计2.71万人，各级财政投入资金0.71亿元；中等职业教育阶段建档立卡学生生活费补助政策资助学生1.39万人，省级财政投入资金0.25亿元。高等教育专科阶段建档立卡学生免学杂费和生活费补助政策共计资助学生0.62万人，省级财政投入资金0.45亿元。广东省建档立卡精准资助工作加大了对贫困家庭学生的资助力度，让更多困难家庭孩子能够持续接受教育，减少了贫困代际传递的概率，切实落实精准扶贫国家方略。

（三）增进社会流动，阻断贫困代际传递，缩小贫富差距，维持社会和谐稳定

学生资助"广东模式"保障了教育公平，促进了社会和谐与稳定，推进了全面建设小康社会进程。如果资助政策体系不完善，来自农村以及城市经济困难家庭的孩子将面临失学。这些学生由于年龄小，没有一技之长，过早地进入社会，不仅不利于他们将来的生存和发展，而且不利于社会和谐与稳定。特别是中职学生资助政策的实施，帮助农村及城市家庭经济困难学生都能上得起学，使职业教育真正成为面向人人的教育。中职资助政策吸引许多农村以及城市家庭经济困难的初中毕业生选择就读中职学校；吸引一些因家庭经济困难失学者和已外出打工的青年重返学校，接受中等职业教育。既能够让他们享有平等接受教育的机会，圆了继续读书之梦，又帮助他们掌握一技之长，提供了劳动就业能力，为生存和发展奠定了良好的基础。学生资助政策的实施大大减轻了农民家庭的经济负担，对改善民生、促进教育公平和社会公正、促进全面小康等发挥了重要作用。

第三节 满意度评价

本章第一、二节就学生资助"广东模式"从2007—2016年以来,在总体层面和各教育阶段层面执行情况及成效进行具体分析。为获悉社会大众、资助工作队伍人员对广东省学生资助的了解程度与评价,分别从受益者和执行者的角度分析广东省学生资助十年的社会影响,本节以课题组所开展的广东省学生资助十年(2007—2016年)社会满意度调查和学生资助工作人员评价的相关数据与访谈内容为依据展开分析。

广东省学生资助十年(2007—2016年)社会满意度调查主要采用问卷调查法与访谈法,以学生、学生家长为调查对象,课题组按照广东省地市区域位置、发展状况等因素划分了四个抽样框,即珠三角地区、粤东、粤西、粤北。依据以上两个原则,分别在四个地区中确定了具体的地级市:珠三角地区的珠海市、佛山市,粤东地区的汕头市、潮州市,粤西地区的湛江市、茂名市,以及粤北地区的韶关市、清远市,另外抽取华南农业大学(省属本科)、广州医科大学(市属本科)、广东工贸职业技术学院(省属专科)、佛山职业技术学院(市属专科)四所普通高校,以及广东省商业职业技术学校、广东省石油化工职业技术学校两所省属中职学校。发放问卷17000份,实际发放及回收有效问卷16254份。

资助工作者评价方面以广东省教育厅学生助学工作管理中心以及上述抽样地市和学校的学生资助工作者为调查对象,调查内容包括了解十年的资助工作发展脉络以及资助工作者对于资助政策制定与落实的评价。由广东省教育厅学生助学工作管理中心以及以上抽取的各地市及学校资助工作人员完成相应问卷填写,共回收有效问卷186份。根据回收的有效问卷进行数据分析,分析结果如下。

一、社会满意度分析

(一)基本情况

1. 调查对象性别比例基本持平,以广东省户籍学生为主

统计结果显示,问卷调查对象性别比例基本持平,男性占总人数的50.15%,女性占总人数的49.85%。所有问卷调查对象中,89.22%的学生户籍所在地为广东省,因此对广东省的教育情况相对熟悉。

2. 问卷调查对象基本覆盖所有教育阶段，覆盖未受资助生与受资助生群体

小学生与初中生所占比例较大，分别为 25.18% 和 24.25%；接着为大学本科生，占 14.17%；普通高中生占 12.08%；研究生所占比例最小，为总人数的 1.29%（如图 3-17 所示）。在所有问卷中，共有 4213 名学生获得过资助，占问卷总数的 25.92%。

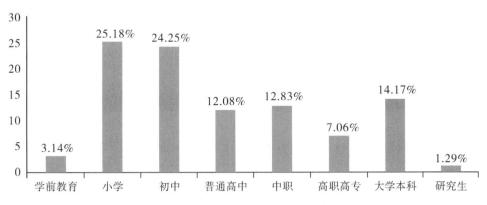

图 3-17　学生所处学习阶段分布

3. 参与调查学生家庭所在地以农村为主

47.42% 的学生来自农村地区，29.3% 的学生来自县域或镇区，来自地级市所辖区的学生占总人数的 18.05%，来自省城所辖区的学生占总人数的 5.23%（如图 3-18 所示）。从本次调查结果来看，在全省范围来说，来自农村地区学生数量高于城镇地区。

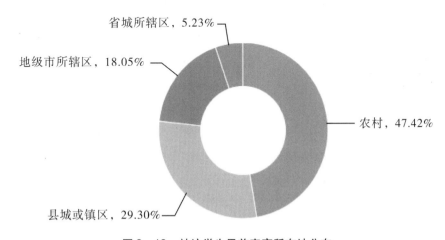

图 3-18　被访学生目前家庭所在地分布

4. 接受调查学生家庭收入大部分低于广东省人均工资水平

问卷数据显示，参与本次调查学生家庭月均收入低于3000元以下的占比47.92%，其中处于1500～3000元的学生占29.84%，家庭收入占1500元以下的学生占14.5%，没有收入的学生家庭占3.58%。学生家庭月均收入在3000～4500元的占21.66%，在4500～6000元的占12.97%，6000元以上的学生占17.45%（如图3-19所示）。其中曾经接受过资助的学生中有83.56%的学生家庭经济月均收入低于4500元（如图3-20所示）。根据广东省人力资源和社会保障厅2017年6月发布的统计数据：2016年，城镇非私营单位就业人员年平均工资为72326元（平均6027.1元/月），城镇私营单位就业人员年平均工资为48236元（平均4019.7元/月)[①]。由此可见，参与本次调查的受资助学生家庭经济收入绝大部分低于广东省城镇平均工资水平。

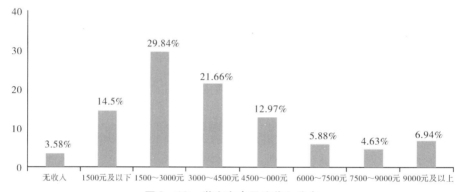

图3-19 学生家庭月均收入分布

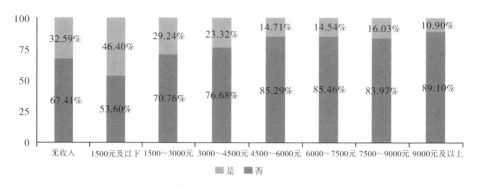

图3-20 接受过资助学生的家庭月均收入分布

---

① 广东省统计局.省局解读2016年广东省城镇就业人员平均工资数据［EB/OL］.（2017-06-13）［2017-08-28］. http://www.gdstats.gov.cn/gzdt/gzys/201706/t20170614_365393.html.

5. 大部分被调查学生和家长认为教育支出处于家庭可承受范围，但也存在难以负担教育支出的家庭

调查结果显示，45.81%的学生及家长表示读书期间的学费、生活费和住宿费等教育支出占家庭支出的比例合适，家庭在合理安排其他支出的情况下能够承担读书期间的各种支出。不过，依然有学生家庭处于经济困难或临界困难状态，需要大幅约束家庭其他方面支出或完全无法负担子女教育支出。在问卷调查对象中，有26.69%的家庭认为子女教育支出占家庭支出比例大，需要大幅约束其他支出才能应付。有6.9%的学生认为读书期间的支出占家庭支出比例很大，家庭入不敷出。5.9%的学生认为读书期间的支出超出了家庭支出水平，家庭无法承担，需要资助才能够继续学习（如图3-21所示）。由此可见，一方面，随着城乡居民收入水平提高，以及教育与学生资助政策完善，基础性教育经费在家庭经济支出所占比例相对下降，大部分家庭在合理安排家庭支出的情况下可以负担子女教育投入；另一方面，仍有近39.49%的家庭存在不同程度的经济困难，需要一定的学生资助政策支持。

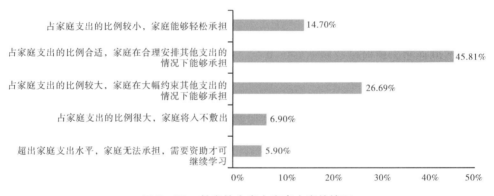

图3-21 教育的支出占家庭支出的情况

6. 被调查学生受资助项目中，义务教育阶段资助占比最大

在关于学生曾经获得的资助项目的调查中，义务教育阶段学生免收学杂费和课本费所占比例最大，共计2065人，占比48.97%。除此之外，普通高中国家助学金、中职国家免学费、学前教育政府资助所占比例均在16%以上，分别为21.45%、18.63%、16.73%。勤工助学所占比例也相对较大，为10.33%。（如图3-22所示）

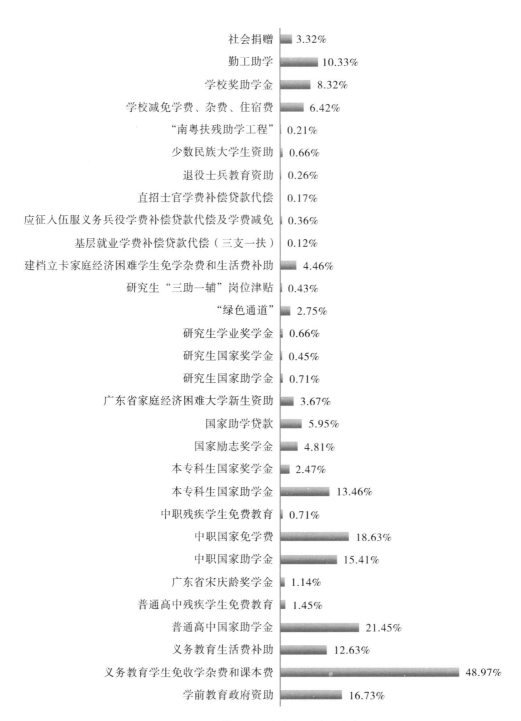

图3-22 学生所受资助项目情况分布

(二) 学生及家长满意度分析

本研究所指学生及家长对广东省学生资助十年满意度分析包括总体满意度、学生资助工作知晓度和公平性评价、资助工作人员工作表现满意度、资助金发放情况的满意度、资助金额提升的知晓度、家庭经济困难情况认定方式的满意度、评审结果的满意度以及资助工作宣传情况的满意度等方面。

1. 学生资助"广东模式"获得学生及家长广泛认可

一方面,曾经接受过资助的学生及家长中有77.59%感到满意,其中有29.83%的学生及家长感到非常满意。另一方面,虽然有25.93%的学生没有接受过资助,但通过向接受过资助的学生或家长们了解后,对资助工作的评价也很好,同时也有44.34%的未受资助学生表示对学生资助工作不了解也不清楚。(见表3-8)

表3-8 对广东省学生资助工作的总体满意度

选项	受资助学生及家长满意度(%)	全体学生及家长满意度(%)
接受过资助,非常满意	29.83	4.16
接受过资助,比较满意	29.38	3.47
接受过资助,一般满意	18.38	4.20
接受过资助,比较不满意	1.83	0.50
接受过资助,非常不满意	0.66	0.41
未接受过资助,但通过向接受过的学生或家长们了解,评价很好	—	25.93
未接受过资助,但通过向接受过的学生或家长们了解,评价一般	—	15.52
未接受过资助,但通过向接受过的学生或家长们了解,评价不好	—	1.47
未接受过资助,没有了解过,不清楚	—	44.34

2. 大部分参与调查对象对广东省资助宣传和助学金发放认同度高

经调查,76.81%的参与调查者认为学生资助工作宣传到位,班上同学了解资助措施，助学金发放公平，其中有 44.11% 的调查对象更是认同宣传工作做得详细（如图 3-23 所示）。资助宣传决定着资助工作的知晓度，而资金的发放公平与否决定着资助工作的认同度，只有保证这两方面工作的认真落实，才能获得群众的高满意度。由调查结果可知，仍有部分调查对象对宣传情况和资金公平性存在不满意或者是不清楚的情况。

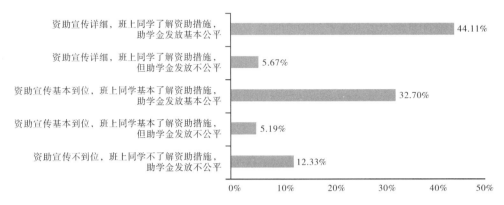

图 3-23　广东省学生资助知晓度和公平性评价

3. 对资助工作人员的认同度较高

调查结果显示，受资助学生对于资助工作人员的评价，34.86% 的受资助学生表示非常满意，39.70% 感到比较满意，持中立态度的有 23.38%（如图 3-24 所示）。精心服务是学生资助"广东模式"的重要手法和要求之一，而学生资助工作者是政策落实的关键执行者和资助服务质量的直接决定者。十年来，广东省

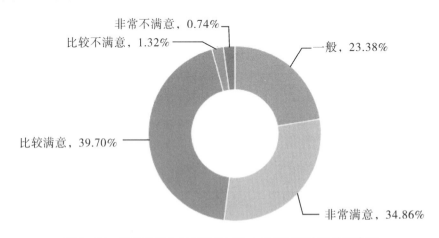

图 3-24　受资助学生对于资助工作人员的工作表现的满意度

学生资助高度重视资助工作人员的培训与能力建设，建立了"省—市—县—校"四级资助管理机构，涌现了一批优秀的资助工作人员，多次获得了国家级和省级的荣誉奖励。学生和家长对于资助工作人员的认同正是对资助工作者最大的肯定。

4. 十年间资助资金的发放及时足额，获得多数受资助者的肯定

有64.55%的受资助对象认为资助金总是及时、足额发放（如图3-25所示）。资金及时足额发放是资助规范管理和实施精准资助成效的重要体现，同时也关系到受资助学生的切身利益。财政资金配套是否到位、资助工作执行机制是否顺畅、资助信息是否及时公开，都影响着资金的到位情况。虽然有较多的受资助者认同资金的到位及时、足额，但是仍有25.3%的受资助者表示不清楚资助资金的发放情况，而未受资助者表示不清楚的比例就更高。由此可见，资助工作人员需在今后的资助金方面做好宣传，及时公布发放信息，让无论是受资助者还是未受资助者都能够了解政府资助政策的落实情况，提升资助工作的社会知晓度。

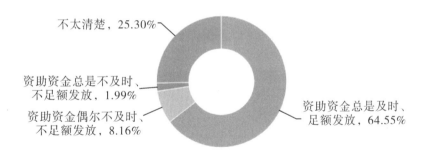

图3-25 受资助学生对所在地市学生资助金的发放情况满意度

5. 近一半的受资助学生能够感受到十年间学生资助资金有所提升

十年间，广东省学生资助投入力度有较大的提升，各教育阶段的资助标准和资助范围均有明显的提升和拓宽。调查结果显示，有47.35%的受资助学生认为十年间的资助金额有了大幅度或者部分的提升（如图3-26所示）。由此可见，学生资助政策的不断完善，力度的不断增强，能够让受助学生直接受益。随着物价水平的上涨，教育投资经费也相应提高，资助资金必须随经济发展水平和教育发展要求适时做出调整，才能确保贫困家庭的孩子不失学不掉队。除了省级政策层面不断提高资助标准，扩大资助范围，广东省部分地市也会根据自身经济发展情况进行探索调整，在省级政策标准上进一步提标扩面，以及鼓励引导社会力量参与学生资助、加大资助资金的投入，让更多的家庭经济困难学生受益。

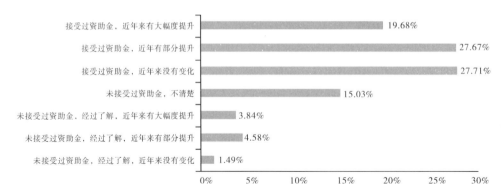

图3-26 受资助学生对于所在地市学生资助金额提升的知晓度

6. 参加过家庭经济困难情况认定的调查对象对认定工作满意度较高

根据调查显示，曾经参加过家庭经济困难情况认定的学生中有高达79.17%的人对认定工作表示满意，也有35.72%的学生虽然没有参加过认定但是表示了解过认定工作并且表示满意（如图3-27所示）。由此可见，广东省对于家庭经济困难情况学生的认定工作已经获得较高的社会认同度，具有一定的公信力。从学生资助"广东模式"的发展也可以发现广东省学生资助工作对于家庭经济困难学生认定工作十分重视，不断完善认定标准，各地各校也能根据省级要求制定相应实施细则，认定标准量化愈加科学，认定流程愈加公开透明，是广东省资助工作精准资助、精细管理、精心服务的最直接体现。

第三章 成就与影响——"广东模式"取得的成效

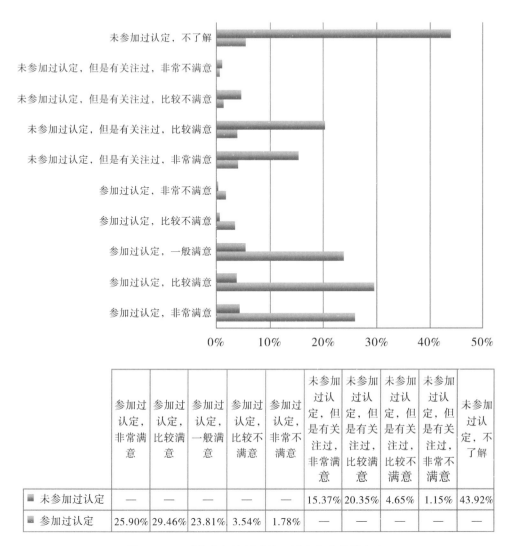

	参加过认定,非常满意	参加过认定,比较满意	参加过认定,一般满意	参加过认定,比较不满意	参加过认定,非常不满意	未参加过认定,但是有关注过,非常满意	未参加过认定,但是有关注过,比较满意	未参加过认定,但是有关注过,比较不满意	未参加过认定,但是有关注过,非常不满意	未参加过认定,不了解
■未参加过认定	—	—	—	—	—	15.37%	20.35%	4.65%	1.15%	43.92%
■参加过认定	25.90%	29.46%	23.81%	3.54%	1.78%	—	—	—	—	—

图3-27 对家庭经济困难情况认定方式的满意度

7. 学生及家长对资助评定结果认可度高

调查结果显示,有70.18%的学生或家长表示对广东省学生资助评定结果非常满意或者比较满意,有26.26%的学生或家长表示认可(如图3-28所示)。只有极少比例的学生对评定结果表示不满意。根据朱文珍等人的研究,学生家庭人均月收入、是否获得过助学金、所在年级、资助金额是否足够、资助名额是否足够、是否了解助学金政策、评选过程是否公开透明、是否存在家庭贫困却未获得资助以及是否存在家庭条件较好却获得助学金等情况均会影响学生对于资助认

· 149 ·

定结果的满意度。① 由此可见，从可控因素上可以提高资助评定过程的公平、公开、公正，提高学生及家长对资助评定结果的认可度。广东省学生资助正是秉承务实的工作精神，注重资助工作的系统化、规范化和科学化，从政策完善、流程规范、过程管理、监督检查全流程确保资助工作的公平公正，有效确保了资助结果评定的实效性。

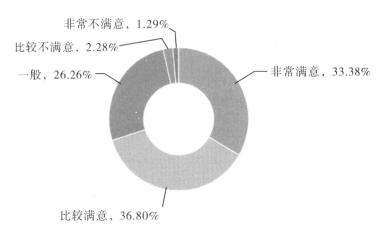

图3-28 学生对所在地市/学校获得资助评定结果的满意程度

8. 受资助学生对资助宣传情况满意度较高

调查结果显示，未受资助学生中，有45.44%的学生表示对资助宣传非常满意或满意；受资助学生中则有65.62%的学生表示满意或非常满意，如图3-29所示。由此可见，学生资助"广东模式"宣传的知晓群体以受资助学生及家长为主，未能覆盖所有的学生群体。根据对学生资助宣传获得途径的调查结果显示，70.59%的学生或家长通过学校资助通知了解到学生资助项目，此外有23.59%的问卷调查对象通过学校资助工作网站，18.63%通过教育部门等政府网站了解资助政策，19.25%通过亲友告知，16.04%通过报纸等媒体报道了解，如图3-30所示。而通过发放政策宣传品、微信公众号等新媒体以及居委或村委等途径了解的比例较低，显示学生资助宣传可以进一步创新方式，拓宽宣传渠道，确保学生及家长的及时准确知晓。

---

① 朱文珍，曾志艳，陈绵水. 高校奖助学金政策学生满意度影响因素研究 [J]. 心理学探新，2013，33（6）：559-567.

第三章 成就与影响——"广东模式"取得的成效

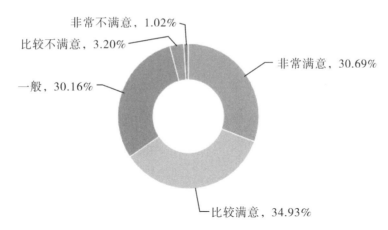

图 3-29 受资助学生对学生资助工作宣传情况的满意度

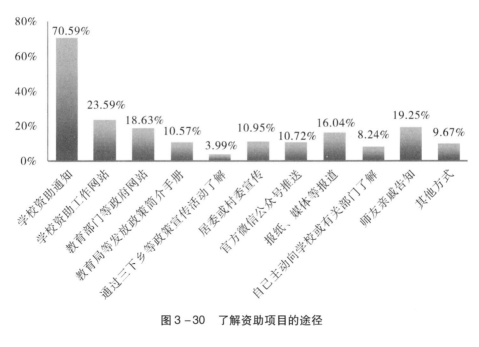

图 3-30 了解资助项目的途径

9. 学生资助能够减轻家庭负担,提高学生受教育机会

从调查中了解到学生和家长群体对于学生资助"广东模式"十年实施情况的评价,被调查者反馈中出现最多频次最高的表述为"减轻压力""减少负担""帮助学业""支持""满意"。如有学生和家长提到:

十年来，广东的资助工作给不少家里贫穷的孩子继续上学的机会，更让他们能改变自己的前途，使有才能的人不至于被生活窘境左右。我认为广东省学生资助工作能给更多的人带来希望，希望能多帮助需要帮助的学生，让他们人生得以圆满。

我认为广东省十年来的学生资助为学生减轻了家庭的经济负担。广东省学生资助工作十分到位，帮助了不少需要帮助的同学。

这十年来资助帮助了很多家庭困难的学生度过了家庭最困难的时刻，减轻了困难学生家庭的负担，十分感谢。

学生资助工作给了家庭较贫困的同学很多支持，家庭负担减轻，学生怀着感恩的心，学习更加刻苦，这对于国家和学生来说都是互利共赢的。资助工作的出发点当然是好的，但是现如今，还是有很大一部分人对国家资助政策并不了解甚至并未听闻，我觉得应加强力度宣传，帮助到更多需要帮助的人。

也有问卷调查对象提出了对于资助工作的建议，主要是提高资助力度、加大资助精准度、扩大宣传面几个方面：

建议让学校求实学生的真实情况，可通过问其他同学了解情况，再审查决定是否将资助金分配给该学生。

相关负责人要全面落实资助人，以防多助，以防漏助，做到尽善尽美！

多点在学校宣传的活动，让更多人知道这个项目，也希望多分配点奖助金，尽可能帮助更多的人。

综上所述，学生及学生家长对于2007年到2016年十年间学生资助"广东模式"的满意度较高，肯定了广东省学生资助工作在政策制定、困难认定、资助政策落实、资金发放、宣传以及资助结果方面的成效，能够达到保障家庭经济困难学生受教育权利，确保教育公平的工作目标。

二、资助工作者评价

资助工作人员在资助工作环节中扮演着重要角色，也亲历了十年资助工作的发展变化，资助工作人员的基层经历和评价反思也为广东省学生资助十年成效总结提供了更丰富的佐证。

(一) 资助工作者基本情况

资助工作者满意度调查问卷共收回 186 份有效问卷。其中有 56.45% 的资助工作者主要工作职责为政策执行，包括组织资助工作、经费管理、技术支持等。31.18% 的工作者为负责学生资助其他相关工作，如学生档案管理、班主任以及学生资助宣传等。(如图 3-31 所示)

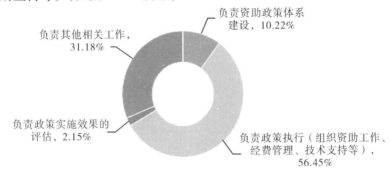

图 3-31　资助工作人员职责构成情况

本次调研抽样对象包括了各级教育部门和学校学生资助工作者。其中，负责中职教育阶段的资助工作人员占 34.95%，负责本专科阶段的资助工作人员占 25.27%，负责义务教育阶段学生资助工作的工作人员占 22.04%。另外，还有少部分人员涉及全教育阶段的资助工作，如资助政策制定、财政划拨等。(如图 3-32 所示)

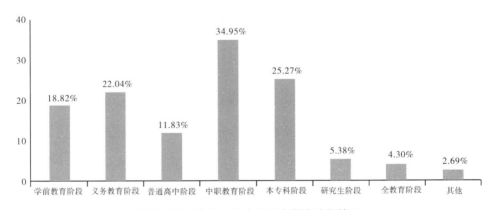

图 3-32　资助工作人员所在教育阶段情况

（二）资助工作者评价分析

1. 资助工作者总体评价

（1）资助工作者认为十年资助工作有助于落实中长期教育改革和发展规划。调查结果显示，81.18%的工作人员认为所在地市或学校资助工作有助于落实《广东省中长期教育改革和发展规划纲要（2010—2020）》相关任务部署，且完成度达到80%以上。说明广东省学生资助有助于推进落实教育改革任务，有助于展现教育改革的成果，让学生不因贫困而失学，让每个人都能享有优质教育的机会。（如图3-33所示）

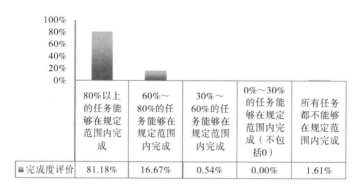

图3-33 资助工作者对于规划纲要部署任务的完成度评价

（2）广东省各地各校已基本完成"省—市—县—校"四级资助管理体系建设，且能做到分工明确、责任清晰。本次调查中，有26.34%的工作人员表示很同意，69.35%的表示同意。这显示绝大部分资助工作者均认为全省四级资助管理体系已建立并逐步完善。（如图3-34所示）

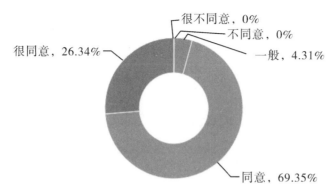

图3-34 对资助管理体系建立的满意度评价

（3）对工作团队的满意程度较高，包括团队组织执行能力不断提升、定期开展培训以及团队间有效地交流学习等。从团队组织执行能力上看，96.77%的工作人员认为所在工作团队的组织执行能力已经有所提升，其中58.6%的工作人员认为工作团队组织执行能力有很大提升。（如图3-35所示）

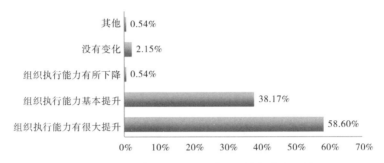

图3-35　对资助工作团队的组织执行能力评价

从培训频率上看，36.56%的工作人员表示所处团队每年两次进行资助政策相关培训，42.48%的工作人员表示参与的相关培训在每季度一次以上。从团队间的交流学习频率上看，与其他地市或省教育厅资助工作团队的交流情况中，24.19%的人选择每年两次培训交流，所占比例最高，每周一次进行交流学习的情况占问卷总数的9.14%，每两周一次进行交流学习的情况占问卷总数的5.38%，每月一次交流学习的情况占问卷总数的15.59%（如图3-36所示）。由此可见，广东省学生资助工作队伍不同内容和层次的交流学习频率高，这有利于各地市之间进行交流，互相分享各地经验。

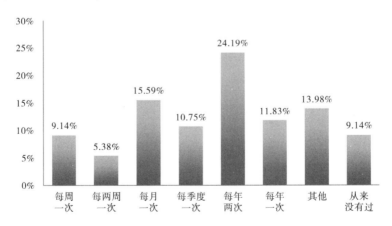

图3-36　资助工作团队培训交流频率

2. 资助工作者对资助执行情况评价

本部分主要从学生资助"广东模式"满足各类学生资助需求情况、资助金发放情况、资助金额度变化情况、学生申请资助公平情况、对"精准助学"的贯彻情况、学生资助规模与资助比例变化情况以及资助宣传落实情况进行分析。

（1）资助工作能够满足学生资助需求。超过 88.18% 的资助工作者认为学生资助"广东模式"能够满足学生资助需求。其中有 27.96% 表示非常同意，60.22% 表示同意（如图 3-37 所示）。这显示全省资助工作者对十年学生资助的发展在满足学生资助需求方面给予了很高评价，认为能够做到满足需求，达到资助工作基本目标。

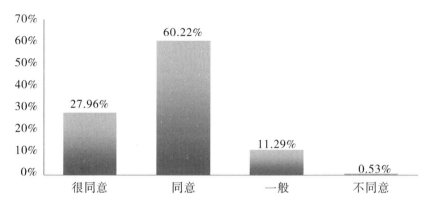

图 3-37　对资助政策能够较为充足的满足各类学生的资助需求的评价

（2）资助金总是能够及时足额发放。调查结果显示 95.7% 的工作人员认为资助金总是能够及时足额发放，这其中有 21.51% 的工作人员认为资助金提前下达足额发放。除此之外，也有 4.3% 的工作人员认为资金出现过发放不及时不足额的状况。（如图 3-38 所示）

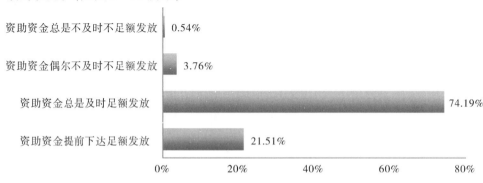

图 3-38　资助工作者对资助资金发放情况的评价

第三章 成就与影响——"广东模式"取得的成效

（3）资助工作者认同十年间资助资金额度有所提升。10.22%的工作人员认为资助金额没有发生变化，60.22%的工作人员认为部分资助金有所提升，26.88%的工作人员认为所有资助金额都有大幅度提升。另外，还有2.68%的工作人员认为资助金额变化表现为其他情况，如提供物资帮助或者是深造学习的机会等资助方式。（如图3-39所示）

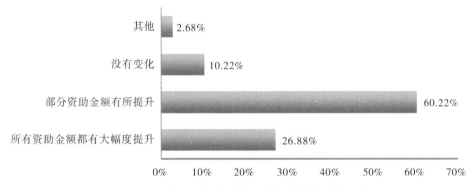

图3-39 资助工作者对资助金额变化情况的评价

（4）绝大部分资助工作者认为资助申请越来越合理公平。94.62%的工作人员认为学生申请资助越来越公平合理，其中29.57%的工作人员对这种说法非常认同。此外，1.08%的工作人员不同意这种说法，认为学生申请资助存在改进之处。（如图3-40所示）

图3-40 资助工作者对学生资助申请公平性的评价

（5）资助工作人员对落实"精准资助"中实现资助对象精准的认可度最高。调查显示，42.47%的工作人员认为在过去十年间，学生资助"广东模式"运用精准资助手法实现了资助时间更加精准，65.05%的工作人员认为实现了资助力度更加精准，81.72%的工作人员认为实现了资助对象更加精准，65.59%的工作人员认为实现了资助资源配置更加精准（如图3-41所示）。可见，广东省资助工作队伍对"精准资助"贯彻落实的满意度较高。

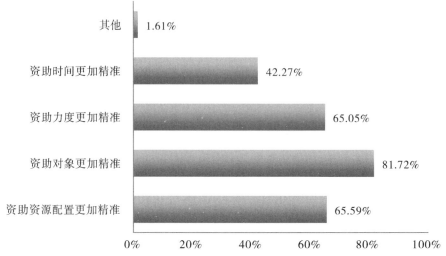

图3-41 资助工作者对"精准资助"在资助工作过程中的贯彻情况的评价

（6）对十年间资助规模和资助比例均有提升的认同度高。88.71%的工作人员认为学生资助规模与资助比例都有提升，其中37.1%的工作人员认为资助学生规模与资助比例大幅提升，5.91%的工作人员认为资助学生规模与资助比例没有变化。（如图3-42所示）

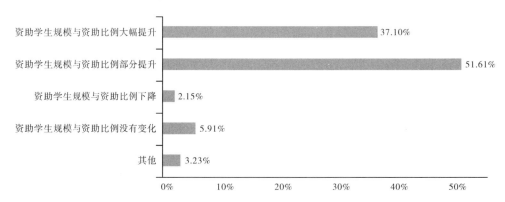

图3-42 资助工作者对所在地市或学校的资助学生规模与资助比例变化情况的评价

（7）对资助政策宣传工作的满意度较高。93.54%的工作人员对于学生资助政策宣传工作表示非常满意或满意，满意度水平较高（如图3-43所示）。但也有工作人员认为资助宣传工作仍有改善空间，如在建议中有资助工作人员提到：

> 对学生资助工作在政策宣传方面，应加大力度宣传，让更多贫困家庭知道国家有这项政策，让更多有需要的孩子走进校园。
> 政府可以多下乡宣传，很多村民都不知道有这样的政策，而且也不了解政府对这资助的资格是怎样要求的。
> 深入挖掘媒体力量，广泛宣传，让资助政策深入民心。

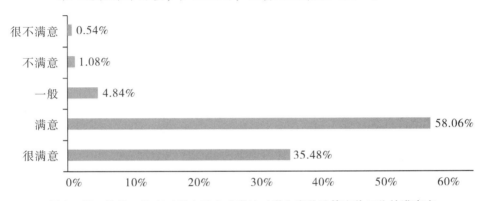

图3-43 资助工作者对所在地市或学校对学生资助政策宣传工作的满意度

3. 资助工作者对资助成效评价

（1）对学生资助政策的执行与落实成效满意度较高。被调查的全部资助工作人员对于学生资助政策的执行情况表示认同或者满意，其中27.96%的工作人员对执行情况表示很满意，68.28%的工作人员对执行情况表示满意。在学生资助工作实施效果方面，有96.24%的工作人员对资助工作实施效果表示满意，其中有27.96%的工作人员表示非常满意。（如图3-44、图3-45所示）

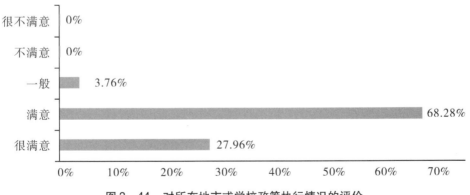

图3-44 对所在地市或学校政策执行情况的评价

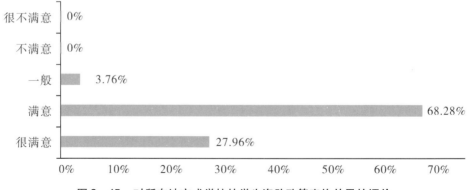

图3-45 对所在地市或学校的学生资助政策实施效果的评价

（2）资助工作人员认为学生资助工作带来了较好的社会影响，能够有效地帮助学生完成学业，减轻困难家庭负担。调查结果显示，在186位问卷填答者中，所有工作人员都认为学生资助工作有一定的社会效果，资助工作人员普遍指出资助工作能够促使贫困学生实现读书梦，如有工作人员指出：

> 从根本上解决家庭经济困难学生在求学期间的经济顾虑，保证每个大学生都能够公平地接受高等教育，维护高等教育的公平性。通过奖助学金的评选和发放，激发了学生积极性、主动性和创造性，也培养了学生勤奋好学、团结同学、遵纪守法的良好行为。
>
> 随着国家、广东省资助体系的健全，资助制度逐步完善和财政投入的不断加大，我校积极落实有关政策，困难学生就学问题基本得到解决，吸引了更多家庭经济困难初中毕业生就读我校。
>
> 学生资助工作促进了社会稳定，增加了学生入学率，减轻了家庭经济困难学生负担，提高了学校影响力，促进了教育公平，促进了人才培养等。

4. 对广东省学生资助政策优势与不足的评价

结合广东省学生资助政策体系十年发展，对比欧美发达国家资助政策体系，资助工作者分别从资助理念、资助政策、育人工作等方面对广东省学生资助的优势和不足做出了评价。

优势方面：

> 同西方经济和教育发达国家比较，中国是教育大国而不是强国，学生资助有待于伴随国家整体的发展更加深入地推进和完善，进一步发挥社会主义

制度优势，在长期的学生资助过程中彰显出人权与公平，阻断代际贫困，实现资助育人，培养国家人才。

过去的十年，国家和我省资助政策体系日趋完善，各项资助制度的贯彻落实以及学校的奖补措施有效缓解了贫困生求学的经济压力，满足了贫困生发展的需要，促进了校园和社会的和谐、稳定。

不足方面：

我国与国外的一些政策相比，目前仍存在一定的差距，尤其在资助条件、资助团队、资助程序、资助标准、资助形式等方面。

由于资助工作涉及学生群体大，离习近平总书记新形势下"实事求是、因地制宜、分类指导、精准扶贫"的重要指示还有一定差距。中职教育免学费政策对于广大贫困生来说是一个特大喜讯，但是也存在一种不良现象。从国家对中职教育实施普惠式的免学费政策以来，有部分中职学生认为"免费教育"不值钱，缺乏学习动力，不珍惜这个学习机会，会使一些心理不成熟的学生产生不劳而获的人生态度，认为这种社会给予是应该的，而一旦社会不在给予，别人不再帮助时，他们就会怨天尤人，认为社会不公平，形成对政府的依赖心理。

建立了以国家奖助学金、国家助学贷款、学费补偿贷款代偿、新生入学资助、校内奖助学金、困难补助等"多元混合"的资助体系，同时实施新生入学"绿色通道"制度。但国家和政府每年资助的时间都会相对固定，名额也是有限的，在这些时候评上的学生会得到一定金额的资助，未能评上的学生就失去得到资助的机会。

综合以上资助工作人员提出的相关建议可了解到，广东省学生资助十年发展在减轻贫困家庭教育经济负担，实现教育公平，保障社会公平，体现社会主义制度优越性方面发挥了积极作用。同时与欧美发达国家和地区对比，应理性看待不同国家和地区的具体情况，学生资助工作与地区经济、社会、教育发展水平密切相关，在推进与完善的过程中，需要因地制宜，发挥地区优势，完善资助管理体系建设和过程管理，更好发挥实效。

三、调查发现

综合以上调查分析，从学生资助政策制定与执行的公平性、政策效果、政策宣传、精准资助、资助工作团队建设等方面，对学生资助"广东模式"十年社会满意度与资助工作者评价调查有以下发现：

（1）在政策实施效果方面，大部分学生、家长及资助工作人员认为资助工作的社会效果明显。资助工作减轻了家庭经济困难学生的经济负担，保障了学生公平接受教育的机会与权利，促进了社会稳定，提高了学生入学率，为社会发展提供了更多优秀人才。在填答问卷的学生中，大部分学生来自农村地区，由此可见，学生资助工作资金分配主要集中在广东省经济发展水平较低的地区，学生资助工作过程中应该促进地区间教育资源分配的公平性，使全省家庭经济困难的学生与家庭共同享受资助成果。

（2）在政策制定与执行过程中，对家庭经济困难学生的评定标准与评定结果应该更加公平和合理。调查结果中显示学生或家长比较了解家庭经济困难学生的申请程序，但有部分学生或家长认为评审结果与资助金存在公平性不足的情况，资助工作团队人员对于评审结果与资助金发放情况也有不满意之处，所以在资助工作过程中，需要进一步规范和细化家庭经济困难学生的评定标准和流程，增加学生对于评定结果的信服度；另外，也要保障资助金发放的及时与足额，保障资助金发放的公平性，加大对学生资助工作的监管力度，及时解决资助金分配不足、发放不及时、资金审核不规范等问题。资助政策制定过程中，应该综合考虑各教育阶段的特殊性，保障资助工作的公平性与合理性，完善学生资助体系。

（3）在精准资助方面，广东省学生资助工作的精准度不断提升，确保每位学生能够拥有公平的受教育机会与权利。资助工作人员对于精准资助的满意度很高，可见在精准资助相关政策实施过程中，资助工作团队对于精准资助政策的执行情况较好。在进行精准资助过程中，应保障资金投入，严格落实资助政策，做好监督机制，采用信息化工程推动精准管理。广东省在全国学生资助信息系统的基础上开发和部署本省的各功能模块和子系统，进一步提高学生资助信息系统的应用功能，为完善全省各教育阶段的学生资助信息平台建设打下坚实基础。

（4）在资助宣传方面，学生资助政策的获取渠道需要更加多元化，采用不同形式的宣传方式加大资助政策的宣传力度，扩大宣传影响。从调查结果了解到，学生及家长获取资助政策信息的渠道较为片面，主要是通过学校资助政策宣传或政府网站，除此之外，较多通过亲戚朋友了解资助政策。随着科技和互联网技术的日新月异，学生资助政策的宣传渠道可多借助互联网、应用软件或者公众号等新媒体方式让学生和家长更加便捷地获取信息。同时资助申请流程与申请条件也建议并入资助政策的宣传内容，做到直观、明了，让资助政策的宣传更接地气，更深入基层，增强宣传实效。

（5）在队伍建设方面，目前的资助团队已具备一定的组织执行能力和学习氛围，需继续加强资助团队建设。调查结果显示，广东省资助工作团队之间相互交流学习的频率较高，团队之间的组织执行能力较强。通过对资助工作团队的资助工作开展的绩效考核，增强资助团队的工作动力，为资助工作人员提供更多的学习与培训机会。从政策制定、执行到成效评估三个方面增强对资助工作的监督，采取第三方评估团队对资助工作人员工作进行客观、公正的评估，从更加客观的角度来评估资助工作团队的工作状况。

小　结

本章从学生资助"广东模式"的发展成效、综合影响，以及学生、家长和工作人员的满意度评价三方面全面勾勒了学生资助"广东模式"十年间所取得的突出成绩。总结而言，其所取得的成效体现在以下几方面。

一、多维立体全覆盖的资助政策体系得到构建完善

通过各教育阶段的资助成效分析可知，学生资助"广东模式"已实现了三个方面的全覆盖。首先是实现了从学前教育到研究生教育阶段的全覆盖，经过十年学生资助工作的开展，在一定程度上促进了学前教育和高等教育发展，巩固了义务教育普及成果，增强了中等职业教育吸引力；其次是实现了公办、民办学校资助全覆盖，公办和民办学校均纳入资助政策体系范围；最后实现了家庭经济困难学生全覆盖，达成普惠性、助困性、奖励性、补偿性资助有机结合。目前广东省学生资助工作已建立了政府主导、学校和社会为补充的资助格局，以及覆盖各教育阶段的政策体系，且从顶层设计到政策落实中，注重向农村地区、贫困地区、民族地区、特困群体和特殊专业给予政策倾斜，彰显政策的公平性。

二、"助困育人"资助理念得到切实践行

十年间，广东省学生资助工作不仅在经济上帮助了家庭经济困难学生获得教育机会，圆了学生的读书梦和成才梦，同时也注重从品德教育和心理健康教育方面协助学生全人发展。"扶困助学"是基础，"资助育人"是桥梁，"投身中国梦"是最终成果，十年间广东省的学生资助政策注重引导学生从"他助"到"自助"，从物资帮扶、精神关怀到能力改善，践行了"教育公平、助困育人，立德树人"的学生资助核心理念。

三、学生和家长的获得感普遍增加

从社会满意度调研问卷可知，广东省学生和家长对于十年间学生资助"广东模式"落实情况的满意度较高，在受访者的反馈中能够发现学生和家长普遍认同学生资助政策能够有效地减轻困难家庭负担，帮助学生完成学业，协助学生圆梦；资助工作人员的调查结果也肯定了十年资助工作对于教育政策发展和培养学生成才的重要作用。各教育阶段普惠性与保障性资助政策的综合实施，普遍提高了适龄学生尤其是家庭经济困难学生及家庭的获得感。

四、促进教育公平，共享教育成果

通过降低受教育的成本，提升教育水平，促进教育事业的发展，学生资助"广东模式"让更多的学生能够享有公平的教育机会和优质的教育成果。教育公平是社会公平的重要组成部分，是确保社会公平的基础。学生资助"广东模式"通过改善农村地区学生、异地务工人员随迁子女、家庭经济困难学生、孤残儿童、少数民族群体、贫困地区学生等弱势群体的受教育状况，全面统筹教育资源的合理分配，让全民享有与经济发展水平相匹配的优质教育成果。

五、服务经济社会发展，助力推进全面小康

学生资助"广东模式"通过调整教育资源的配置，有效地调整了专业结构和人才流动，有效引导了学生投身于国家发展所需的行业，同时也通过提升学生受教育程度，优化了人才结构，推动了广东省经济结构的转型升级。最终通过解决家庭经济困难学生上学难的问题，确保没有一个学生因家庭经济困难而失学，提升学生受教育机会，阻断代际贫困，推动人力资源强省建设、促进社会流动，为实现全面建成小康社会做出积极助力。

第四章　前瞻与梦想
——"广东模式"发展建议与展望

第一节　形势与挑战前瞻

一、面临的新形势和新任务

（一）国家新形势、新任务

2015年11月27—28日，中央扶贫开发工作会议在北京召开，中共中央总书记、国家主席、中央军委主席习近平出席会议并发表重要讲话。习总书记强调："消除贫困、改善民生、逐步实现共同富裕，是社会主义的本质要求，是我们党的重要使命。全面建成小康社会，是我们对全国人民的庄严承诺。脱贫攻坚战的冲锋号已经吹响。我们要立下愚公移山志，咬定目标、苦干实干，坚决打赢脱贫攻坚战，确保到2020年所有贫困地区和贫困人口一道迈入全面小康社会。"扶贫攻坚的第一步是要真正摸清贫困人口的具体情况，按照贫困地区和贫困人口的具体情况，实施"五个一批"工程。其中发展教育脱贫一批，治贫先治愚，扶贫先扶智，国家教育经费要继续向贫困地区倾斜、向基础教育倾斜、向职业教育倾斜，帮助贫困地区改善办学条件，对农村贫困家庭幼儿特别是留守儿童给予特殊关爱。

中央扶贫开发工作会议强调脱贫攻坚任务重的地区，各级党委和政府要把脱贫攻坚作为"十三五"期间头等大事和第一民生工程来抓。2016年是"十三五"的开局之年。教育事业发展"十二五"规划圆满收官，我国教育进入提高质量、优化结构、促进公平的新阶段。"十三五"时期是全面建成小康社会决胜阶段，对实现教育现代化提出了前所未有的新任务、新要求。

坚持促进公平是国家教育事业发展"十三五"的基本原则之一。教育的公平性是社会主义本质要求，要发展社会主义，逐步实现人民共同富裕，教育公平是基础。注重有教无类，让全体人民、每个家庭的孩子都有机会接受比较好的教育,让教育改革发展成果更好地惠及最广大人民群众。突出精准扶贫,面向中西部地区特别是边远、贫困地区,加大对家庭经济困难学生帮扶力度。

国家教育事业发展"十三五"规划中明确提出教育发展成果更公平地惠及全民的基本目标。完成教育脱贫攻坚任务,精准扶贫、精准脱贫的效果充分显现。实现家庭经济困难学生资助全覆盖,困难群体、妇女儿童平等受教育权利得到更好保障。义务教育实现基本均衡的县(市、区)比例达到95%,城乡、区域、学校之间差距进一步缩小,建成覆盖城乡、更加均衡的基本公共教育服务体系。人民群众高质量、个性化、多样化的学习需求得到更好满足。

为全面提升教育发展共享水平,打赢教育脱贫攻坚战。国家在"十三五"规划中提出了三点任务:

(1) 全面推进教育精准扶贫、精准脱贫。对接农村贫困人口建档立卡数据库,提高教育扶贫精准度,让贫困家庭子女都能接受公平有质量的教育,阻断贫困代际传递。进一步完善贫困县的教育扶持政策,相关教育项目优先支持贫困县。鼓励地方扩大营养改善计划试点范围,中央财政给予奖补支持,实现集中连片特困地区县、国家扶贫开发工作重点县全覆盖。免除公办普通高中建档立卡等家庭经济困难学生(含非建档立卡的家庭经济困难残疾学生、农村低保家庭学生、农村特困救助供养学生)学杂费,加大对贫困家庭大学生的资助力度。继续对农村和贫困地区学生接受高等教育给予倾斜,让更多困难家庭孩子能够受到良好教育,拥有更多上升通道。

(2) 加大职业教育脱贫力度。启动实施职教圆梦行动计划,省级教育行政部门统筹协调国家示范和国家重点中等职业学校,选择就业好的专业,单列招生计划,针对建档立卡贫困家庭子女招生,确保至少掌握一门实用技能,提升贫困家庭自我发展的"造血"能力。实施中等职业教育协作计划,支持建档立卡贫困家庭初中毕业生到省(区、市)外经济较发达地区接受中等职业教育。

(3) 强化教育对口支援。实施教育扶贫结对帮扶行动,推进省内城镇中小学、优质幼儿园对口帮扶农村中小学、幼儿园,实现每一所贫困地区学校都有对口支援学校。鼓励高水平大学尤其是东部高校扩大对口支援中西部高校范围,加强东部职教集团和国家职业教育改革示范校对口帮扶集中连片特困地区职业学校。继续推进定点联系滇西边境山区工作。

(二)广东省新形势、新任务

广东省积极响应国家教育事业发展"十三五"规划各项部署,以促进公平、资助育人为工作方针,力求深入贯彻教育优先发展战略,认真贯彻落实《国家中长期教育改革和发展规划纲要(2010—2020年)》和《广东省中长期教育改革和发展规划纲要（2010—2020）》，深入落实广东教育"创强争先建高地"战略，建立健全各级各类学生资助政策。

2016年1月30日，广东省发布《广东省国民经济和社会发展第十三个五年规划纲要》（以下简称"十三五"规划），提出到2020年之前率先全面建成小康社会，率先实现基本公共服务均等化和社会保障城乡一体化，坚决打赢精准扶贫、精准脱贫攻坚战，全面完成扶贫开发任务。同时还提出，在建设教育强省的过程中，要完善教育发展保障体系，实现家庭经济困难学生资助全覆盖。

广东省教育厅提出，"十三五"时期是全省建成教育强省和人力资源强省的关键时期，率先全面建成小康社会，迈上率先基本实现社会主义现代化新征程，决定了教育必须走出一条治理体系和治理能力现代化、优质化、多样化、信息化和国际化"五化一体"的教育现代化之路。

1. 形势分析

《广东省教育发展"十三五"规划（2016—2020年）》总体目标是：到2018年，教育结构更加优化，教育服务体系更加健全，教育公平保障、教育发展质量、教育贡献程度、教育治理水平位居全国前列，教育现代化取得重要进展，基本建成教育强省和人力资源强省；到2020年，实现更高水平的普及教育和惠及全民的公平教育，教育现代化发展水平高，基本形成在国内有广泛认同度、在国际上有一定影响力的南方教育高地。由此可见，完善教育发展保障体系，加快推进教育现代化建设，大力发展学生资助工作，实现家庭经济困难学生资助全覆盖对广东省打造南方教育高地，助推"三个定位、两个率先"目标的实现有着重要的影响。广东省教育发展的"十三五"时期面临着三个方面的形势变化：

随着适龄人口规模结构的改变、人口生育政策的调整、新型城镇化加快推进，各级各类教育同时面临提升质量、调整规模、优化结构的发展重任；"十三五"时期，广东省要实现1300万农业转移人口市民化，异地务工人员随迁子女受教育问题将会非常突出；"十三五"期间实现全面建成小康社会，迫切要求完善基本公共教育服务体系。人民群众生活水平和质量的普遍提高，对于高质量、多样化的教育需求日益增长。广东省基本公共教育服务仍存在短板和薄弱环节，城乡、区域、校际差距的问题仍未获得有效解决。珠三角地区与粤东西北地区教育发展不平衡现象比较突出，粤东西北地区教育发展水平与现代化要求差距比较明显。

基于以上形势要求，广东省在"十三五"期间坚持共享发展，促进教育公平。不断扩大优质教育资源覆盖面，合理配置教育资源。加快推进义务教育城乡一体化发展，进一步缩小城乡、区域、校际间教育发展差距。切实改善异地务工人员随迁子女、家庭经济困难学生、留守儿童、残障儿童、学习困难学生受教育状况，全面推进教育精准扶贫，维护和保障不同人群公平受教育的权利。

2. 任务分析

"十三五"时期广东省学生资助面临着三大任务：

（1）健全义务教育经费保障机制。促进边远地区、贫困地区、革命老区、民族地区义务教育整体水平的提升。关注学生发展，建立学习困难学生的帮扶机制，改进优异学生培养方式。充分发挥优质教育资源的辐射带动作用，促进优质教育资源共享。

（2）做好异地务工人员随迁子女受教育工作。进一步完善异地务工人员随迁子女平等接受义务教育政策，在公办学位不足的地方鼓励政府通过购买民办学校学位服务方式，保障符合条件的异地务工人员随迁子女就学权利。

（3）实施教育"精准扶贫"工程。扩大公益普惠性学前教育资源覆盖面，帮助贫困家庭幼儿接受学前教育。全面改善义务教育学校办学条件，健全农村留守儿童教育服务体系，为贫困地区适龄儿童少年接受义务教育提供良好环境。逐步分类推进中等职业教育免除学杂费，率先从建档立卡的家庭经济困难学生实施普通高中免除学杂费，鼓励有条件的地级以上市稳步扩大免费范围。探索率先建立面向特殊群体的职业培训和继续教育工作统筹机制。完善学生资助体系，实现家庭经济困难学生资助全覆盖。健全幼儿园和高中教育家庭经济困难学生资助机制，完善从幼儿园到高等教育的资助体系，加强以学籍为基础的学生资助信息系统建设，实现与民政、卫计、扶贫、残疾人联合会等职能部门信息系统的对接，精准识别资助对象，确保应助尽助。落实资助标准动态调整机制，各地应严格落实应由本级财政负担的家庭经济困难学生资助经费。加强寄宿制学校建设，改善学习生活条件，创新寄宿制学生关爱和教育形式。继续实施农村义务教育学生营养改善计划，改善农村义务教育学生营养状况。

二、面临现实条件下的问题和挑战

对照新时期资助工作的新要求、新任务，学生资助"广东模式"需继续坚持在党的领导下，完成助困育人、立德树人、教育公平、共享发展的核心任务。纵观十年的发展，"广东模式"还存在一些需要解决的问题。

（一）资助政策体系需进一步完善

随着社会、经济形势发展，一方面现有的学生资助政策或资助政策中的部分内容已不适应当前教育事业发展形势和基层工作实际，部分制度缺乏配套实施细则或操作办法，部分资助政策和制度亟待修订完善，需结合当前经济社会与教育发展需求进行完善。如义务教育学生上学和生活成本已发生了较大变化，而广东省义务教育学生资助虽然起步早，但在较长时间内农村困难家庭义务教育生活费补助标准未能提高，截至2016年，广东省义务教育学生资助标准为每年每人200元（特殊困难的小学生为500元，初中生为750元），与全国1000元的平均标准存在一定差距；另一方面随着全省全面推进小康社会建设、精准扶贫、保障民生等措施并举的形势下，广东省学生资助现阶段仍关注助困，而以奖优、引导为目标的资助政策稍显不足，资助政策内涵和内容还有待进一步深化。

（二）精准资助实施效度需进一步提高

扶贫工作顺利开展的第一步是了解贫困人口的基本情况，学生资助的基础是准确甄别学生家庭经济困难程度。目前，各地各校一般将学生划分为一般家庭经济困难和特别家庭经济困难两档进行不同额度的资助。但这两档之间的界限并不是十分清晰，对于各地各校来说在认定操作中的可行性较低。广东省家庭经济困难学生的认定基础缺乏，导致未能精准掌握贫困学生基数，仍需进一步明确和细化。因不同地区的经济发展程度、不同学校实际情况、不同时期学生的家庭情况都差异较大，目前的资助政策对家庭经济困难学生的界定只是一个范围，未能精准涵盖有需要的学生，各地各学校在把握省定标准上存在力度不一，认定基础信息真实性、认定标准合理性、认定程序科学性、认定监督机制也存在进一步完善空间，从而进一步影响精准资助的实施实效。

与此同时，家庭经济困难学生及资助学生的大数据库建设也迫在眉睫。"互联网时代""大数据时代"已成为社会进步和发展的趋势，广东省需进一步扩大互联网技术优势，进一步创新工作方式，切实将资助对象资格审核、资料收集等复杂的工作简单化，简单的工作标准化，标准的工作流程化，流程的工作定量化。而目前各级资助工作人员的工作量有增无减，工作效率有待提高。

（三）资助信息化系统建设需加强推进

学生资助工作涉及大量学生信息和各项奖助学金的申请、审核、评审等流程，纯纸质化的人工作业方式和电子表格统计的作业方式根本不能满足学生资助工作日益发展的要求。近年来，广东省在全国学生资助信息管理的基础上开发适合广东省资助工作实际需求的功能模块，完善全省资助信息管理系统的建设工作，各地各学校学生资助工作信息化建设都有不同程度的进展，但部分部门、地区也设置了相对独立建设的信息系统，未能与省统一的学生资助信息平台实现有效对接。有待合理利用网络信息技术规范工作流程和标准，创新工作机制、运作和管理模式。若各级教育部门资助信息不全、不清、不统一、不连贯，将无法适应今后精准资助要求。学生资助信息化建设要求各地不同程度地加强培训，提高业务水平和操作水平。

（四）资助育人效果需全面强化提升

资助育人是一项系统工程，只有把各方面力量动员起来，才能构建全员育人、全过程育人、全方位育人的工作格局。当前广东省以助困育人为资助重点，采用物资资助及精神资助并重的形式开展工作，但对于日渐细化的学生资助需求未能充分满足，尤其是在受助学生发展性需求方面。而广东省教育厅一直将资助育人作为资助过程中的一项重要工作和考核指标，但是资助育人的手段目前可能更侧重于教育和典范宣传。随着教育竞争的加剧，学生的需求不仅仅停留在学业的完成，更在于综合能力的发展。学习机会的欠缺和资源的匮乏逐渐拉大农村学生、贫困生与其他学生之间的差距。此外，学生心理因素需加强关注。由于经济压力，受资助学生在学习、人际交往和社交生活上都会表现出明显的自信心不足、不善交流或焦虑的状态，当前学生资助"广东模式"着力满足学生经济资助需求，并开始关注因家庭经济困难衍生出的学生的心理问题，但因资助服务人员人力不足等因素，部分地市仍缺乏系统化、科学化的受助学生心理援助、能力建设机制，在对学生个体进行跟踪辅导，实施心理资助与能力资助方面有待加强。

第二节　发展建议

党的十九大报告指出："必须把教育事业放在优先位置，努力让每个孩子都能享有公平而有质量的教育"，同时指出要"健全学生资助制度，使绝大多数城乡新增劳动力接受高中阶段教育、更多接受高等教育"，为新时代学生资助工作发展提出了新要求。同时，基于全省未来面临的新形势和新任务，及在现实条件下的问题和挑战，本节从资助理念、政策体系、多元资助、机制完善、人才培养、信息化建设等六大维度进行阐述分析，为进一步完善学生资助"广东模式"提供系统建议。

一、资助理念维度

资助理念是学生资助工作的理论基础，更是行动导向。不仅要从多视角认识和把握，还要从理论上进一步深入思考，进一步增强用发展新理念指导实践的自觉性和坚定性。只有牢牢把握科学系统的资助工作理念，并在实践中不断创新理念，才能为实践提供方向，才能促进全省教育事业的稳步发展。以下将从教育公平、共享发展等理念延伸与拓展角度提出建议。

（一）教育公平理念

1. 确保困难学生享受平等受教育的基本权利

首先，确保每个家庭经济困难学生都享有平等受教育的权利，享有个体发展所必需的教育资源与对优质教育资源的竞争机会，不因其民族、种族、性别、家庭出身等差异而不同，不受经济状况、家庭环境、教育规模、地域等因素的影响而不同。加大力度资助全省少数民族聚居区少数民族学生接受教育，实施建档立卡精准资助，全面启动教育精准扶贫全覆盖行动，建立健全家庭经济困难学生资助政策体系，不让一名学生因家庭经济困难而失学。其次，全面提升各级各类教育普及水平，努力扩大多样化高质量教育服务供给，加快推进基本公共教育服务均等化，切实保障全体人民平等受教育权利，教育保障条件不断改善，教育发展和公平程度迈上一个新台阶。

2. 加快缩小教育差距，合理分配教育资源

近年来，广东省乡村教育在学生资助资金的投入和政策的扶持力度上，都有着有目共睹的进步。乡村学生资助工作、校舍、师资配备、各种教育激励制度以及生活设施，都有了显而易见的提高。但这种提升，因为区位、人才和经济状况的差异，而呈现出形态各异的差别。这些差别直接导致了包括城乡教育质量在内的多种差异。而这种差异将在诸多方面深刻地影响全省教育事业均衡化的发展。因此，要努力消灭城乡差距、区域差距、教育资源差距等问题，合理配置教育资源，向基础教育、欠发达地区、边远贫困地区和民族地区倾斜，让贫困地区的孩子们接受良好教育，实现全人发展，让他们在同一起跑线上，实现"人人享有人生出彩的机会"。

（二）共享发展理念

2017年，习近平总书记对广东省新时期的发展提出"四个坚持、三个支撑、两个走在前列"的重要批示，要实现上述目标就必须坚持"人民主体，成果共享"的基本原则，坚持"共享发展，增进民生福祉"的基本理念。只有坚持发展为了人民、发展依靠人民、发展成果由人民共享，努力解决人民群众最关心、最直接、最现实的利益问题，才能让人民在共建共享中有更多获得感。

1. 提高普及程度，保障人人享有受教育的机会

扩大资助范围，提高资助标准，针对人民群众反映强烈的突出问题，集中攻坚、综合改革、重点突破，加快补齐薄弱环节。加快发展学前教育，义务教育"学生营养"计划，重点保证粤东西北翼地区农村适龄儿童和实施全面二孩政策城镇新增适龄儿童入园需求，消除随迁子女异地就学障碍，巩固留守儿童关爱服务体系，全面推进全省普通高中免费教育、普职融通、医教结合的特殊教育体系，以及全省教育"兜底化、全面覆盖化和均衡普惠化，甚至教育福利化"的资助新阶段。

2. 提高资助水平，为学生提供更加优质的教育

缩小教育差距，为每个学生提供更加优质的教育，扩大优质教育资源覆盖面是教育共享发展的重要任务。转变资助发展方式，实现从规模扩张到内涵发展，把提高质量作为新时期资助工作主题。通过精准资助、精细管理、精心服务，合理配置资助资源，使贫困地区、困难群体教育水平达到全省平均教育水平，加速从"有学上"向"上好学"转变，全省教育进入"以提高质量和效益为中心"的内涵发展新阶段。

3. 创新搭建育人平台，为人人成才创造良好条件

这就要求坚持因需施助，为家庭经济困难学生提供适宜的资助方式，是资助工作共享发展的深层次要求。"治理之道，莫要于安民；安民之道，在于察其疾苦。"坚持以学生的需求为中心，着眼于学生长远发展，创新人才培养模式，以深化资助内涵为核心，以提升学生综合能力为立足点，坚持立德树人，将社会主义核心价值观有关内容纳入学生发展核心素养和学业质量标准，积极推进人才培养与社会需求协同，与实务部门、科研院所、相关行业部门共同推进全流程协同育人模式。坚持能力培育，丰富资助内容，提升资助育人效果。

二、政策体系维度

从学生资助政策体系的完备度、政策的公平性、政策导向功能等方面展开建议，为学生资助"广东模式"的制度完善提供参考借鉴。

（一）政策体系的完备度

1. 进一步完善学生资助政策体系

加强研究生资助工作管理，调整学前教育资助制度和义务教育学生资助政策，提高资助标准，实现各教育阶段学生资助政策全覆盖。完善各级各类家庭经济困难学生资助资金管理办法。加大财政投入，将家庭经济困难学生资助经费纳入各级财政年度预算，确保逐年稳步提高。以政府资助为主体，充分调动学校和社会的积极性，合理配置各类资助资源。建立资助标准动态调整机制，提高学生资助水平和资助比例。

2. 完善广东特色学生资助制度

巩固"把学生资助工作列入全省十件民生实事"的工作机制和成效。在按照国家要求贯彻实施国家学生资助政策的同时,根据广东省实际情况,不断丰富完善具有广东特色的学生资助制度。持续实施家庭经济困难大学新生资助政策、少数民族聚居区少数民族大学生资助政策,并根据全省经济社会情况及教育水平面临的新形势,动态调整政策。同时各地教育部门根据当地实际,进一步丰富完善本地学生资助政策,充分调动学校和社会力量参与家庭经济困难学生资助,加大资助力度。

3. 丰富学生资助项目与形式

一方面,通过建立健全学生资助政策,不断完善资助制度,学生资助项目日益丰富,既优先保证家庭经济困难学生入学的"绿色通道",还包括对家庭经济困难学生生活费补助的助学金、解决学费的国家助学贷款,也有对学习优秀学生奖励的奖学金,更有覆盖面更广的义务教育和中职教育免学费资助。另一方面,可积极探索其他资助方式,如为家庭经济困难学生提供的临时性应急性保险、教育券、生活资助包等多形式、以满足家庭经济困难学生群体不断发展的资助需求,促进全省学生资助工作体系日臻完备。

(二)政策的公平性

1. 保障资格认定的公平性

家庭经济困难学生的资格认定是家庭经济困难学生资助工作的核心和基础,资格认定是否公平直接决定了整个制度的公平性。出台家庭经济困难学生认定标准和细则,区分不同困难档次,明确标准、程序、监督等方面做出明确规定,以公开、公正、公平的原则,甄别出资助对象,针对不同的困难档次做出不同的资助措施,做到资助对象精准,资助措施精准,使应该得到资助的学生都能得到相应的资助,从而提高资助制度的公平性。

2. 改进工作程序,实现主动资助

改进建档立卡家庭经济困难、低保家庭和残疾学生的认定、资助程序,将原来"自上而下"以学生申请为主,改为"自上而下,上下结合"方式,充分运用信息管理和大数据系统,及时了解学生的需求动态,实现"应助尽助"。

3. 切实兜好底线,着力补足短板

各校应及时掌握因病、因灾以及突发性事件等致贫致困的学生信息,对突遭变故致贫、返贫的学生提供应急救助,兜好学生不失学、不辍学的政策底线。实施应急扶困后,跟踪受助学生的家庭经济困难状况,根据家庭经济困难等级适时

纳入政府常态化资助，补足常态化资助流程相对滞后的短板。

（三）资助政策导向功能

1. 学生资助政策具有社会福利性质

学生资助属于公共服务范畴，也具有社会福利的独特性质。中国教育资助政策资源可以被视为一种教育领域的福利性政策和服务，它体现了一种政府责任或"社会义务"。① 因此，要强化资助政策的助困功能，应加大经济资助的力度和广度，在资源供给上加大财政投入，提高资助标准，扩大资助面，发挥资助政策的助困兜底功能。

2. 我国学生资助政策也蕴含着培养人才，即育人功能

我们把贫困生资助工作的目标划分为两个层次：首先是浅层次的目标，物质解困，即帮助解决贫困生的学习、生活方面的实际困难；其次是深层次目标，精神解困，即关心贫困生的思想心理方面的健康，促进他们全面成才。② 这就要求学生资助工作必须以"立德树人"为统领，充分发挥"育人"功能，要把落实"立德树人"根本任务和"人人成才"教育目标融入资助工作的全过程，构建全员育人、全程育人、全方位育人的学生资助体系。一方面，积极探索不同教育阶段资助育人规律，继续加强在理论和实践方面的调查研究，召开学术研讨会、座谈会和经验交流会，交流各地、各高校资助育人的成功经验，推动学生资助工作发展。另一方面，探索高校学生资助育人提升计划，向全省征集推进学生资助育人提升项目，建品牌，创特色，建立一批覆盖面广泛、影响力深远的学生资助育人品牌项目。

三、多元资助维度

学生资助"广东模式"基本建成以政府承担为主，学校、社会为辅的多元主体参与资助工作的格局，并在工作中取得较好的成效，在社会上营造资助育人的良好氛围。尽管各市县均有不同程度建立以政府资助为主导，学校资助为补充，社会资助广泛参与的资助工作模式，但相对于日渐增长的家庭经济困难学生数量、日趋细化的学生资助需求而言，资助资金多元化、资助内容多元化等资助

---

① 谭兵，张建奇. 贫困大学生教育资助政策分析 [J]. 广东社会科学，2007 (5)：195-200.
② 李萍. 构建高校学生资助长效机制的实践与思考 [A]. 北京市高等教育学会. 着力提高高等教育质量，努力增强高校创新与服务能力——北京市高等教育学会 2007 年学术年会论文集（下册）[C]. 北京市高等教育学会，2008：6.

的程度仍需进一步加强。

(一) 从资助主体而言

从资助主体而言,必须畅通和利用多元的资源渠道,搭建资助平台,为全省学生资助工作发展提供足够的资源保障。

1. 政府层面

政府作为学生资助工作的主体,承担着学生资助工作的主要责任,目前全省学生资助资金主要以各级政府财政经费为主,学校和社会资助为辅。建议省级财政加强对学生资助发展趋势、资金规模的分析预测,根据省经济发展水平建立资助经费保障机制,完善省级统筹,合理配置资助资源。资助资金坚持向扶贫开发重点县、民族县、革命老区等粤东西北地区和基础薄弱地区学校倾斜。

2. 学校层面

目前,部分学校未能按照相应的比例提取事业收入用于学生资助,社会资助也较为薄弱。因此,一方面,加强监督,确保学校按照相应的比例提取事业收入用于学生资助;另一方面,建议对各级各类学校的事业收入给出明确的规定。引导各类学校加大学生资助经费的投入,调动学校学生资助工作的主动性和积极性,放大学校奖助学金财政投入的实际效益,建立合理的考核激励措施对特殊专业、贫困生较多高校和提取资助经费较好的高校予以倾斜支持。[①]

3. 社会层面

为了充分激发和引导企业、团体和个人等社会捐资助学的活力和良好社会氛围,动员社会力量,创办助学基金,构筑政府、学校社会共同资助家庭经济困难学生的多重保障,其一,可以出台社会资助激励措施,如"以捐代税"等社会资助激励措施,联动企业、社会团体、慈善组织及个人等,发挥广东宗祠文化及广东毗邻港澳地缘优势,广泛发动宗亲会及侨胞、校友、公益慈善资源,开展捐资助学工作。其二,增强社会捐资助学氛围。利用新闻、广播、网络等媒介,积极宣传高校贫困生及其资助体系的现状,引导社会舆论的广泛参与,鼓励企业承担社会责任,并对积极从事捐资助学的单位和个人实施表彰、奖励等,发挥典型引领作用,构建全社会广泛关注,共同推动学生资助发展的格局。

(二) 从资助内容而言

一方面,广东省已建成"奖、助、贷、补、免、减"多元化资助体系,可以基本满足贫困生求学和生活需求,保障他们顺利完成学业。另一方面,以经济

[①] 参见广东省教育厅学生助学工作管理中心业务研究项目《广东省高校学生政策研究》。

资助为主的资助项目无法满足贫困生学习成长过程中不断变化的新需要,不能帮助贫困大学生实现真正意义上的"脱贫"。只有通过构建经济资助、能力资助、心理资助三位一体多元资助平台,关注贫困大学生,需求为本,丰富资助内容,完善资助模式,才能做到根本意义上的"资助育人",贴近学生资助需求,促进困难学生的个人发展。

1. 以能力培育为先,搭建强能资助平台

"授人以鱼,不如授人以渔。"对于家庭经济困难学生,既要授之以鱼,也要授之以渔,鱼渔皆授。对于家庭经济困难学生,我们不仅应该从物质上予以关怀,更重要的是,要将他们培养成独立自强,能在社会立足,为社会发展做贡献的人才。建立"多层次、个性化、立体化、校企协同"的强能资助平台,有助精准提升困难学生的综合素质和职业发展能力。

首先,可以通过举办各种论坛、交流会、讲座的方式,丰富学生的见识,开拓学生思路,为其提供基础文化素养;其次,针对就业技能对学生能力素质的要求情况,将重点从"输血"向"造血"转移,有计划、有组织地对不同学生进行各种能力的培训,包括礼仪培训、办公软件培训、演说能力培训、团队体验式实训、职业规划培训等,增强学生求职能力和素质,为其进入社会提供自信;最后,学校可以通过整合资源,利用行业协会资源和优质校友企业资源,瞄准家庭经济困难学生素质与能力短板,加强与企业或事业单位合作,建立实践基地,为学生提供对口实践机会,以此增强学生的动手能力和实践能力。

2. 以心理资助为重,搭建心理资助平台

贫困生群体在承受较大的经济压力的同时,还不同程度地承受着社会竞争、价值观念多样化、人际关系复杂化和生活节奏加快等因素的影响,相当大的一部分不同程度地存在着自卑现象和心理健康问题[①],如果处理不当,很容易引起其他更为严重的个性和心理问题。因此,在经济资助已经相对成熟的同时,贫困大学生的心理资助迫切需要关注。

秉着以人为本的资助理念,建立一个包含优化贫困生心理辅导工作、重视社会支持体系的情感援助功能的贫困生"贫困心理"干预体系。首先,建立贫困生心理档案,关注贫困生的心理动向,不仅是在生活学习中予以关怀,利用学校辅导员、班级干部对于其加以关怀,由过去被动接受学生求助变成主动关怀,将学生的心理问题解决在萌芽阶段,并落实跟踪机制;其次,同时开设心理健康知识培训,帮助学生掌握维护和增进心理健康的基本方法和途径,及时疏导情绪;

---

① 段俊磊,肖迪,唐润葆.浅论贫困生资助体系的完善在心理健康教育中的积极作用[J].世纪桥,2011(13):145-146.

最后，加强学生的社会主义核心价值观教育，倡导艰苦奋斗和勤俭节约的优良传统，鼓励学生"以勤代补""勤工助学"并参与公益活动，从传统的"给予"转为"回报"，提高其回报社会的责任意识，同时提升个人自信。

四、机制完善维度

从宣传机制、监督检查、考核评价、精准运作机制等方面优化资助工作流程，提高资助资源转化效率，为学生资助工作提供实践机制保障。

（一）进一步完善宣传机制，扎实推进工作

继续做好政策成效宣传。加大学生资助宣传，拓展宣传渠道，创新宣传形式，进一步完善宣传内容、方式、手段，确保国家的资助政策家喻户晓，把好事做好，把好事宣传好，不断提升资助政策的社会知晓度和影响力。

（二）加强监督检查，落实长效监督机制

加强监督检查评价，规范日常工作，加强资助资金使用发放监管，加强资助政策咨询，群众投诉的社会监督等，形成成效监督机制。

（1）组织开展资助政策落实情况专项督查和其他专项检查，加大监管力度，推动资助政策落到实处。学前教育阶段侧重地市资助资金分担配套是否到位；义务教育阶段侧重"一补"资金发放情况和农村义务教育学生营养改善计划试点工作情况；中等职业教育阶段侧重地方资助补助资金分担配套到位情况和校外联合办班情况；对高等教育阶段，侧重奖助学金评审和评定工作公平公正公开，学校提取使用资助资金情况等。

（2）着力加大对资金安全的监管，对违法违规行为进行及时查处。完善资助制度，严格监督程序，确保资助工作公平公正。排除弄虚作假或恶意破坏正常资助秩序的情况，出现问题要及时批评教育，把好事办好，把实事办实。除通报批评、及时追回财政资金外，应追究相关责任人的行政、法律责任。

（3）完善资助工作社会监督渠道与途径，各级学生资助工作部门、各校应提供多种咨询途径，设立投诉热线或信箱，接受学生、家长的咨询、意见、投诉等。学校应定期对资助工作的开展进行总结，并借用公告栏、学校网络平台等发布，接受社会监督。

（三）多措并举考核评价，扎实推进工作标准

一方面，各级教育部门应制定长效考评机制，要求各校制定考评方案、考核

办法，定期进行自查自评，对资助工作进行定期监督检查。另一方面，加强第三方审计和绩效评价工作，建立高校助学贷款违约定期通报制度、专项资助情况月报制度、专项资助约谈并定期整改制度等，通过召开培训会、专项工作会议、视频会、约谈会、评审会，开学检查、信访接待、专项督查、联合检查、第三方审计等形式，及时发现问题，督促各项学生资助工作的全面落实，推动提升学生资助管理水平。

（四）建立健全精准运作机制

统筹协调，精细管理。一是健全工作机制。要大力做好机构建设工作，理顺工作机制，进一步完善"省—市—县—校"四级学生资助管理工作指导机制，加强部门协调联动机制。二是确保政策覆盖到全部学校。学校"不漏一校"，项目"不漏一项"，政策宣传"不漏一人"。三是统筹各项政策。特别是高校，要统筹整合各层面政策，根据不同资助项目特点，有的放矢，有序安排，精准投放。四是统筹发挥好政府、学校、社会功能。强化各级政府在学生资助中的责任，落实市、县配套资金。切实落实学校责任，充分发挥校内资助经费的作用。五是统筹兼顾好有偿与无偿资助项目。

五、人才培养维度

学生资助管理人才队伍是发展学生资助工作的重要影响因素。只有重视人才培养，才能为学生资助工作的可持续性发展提供坚实的人力保障。工作队伍建设、智库建设是全省资助管理人才培养的关键内容，有利于积极引导并规范各地学校全面贯彻落实国家资助政策，有利于打通学生资助工作落实的"最后一公里"，有利于培育一支有理想、懂政策、熟业务的高素质人才队伍。

（一）队伍建设

部分地市和学校对落实资助政策的重视程度不足，影响学生资助工作的长效性和规范性，对于怎样建设资助工作队伍，如何保持工作队伍的稳定性，缺乏正确的认识，导致学生工作队伍建设过程中出现问题，建设效果不太理想。[①] 为了进一步提升资助工作队伍建设质量，为学生资助工作的高效开展提供相应的人力资源保障，可以从以下几方面入手：

---

① 卢洁，苏政，王荷珣. 新时期高校学生资助工作队伍建设的探讨［J］. 科教文汇（中旬刊），2016（7）：154－155.

(1) 健全资助管理机构建设，增强资助工作条件保障。随着学生资助政策的体系化，资助覆盖范围的扩大，学生资助的工作任务也越来越重，资助监管的难度也不断加大，如果缺乏专门的机构和人员，要完成如此系统、精细的工作难度确实相当大。为了扎实做好学生资助工作，一方面，建议进一步完善各地各校的学生资助管理机构建设，按教育阶段配备足够专职人员；另一方面，各地市指导全县（市、区）等单位设立县级学生资助工作机构，完善县（市、区）教育局和学校资助管理队伍，确保各级资助管理机构均有专职专人负责学生资助管理工作，并保持资助人员的相对稳定。同时，全面实现各教育阶段学生资助工作归口管理，进一步夯实"省—市—县—校"四级学生资助管理体系，提高工作实效。

(2) 强化服务理念，加强业务能力培训。加强各地各校一线资助工作人员育人服务理念、工作能力培训，依托"省—市—县—校"四级资助管理体系，组织学生资助工作人员认真学习和掌握学生资助政策文件精神，定期举行资助育人工作经验交流和培训活动，把握资助政策新动态、学生新情况、助学新方法，增强业务能力，提高资助水平。

(3) 建立健全考评激励机制，强化目标导向作用。一是严格工作人员准入标准，选拔高素质工作人员，促进工作队伍整体素质得到响应提升。二是加强工作督查考核，建立绩效考评制度，畅通监督渠道，广泛接受家长和学生监督，促进学生资助工作全面落实。三是选树典型，表彰先进，强化激励引领。在全省基层广泛开展学生资助工作单位典型和个人评优活动，挖掘推广各地各校先进经验，展示风采；在各地各校发挥榜样力量，对优秀工作者进行表彰及人物先进事迹广泛宣传，充分激发广大资助工作者"撸起袖子加油干"的工作热情，提高全省整体学生资助工作水平。

（二）智库建设

(1) 建立全省学生资助工作专家库智库，提升智力支持。一方面，积极邀约各高校、地市资助工作专家和业务骨干，组建全省学生资助工作专家库，为全省资助工作专项研究、资助工作督察提供智力支持，为不断完善全省资助政策理论建设提供智慧支持。另一方面，建立健全集技术和政策专家为一体的专家库运行机制。合理运用互联网＋和大数据技术，建立一支"强核心、大协作、开放式"的集科技与政策专家、省内与省外专家为一体的专家库网络。组织开展资助工作学术交流，搭建全省乃至全国资助工作经验交流研讨平台、拓宽资助工作理论与实践研究视野，推介全省乃至全国资助工作成效，促进资助工作水平稳步提升。

（2）探索社会智库参与决策咨询服务的有效途径，营造有利于社会智库参与的良好环境。一方面，探索承担政府课题和参与政府购买服务为一体的决策咨询模式。建立政府委托和购买决策咨询服务制度，通过签订任务协议，确保其能够有效参与。拓宽智库与政府的沟通渠道，鼓励省级智库单位主动提交高质量的调研报告和内参刊物。另一方面，畅通渠道，建立公众参与决策咨询制度。通过公开通留言平台、公布联系方式、采用社会征集等多种方式，向公众征求意见，发挥群众智慧，为资助工作决策提供群众基础。

（3）加强学生资助模式研究，不断丰富"广东模式"内涵。总结各地各校资助工作经验与创新手法，应用行动研究模式，对创新型、探索型资助模式实施、理论模型设计、执行过程跟进、成效评估、推广应用，实施全过程跟踪研究，助力全省资助模式的创新研发与成果转化，同时定期汇编研究成果，落实年度资助发展研究报告制度，不断丰富学生资助"广东模式"经验体系。

六、资助技术体系维度

随着国家新资助政策体系实施后，学生资助工作呈现出业务量成倍增长，业务种类持续增多，工作复杂度和难度日益增加的特点，新形势和新任务对资助工作又提出了新的、更高的要求。而构建学生资助技术体系是适应这种新形势新任务的必然结果。学生资助工作是一项技术建设，是一项复杂的系统工程，必须采用科学的管理、合理的方法，以信息技术作为此项工作的技术支撑，采取创新的模式，以系统和科学的思维做好技术建设工作，就是说不仅仅是一个信息平台的建设和技术问题，更是一个管理机制的创新问题。发展学生资助技术可以从信息技术和金融技术两方面来考虑。

（一）信息技术方面：加快资助管理信息化，加快信息共享进程，提升资助业务管理水平

（1）加快信息系统建设应用。配合教育部做好全国学生资助管理信息系统的建设、运行和完善工作。在全国系统基础上，进一步根据全省资助政策体系开发完善广东学生资助信息管理系统和学生资助服务平台。

（2）加快发展"互联网＋资助"。首先，以"信息大数据分析"为总抓手，加强资助信息化的统筹规划和顶层设计，构建全省资助数据服务中心，建立基于大数据的资助管理支持体系，为提高教育决策与服务提供强大数据支撑。其次，充分利用网络资源，建立家庭经济困难学生认定信息系统平台。探索建立家庭经

济困难学生移动信息平台,实现通过移动终端,查询政策、办理事项、接收通知,使受助学生能及时获知奖助学金发放、贷款放款等资助信息,为家庭经济困难学生提供更人性化的服务。同时,在广东省出台家庭经济困难学生认定方案或者指导方针的基础上,各地各校依据统一认定标准和本校生源的实际情况,制定适合本校的家庭经济困难学生认定办法。各地各校应充分运用学生资助管理信息系统,使认定工作更加公开、公平,便于监督和管理,从而确保应助尽助,资助到最需要的人,实现精准资助。最后,以深化"三精准"工作手法为重点,即精准资助、精细管理、精心服务,加强资助信息化基础支撑能力建设。对学生家庭经济状况评估、困难生认定、资助资源分配、学生申请、学校和教育部门审核、资金下达、发放、评审实施全过程信息化精准管理,建成国家、省、市、县和学校互联互通的资助资源公共服务平台,实现与扶贫、民政、残疾人联合会等职能部门数据信息系统的对接、共享,及时掌握全省适龄人口结构、困难人口分布以及适龄儿童家庭情况,实施动态精准管理。

(3)构建信息安全防范系统,确保资助信息安全。定期发布安全预警,要求各地各校落实信息安全要求,严格执行操作规范,确保学生资助信息安全。同时,加强法制建设和安全保密工作,坚决贯彻执行国家有关信息化建设的法律法规,并且根据广东省的实际情况,及时制定一些地方性法规、规章。通过这些类似的措施来有效保障学生资助工作的网络安全。

(二)金融技术方面:应用金融技术手段,提高资助业务管理效率

(1)推动国家助学贷款管理引入电子支付与管理技术。开发引入电子支付技术,通过与金融机构等平台的合作,实现助学贷款业务系统和金融机构平台的全面对接。助学贷款的发放和回收实现封闭运行,免除学生还款手续费,简化还款程序。同时为了拓宽还款渠道,方便学生和家长还款,推动研发助学贷款还款专用POS机以及配套结算系统,实现线上与线下多渠道还款,有助于工作效率大幅提升。

(2)加快学生资助卡全面推行。为规范国家的助学金发放管理工作,加快推动在全省范围内推行中职学生资助卡和普通高中学生资助卡的使用。学生资助机构或学校采用县级或市级集中发放模式,将国家助学金打入受助学生的资助卡中,避免学生虚报冒领等违规现象发生,也为助学金发放提供强有力的技术支撑,有利于提高资金发放工作效率。

第三节　未来展望

从2007年起学生资助"广东模式"历经十年发展，始终坚持党的领导，回应人民的需要，逐渐完善资助政策体系，建立了具有广东特色的学生资助模式。回顾过去，展望未来。经过十年不断实践和摸索、调整完善，广东省已经逐步构建形成了多维立体全覆盖的学生资助"广东模式"，并取得了不菲的成绩。面对着新时期、新形势、新要求，广东省学生资助工作在未来的发展中面临着更艰巨的任务，不仅要求资助体系和资助规模上的不断完善，更要求学生资助工作质的转变。

"十九大"提出了中国特色社会主义进入新时代，教育作为中华民族伟大复兴具有决定性意义的事业，"优先发展教育"是"提高保障和改善民生水平，加强和创新社会治理"的重要举措。要扎实办好人民满意的教育，那就必须"全面贯彻党的教育方针，落实立德树人的根本任务，发展素质教育，推进教育公平，培养德智体美全面发展的社会主义建设者和接班人"[①]。报告也指出了我国社会主要矛盾已经转化为人民日益增长的美好生活需要和不平衡不充分的发展之间的矛盾。人们的生活已不仅仅是解决温饱的问题，而是生活质量提升的问题。时代所趋，今后教育发展的任务必然是进一步促进教育均衡发展，解决好不平衡不充分的问题，满足人民日益增长的享受更公平更高质量教育的需要。

教育部陈宝生部长在"十九大"之后也提出了我国教育改革已进入了中国特色社会主义新的历史阶段，面对新形势新任务，我国教育还不能完全适应人的全面发展和经济社会发展的需要，现代教育公共服务体系、现代教育治理体系、现代教育保障体系还不够健全。在这种形势下，学生资助工作必须有质的蜕变，以回应时代的需求，为教育发展、经济转型、科技创新、文化繁荣、民生改善、社会和谐提供有力支撑。

广东省现有的学生资助模式在本质上仍属于传统的"扶困助学"的工作模式，从前面章节的分析可知这种模式能够解决学生因家庭经济困难而辍学的问题；在生活上保证了学生在校期间的基本生活需求和学业需求；在教育公平上促进了教育公平和社会公正，让学生不因贫困而失学，让每一个人都享有同等的教

---

① 人民网. 决胜全面建成小康社会 夺取新时代中国特色社会主义伟大胜利——在中国共产党第十九次全国代表大会上的报告[EB/OL]. (2017-10-18) [2017-10-28]. http://cpc. people. com. cn/n1/2017/1028/c64094-29613660. html.

育机会。① 然而，在新形势下，助困型的资助并不能满足教育改革的需求，更不能满足人才培养的需求。社会矛盾的转化衍生出对学生资助工作的更高期望，延伸覆盖学前教育阶段、义务教育阶段、高中阶段的基础教育普惠式资助与以人为本、可持续发展的发展型资助势在必行。

一、完善基础教育普惠式资助体系，促进教育均衡发展

（一）普惠式资助的必要性

1. 普惠式资助是新时期保障民生的需求

"十九大"报告已明确提出到2020年全面普及高中教育，另外在保障民生的七大举措中提及两项教育任务："幼有所育"——高度重视农村义务教育，办好学前教育；"学有所教"——健全学生资助制度，推进教育公平，真正达到增进民生福祉的根本目的。在《广东省中长期教育改革和发展规划纲要（2010—2020）》中已经明确提出2020年的发展目标是全省高质量高水平普及学前到高中教育，义务教育均衡发展水平显著提升，高中阶段毛入学率达到90%以上。② 由此可见，建立普惠式资助，覆盖从学前教育阶段到高中阶段的基础教育保障体系，是新时期提升民生福祉，提升人才质量，培养社会主义合格建设者和接班人的必然举措。

2. 普惠式资助是顺应广东省经济水平发展的需要

广东省的国民生产总值已经连续十多年位居全国第一，物质文化水平决定精神文化水平，当经济生产水平达到一定程度时对人才的知识文化水平要求也会相应提高，普及高中阶段基础教育，优化人才结构势在必行。目前，广东省已经全面实行了九年义务教育，普及了中职教育阶段的免学费政策，部分经济发达城市已经实现了高中阶段免费教育，但是学前教育阶段却没有公益性或福利性的政策保障。经济增长带来了人民需求与物质增长不相平衡的矛盾，也会带来贫富差距的扩大。根据翟博的研究，居民平均受教育年限的提高，教育基尼系数呈现下降趋势③，由此可见，居民的受教育年限越长，体现出教育公平程度越高。

---

① 索文斌，闻羽. 高校发展型学生资助工作刍议［J］. 思想教育研究，2014（11）：90-93.
② 中华人民共和国教育部. 广东省中长期教育改革和发展规划纲要（2010—2020）.［EB/OL］.（2010-10-26）［2017-10-10］. http://old.moe.gov.cn//publicfiles/business/htmlfiles/moe/s4604/201011/110935.html.
③ 翟博. 中国基础教育均衡发展实证分析［J］. 教育研究，2012（5）：22-30.

3. 普惠式资助是对教育均衡发展的最终回应

根据翟博的研究，造成基础教育（包括义务教育阶段和高中阶段）发展不平衡的主要原因是由于基础教育资源配置不均衡，是由长期以来我国在基础教育资源配置上的城市趋向，以及在教育制度和政策上的重点学校导向影响的结果。"教育均衡最终是教育资源配置的均衡。"① 当教育成为福利性和公益性的保障体系时，才能确保每个人都有同等、公平受教育的机会，才能真正达到教育公平。教育均衡发展不仅是关系国家战略的重大问题，也是落实新发展理念的需要。

（二）普惠式资助的内涵

1. 普惠式资助的受益主体具有多元性

普惠式资助不仅能够让更多的学生及困难家庭受益，而且可以让更多的学校享有优质的教学资源，同时对国家的发展也具有重大的人才培育作用。相比于当前学生资助"广东模式"达成的教育阶段全覆盖，公办和民办全覆盖、家庭经济困难人群全覆盖，普惠式资助的覆盖面更广，覆盖程度更高，而且能够达到同等质量的教育资源覆盖。

2. 普惠式资助对弱势群体进行资源再分配

学生资助是以社会公正和社会稳定的实现为宗旨。社会公平的前提是人们享有公平的待遇。约翰·罗尔斯在《正义论》中提出"为了平等地对待所有人，提高真正的同等的机会，社会必须更多地关注那些天赋较低和出身于较不利的社会地位的人们。这个观念就是按平等的方向补偿由偶然因素造成的倾斜"②。在现代社会，受教育的权利是个体在社会中生存、发展的必要条件。普惠式资助能够保证所有的群体都在同一起跑线上享有同样的受教育机会，将教育资源从优势群体中解放出来，均衡调度到每一个学生。

3. 普惠式资助保障了教育质量的均衡发展

学生资助"广东模式"虽然能够为家庭经济困难学生起到有效兜底的作用，但是在提升弱势群体受教育待遇和受教育质量方面，仍有改善的空间。普惠式资助不仅从横向方面扩大了资助覆盖面，而且从纵向深度上提高了教育的质量。不仅能保障教育起点的公平，而且通过确保教育硬件设备和软件制度及师资等资源的均衡配置，达致教育过程和教育结果的公平。

---

① 翟博. 中国基础教育均衡发展实证分析 [J]. 教育研究，2012（5）：22-30.
② [美] 约翰·罗尔斯. 正义论 [M]. 何怀宏，译. 北京：中国社会科学出版社，1988：101.

(三) 普惠式资助的实践建议

1. 加大教育经费在财政经费中的比例

广东省教育厅发布的《广东省 2016 年度教育经费统计快报》显示，2016 年全省各地的财政性教育经费为 2487.58 亿元①，广东省 2016 年 GDP 达 79512.05 亿元②，2016 年广东省财政教育经费占 GDP 的比例是 3.2%。而 2016 年全国财政教育经费投入占全国 GDP 的比例为 4.22%，并且从 2012 年开始便连续五年保持在 4% 以上的水平。③ 虽然广东省在教育经费投入的总数和 GDP 的总数上都是全国第一，但是在人均教育投入水平和教育占比上都相对落后。广东省要建立成为人才大省和教育强省，那必然要加大教育经费投入，重视教育在国民经济发展中的地位，才能实现学生资助的普惠性和公平性。

2. 教育资源的配置要适量、同质

教育均衡发展是教育资源均衡分配的过程。目前的教育存在区域发展不均衡、城乡发展不均衡、学校不均衡以及受教育群体不均衡等问题。优质的教育资源主要集中在家庭经济条件较好的学生群体，而家庭经济困难的群体或者是普通家庭，其接受的教育质量相对较差。不同受教育群体在教育质量水平不同的地区间、学校间的分布不均衡。因此，普惠式学生资助务必要打破这种城镇与农村、重点学校与一般学校、发达地区与贫困地区的二元分割机制，运用行政手段对教育资源进行再分配，在财政投入、条件保障、教师资源和教育方式等方面落实配套资助措施，实现教育资源共享。以普惠式资助实现教育均衡发展，一是通过行政手段引导教育资源向经济不发达地区倾斜；二是通过融合教育协助残障儿童与正常儿童享有同等的教育机会；三是通过政策优惠和补偿资助让民办学校和公办学校具有同样吸引力；四是通过对教师的激励和培训制度资助更多的优质师资投身经济欠发达地区的教育事业。

3. 普惠学前教育，确保学前教育的公益性质

《国务院关于当前发展学前教育的若干意见》④ 中提出"发展学前教育，必

---

① 广东省教育厅.2016 年度教育经费统计快报[EB/OL].(2017 - 05 - 08)[2017 - 10 - 10]. http://www.gdhed.edu.cn/gsmpro/web/jytwap/content.jsp?infoid=506291&pageId=6&contentSize=1.

② 数据来源于广东省统计局。

③ 教育部, 国家统计局, 财政部.2016 年全国教育经费执行情况统计公告: 教财[2017] 6 号[EB/OL].(2017 - 10 - 18)[2017 - 10 - 18]. http://www.moe.edu.cn/srcsite/A05/s3040/201710/t20171025_317429.html.

④ 国务院.关于当前发展学前教育的若干意见: 国发[2010] 41 号[EB/OL].(2010 - 11 - 24)[2017 - 10 - 10]. http://www.gov.cn/zwgk/2010 - 11/24/content_1752377.htm.

须坚持公益性和普惠性，努力构建覆盖城乡、布局合理的学前教育公共服务体系，保障适龄儿童接受基本的、有质量的学前教育"，明确定位了学前教育的普惠性质和公益性质。学前教育是基础教育的起点，能为儿童接受更高层次的教育起到奠基性的作用，对于全面提升国民素质，促进教育和社会公平具有重要意义。广东省从2012年开始分步推进学前教育阶段的资助政策，从特殊困难家庭逐步扩大到一般困难家庭，资助范围逐步扩大。要推进学前教育的教育公平，建立全面的补偿机制，学前教育的资助面仍需扩大，同时要明确学前教育的公益性特质，大力发展公办幼儿园，并积极扶持面向大众、收费较低的民办幼儿园，采取政府购买服务、减免租金、以奖代补等方式支持民办幼儿园提供普惠性服务[1]，逐渐提高学前教育普及率，保证儿童能够接受到优质的教育启蒙。尽管如此，因广东省人口基数大，而且流动人口多，所以学前儿童的人数无法明确，学前儿童状况难以把握，增加了全面推进普惠性学前教育的难度，全面建立普惠式的学前教育依然任重道远。

4. 普及高中教育，优化人才结构

高中教育的普及是资助模式逐步向普惠性资助发展的重要体现。教育部已于2017年提出了《高中阶段普及攻坚计划（2017—2020年）》，高中教育的普及势在必行。普及高中教育是适应初中毕业生接受良好高中阶段教育的需求[2]，让普通高中与中等职业教育结构更加合理，让初中毕业生有更多的升学选择权。通过改善学校办学条件，健全经费投入机制、提升教育质量，全面提高教育薄弱区域和弱势群体接受高中阶段教育的机会，让更多的人上得起高中。普及高中教育的一个重要举措是统一中等职业教育和普通高中教育的招生平台，建立中等职业学校和普通高中的合作机制，这样经过九年义务教育之后，初中毕业生可以根据个人兴趣爱好和未来职业发展选择不同的教育内容，从而为踏入社会准备更丰富和更专业的知识，提升个人的受教育程度。人力资源受教育程度的提升以及专业分化有助于人才结构的优化，更能够适应经济发展的人才资源需求。

二、从助困型资助向发展型资助过渡，实现全人发展、立德树人

发展型资助最初是在高校资助工作提出，在2011年"全国高校学生资助育

---

[1] 杨卫安，邬志辉. 普惠性学前教育的内涵与实现路径[J]. 广西社会科学，2014（10）：199-202.
[2] 教育部，国家发展和改革委员会，财政部，人力资源和社会保障部. 关于印发《高中阶段教育普及攻坚计划（2017—2020年）》的通知：教基〔2017〕1号[EB/OL].（2017-03-14）[2017-10-10]. http://www.gov.cn/xinwen/2017-04/06/content_ 5183767.htm.

人工作实践与理论研讨会"上就提出了这个新理念,建议推动资助工作向"造血型"资助发展。① 根据马彦周的研究,发展型资助"是相对于现存的以满足学生基本生活需求为基本目标的'助困型'资助、'输血型'资助而言的,是指随着经济、社会的发展,高校根据教育规律和家庭经济困难学生成长规律、以资金、项目、物品、人力、时间等多种更加贴近学生成长成才实际需求的方式,帮助家庭经济困难学生在克服自身困难的同时,提高自身实践技能,更好实现自身长远发展的'功能性'资助、'造血型'资助"②。虽然发展型资助目前的研究和运用主要集中在高等教育阶段,但是发展型资助的理念和内涵适用于学生资助工作的各个阶段,能够引领学生资助工作的长远发展。其注重学生成长规律、以人为本、以全人发展为目标、以能力成长为资助方式的特点,回应了资助工作中立德树人的核心理念。

(一) 发展型资助的内涵

发展型资助相对于传统的助困型资助是资助发展的高级阶段,是在满足助困基础上的升华。发展型资助具有其独特性,主要体现在:

1. 发展型资助强调"以人为本"

发展型资助与以往的资助形式相比,将"以人为本,资助育人"作为资助工作的出发点与落脚点,将促进学生成才发展作为资助的目标,将立德树人提升到了新高度。发展型资助更注重学生的主体性,不以捆绑式的感恩教育或道德理念给学生带来心理负担,而是尊重学生的个人成长规律,尊重学生的个人能力,重视学生的心理和精神状态,重视学生的独特性和独立性。"以人为本"的发展型资助不仅是以人的需求为本,也是以人的能力为本。

2. 发展型资助兼顾多样性

多样性主要体现在三个方面:学生需求多样性、资助方式的多样性、资助主体的多样性。学生需求的多样性表现在发展型资助不仅仅关注学生在学习和生活上的经济需求,同时也关注学生能力发展和品格养成的需求。资助方式的多样性是指发展型需求并不局限于固化的按照不同阶段的给予学生定额的物质资助,而是通过考量学生在不同发展阶段的需要为学生设定能力成长的项目,让学生可以在保障基本的生活需求之后满足在成长过程中技能提升和心智成熟的需要。资助主体的多样性表现在发展型资助除了和现在的资助模式一样以政府财政投入为主

---

① 南华大学学生资助中心."全国高校学生资助育人工作实践与理论研讨会"综述[J]. 思想教育研究, 2011 (12): 104-105.
② 马彦周, 高复阳. 高校构建发展型资助的必要性研究[J]. 湖北社会科学, 2011 (1): 181.

体,鼓励学校、社会和企业的资助,建立多方资助的资金来源体系,同时也倡导学生的回馈和反哺,将接受资助的学生也纳入资助主体。这是对学生能力的肯定也是助人美德的传承。学生既是受助者,也可以称为施助者,这体现了发展型资助在理念和手法上的创新。

3. 发展型资助注重学生的实践性

发展型资助倡导学生通过自己的努力创造价值,解决自身及家庭的贫困问题。[①] 从"他助"向"自助"提升。更加注重学生的自主能动性,尊重和关心学生的发展。发展型资助是资助工作理念的创新,从"授人以鱼"的模式到"鱼渔兼授"的转变。[②] 有别于以往以施助为主的助困模式,进一步地凸显了学生的主体地位,将学生从受助者转化为能动者,充分体现了对学生能力的信任和尊重。

4. 发展型资助具有可持续性

发展型资助注重的是对学生能力的培养,强调的是追求资助效果的最优化和资助效应的最大化,发展型资助将促进学生全面协调发展作为衡量最终资助效果的主要指标。[③] 目前的资助模式主要是以学生的现状来评估学生所需的资助内容,而资助的方式也主要是以物质为主,往往只能解决学生眼前之困,也容易让学生产生依赖心理,不利于学生的自身能力发展,也未能从根本上解决贫困家庭的问题。发展型资助并不只是解决学生眼前的经济困难问题,而是着眼于未来,着眼于学生将来改变自身处境所应具有的能力建设和实践锻炼的过程,是让学生终身受益的资助模式。

(二)发展型资助的实践建议

1. 发展型资助要求资助工作理念的转化

从"资助—经济困难"向"资助—学生发展"转变,将资助工作与人才培养的最终目标结合起来,构建适应人才成长成才规律的资助体系。学生在不同的学习阶段有不同的身心发展需求,在保证家庭经济困难学生的经济资助和物质资助到位,帮助学生解决好生活困难和问题,让学生安心学习的前提下,要根据学生成长发展的个性化需求,针对性地配置资助项目,引导家庭经济困难学生全面发展。在资助过程中也要尊重人、理解人、发展人,从资助制度设计、实施到资助结果评定的整个过程都必须遵循以人为本的理念,尊重受资助者的价值和尊

---

① 邬蓓珍. 高校发展型资助探讨 [J]. 科技风, 2017 (3): 80.
② 李涵诗. 新形势下高校学生发展型资助模式探究 [J]. 文化学刊, 2017 (5): 87-91.
③ 索文斌, 闻羽. 高校发展型学生资助工作刍议 [J]. 思想教育研究, 2014 (11): 90-93.

严。"资助育人、立德树人"是资助工作的核心灵魂，资助不仅是助困更重要是育人。因此，发展型资助是以资助育人作为所有工作的终极目标和根本使命，是传统助困型资助的升华。

2. 发展型资助要求资助工作内容的升级

将经济解决的工作内容转变为以提高学生综合能力素质为重心。现有的注重从经济角度对家庭经济困难学生提供资助的做法以无法满足学生全人发展的需求，新时代对人才的要求更高，人才对终身学习的需求也更急迫，因此要升级以往单一的物质资助的资助体系，构建"扶困是基础、赋志是关键、富能是根本"的三位一体的资助工作体系。① 赋志方面，通过典型和示范教育，激励家庭经济困难学生立志成才，激发家庭经济困难学生树立自立自强的品格；开展心理帮扶服务，提升学生的抗逆力，增强学生的自信心和自尊心，让学生更有信心面对自己的未来；树立学生正确的人生观、价值观、世界观，引导学生成为诚信有道德的社会主义接班人。富能方面，开展以提升家庭经济困难学生能力为导向的技能培训、实习项目或者是创业就业指导，协助家庭经济困难学生顺利地走上工作岗位，引导学生为改变自身命运、改变家庭命运积极进取。

3. 发展型资助要求资助工作载体的丰富

从定额的资金资助升级为促进成长的项目资助，探索符合学生成长成才规律的资助育人项目。发展型资助注重学生的主观能动性和参与性，因此通过以项目参与的方式进行能力资助，能够充分调动学生的主动性。发展型资助以项目化运作模式，在学生的学业提升、能力建设、就业创业、科研创新及素质培养方面拓展符合学生成长需求的资助方式。项目资助以家庭经济困难学生为主体，转变学生在资助工作中被动接受的受助者地位，让学生成为资助工作的参与者，让家庭经济困难学生在平等、自主、自愿的情况下接受资助，为学生的能力建设和自我发展构建支持平台，促使学生在实践过程中获得自尊和自信，提升综合能力促进学生的全面发展。

4. 发展型资助要求资助工作机制的改变

从助困为导向的线性工作模式，向网格化的纵横结构发展，整合与学生事务相关的各部门的支持网络体系，形成全过程、全方位可持续发展的支持和帮扶。除了教育部门外，财政部门、民政部门、人力资源和社会保障部门、扶贫办、残疾人联合会、学校以及公益性社会组织等都具有资助职能，目前仍未建立统一的

---

① 吴佳丽，邢伟荣. 从保障到发展：高校贫困生发展型资助工作研究［J］. 湖州师范学院学报，2017（6）：38－41.

工作平台,导致"重复资助、叠加受助"的现象①,也导致了部分学生因信息不对称而无法被覆盖。同样在学校层面,因部门之间缺乏统一联动机制,学生资助工作往往无法整合全校各部门的资源让家庭经济困难学生受益。发展型资助是平行参与的资助机制,注重学生的全面发展,因此孤立的单独的工作机制并不能满足发展型资助的需求,必须打破各部门之间的层级结构,构建以家庭经济困难学生为中心的资助网络,从学生不同层面的需求出发配置对应的发展资源,搭建学生成长成才的支持平台。

小　　结

2016年是"十三五"的开局之年。"十三五"时期,是全面建成小康社会、实现第一个百年奋斗目标的决胜阶段,也是打赢脱贫攻坚战的决胜阶段。在此背景下,国家明确提出教育发展成果更公平地惠及全民的基本目标,对实现教育脱贫、教育现代化提出了前所未有的新任务、新要求,包括了全面推进教育精准扶贫、精准脱贫,加大对贫困家庭大学生的资助力度;让贫困家庭子女都能接受公平有质量的教育,阻断贫困代际传递;加大职业教育脱贫力度,确保建档立卡贫困家庭子女至少掌握一门实用技能,提升贫困家庭自我发展的"造血"能力;强化教育对口支援等任务,实施教育扶贫结对帮扶行动等。

2016年,广东教育事业发展"十二五"规划圆满收官。尽管广东省教育进入提高质量、优化结构、促进公平的新阶段,但仍面临着基本公共教育服务仍存在短板和薄弱环节,城乡、区域、校际差距的问题仍未有效解决,珠三角地区与粤东西北地区教育发展不平衡现象比较突出,粤东西北地区教育发展水平与现代化要求差距比较明显,家庭经济困难学生教育资助需求不断发展等挑战。广东省深刻理解教育发展背景及形势,以促进公平、资助育人为工作方针,力求深入贯彻教育优先发展战略,认真贯彻落实《国家中长期教育改革和发展规划纲要(2010—2020年)》和《广东省中长期教育改革和发展规划纲要(2010—2020)》,认真审视目前面临着三大任务:健全义务教育经费保障机制,促进优质教育资源共享,全面提升义务教育阶段整体水平;做好异地务工人员随迁子女受教育工作,保障符合条件的异地务工人员随迁子女就学权利;实施教育"精准扶贫"战略,完善从学前教育到研究生教育的资助体系,实现家庭经济困难学生资助全覆盖。

---

① 李涵诗. 新形势下高校学生发展型资助模式探究［J］. 文化学刊,2017(5):87-90.

第四章 前瞻与梦想——"广东模式"发展建议与展望

十年来,广东省坚持"四三三四"资助工作模式,贯彻助困育人、立德树人、教育公平、共享发展四大理念,以务实、开放、创新的岭南精神为引领,形成精准资助、精细管理、精心服务的三大工作手法,实现改变学生命运、优化人才结构、发展教育事业、推进全面小康的四大改变,积淀形成多维立体全覆盖的广东学生资助工作模式。十年探索,十年发展,十年荣光。对照新时代资助工作的新要求、新任务,广东省学生资助工作还存在一些需要解决的问题。如精准资助对象标准需进一步明确,需综合运用大数据分析和互联网的优势建立量化评估指标体系;资助政策体系需进一步完善,部分资助政策需与国家政策相衔接,部分资助政策需跟上新形势发展要求,需尽快建立动态调整机制;部门联动机制建立刻不容缓,亟需与财政、民政、扶贫、人力资源和社会保障等部门建立工作的联动机制;资助信息化系统建设需加强推进,以适应今后精准资助要求;资助育人效果需全面强化提升。当前资助形式更多呈现为物资和资金的形式,对于心理和能力发展层面的关注不够,在满足学生发展型资助需求方面有所欠缺,此外学生心理因素需加强关注。

基于广东省面临的新形势和新任务及在现实条件下的问题和挑战,以及在"十九大"召开之际,对学生资助"广东模式"未来发展的展望,本章从资助理念、政策体系、多元资助、机制完善、人才培养、信息化建设等六大维度进行了阐述分析,为进一步发展学生资助"广东模式",促进学生资助工作理想价值与现实价值的一致性实践提供系统建议。一是在资助理念维度,加强精准资助、立德树人、教育公平和共享发展在资助政策中的体现;二是在政策体系维度,提高政策体系的完备度,保障政策的公平性;三是多元资助维度,健全资助工作的格局,搭建经济资助平台,以能力培育为先,搭建强能资助平台,以心理资助为重,搭建心理资助平台;四是在机制完善维度,从宣传机制、监督检查、考核评价、精准运作机制等方面优化资助工作流程,提高资助资源转化效率;五是在人才培养维度,加强队伍建设和智库建设;六是在信息化建设维度,加快资助管理信息化,加快信息共享进程,提升资助业务管理水平。同时,应用金融技术手段,提高资助管理工作效率。

承前启后,继往开来。"十九大"明确提出了我国已进入了中国特色社会主义的新时代,社会主要矛盾已经转化为"人民日益增长的美好生活需要和不平衡不充分的发展之间的矛盾"。顺应新时代的对人才培养的需求,学生资助"广东模式"不仅要求资助体系和资助规模上的不断完善,更要求学生资助工作质的转变。一方面,广东学生资助模式必须逐渐普惠学前教育、普及高中教育,建立基础教育的普惠式资助体系,达到教育均衡发展。另一方面,广东学生资助模式必然从助困型资助向发展型资助过渡,真正体现立德树人的资助核心,达到全人发展的育人目标。

　　人才成就未来，教育成就梦想。人才是国家发展的重要战略资源，今天培养的人才将是实现"两个一百年"奋斗目标的主力军，教育必须承担起实现中华民族伟大复兴中国梦赋予的历史使命。广东省只有在毫不动摇地坚持中国特色社会主义教育发展道路，深化对教育发展规律的认识，树立科学的教育发展观、质量观、人才观，不断实现改革新突破，发展丰富本土学生资助工作模式，以更加求真务实、奋发有为的精神状态和踏石留印、抓铁有痕的工作作风，勇于实践，善于创新，才能帮助家庭经济困难学生更好地成长成才，帮助他们共享人生出彩的机会，共享梦想成真的机会，共享与祖国和时代一起成长与进步的机会，才能促进全省资助工作迈上发展新台阶，不断深化学生资助"广东模式"的实践探索。

第五章　特色与典型
——"广东模式"的创新实践

2007—2016年，学生资助"广东模式"不断深化理念体系，健全资助政策体系，规范资助工作手法，逐步实现教育阶段全覆盖、公办民办学校全覆盖、家庭经济困难学生全覆盖。"广东模式"在具体实践中，注重创新和发展"助困"与"育人"功能，其中"助困"功能以"不让一个学生因家庭经济困难而失学"为目标，以经济资助为主要方式，保障学生教育机会和教育权利均等；"育人"功能以"立德树人"为资助工作的核心，重视学生的人格塑造和能力培养，以教育引导为主要手段，发挥资助育人功能，实现学生的全人发展。基于前四章关于学生资助"广东模式"发展历程、理念体系、工作落实以及具体成效分析，本章以全省各地各校践行"广东模式"过程中典型的做法，从助困践行与育人创新两个维度立体展现"广东模式"的实践探索。其中，助困践行维度着力展现"广东模式"以保障家庭经济困难学生受教育权利为目标所发挥的基础保障功能，以及达成教育阶段全覆盖、公办民办学校全覆盖和家庭经济困难学生全覆盖的相关做法。育人创新维度，通过分析各地各校实施资助项目，开展资助理念与手法创新的实践案例，展现"广东模式"在育人工作方面的探索创新。

第一节　助困践行

学生资助"广东模式"坚持"以人为本"理念，以实现教育公平为目标，保障家庭经济困难学生受教育权利，发挥学生资助的基本保障功能。在实践层面，广东省从三个方面着手，一是教育阶段全覆盖，构建和完善从学前教育到研究生教育阶段的学生资助政策体系，保障不同阶段、不同时期的学生都能获得全面资助；二是确保公办和民办学校全覆盖，实现学生资助政策公办、民办学校同步同标准落实，保障不同类型学校，全体适龄学生的受教育机会；三是确保家庭经济困难学生全覆盖，通过落实国家资助政策，实施广东特色的专项资助，建立了覆盖家庭经济困难学生、残疾学生、少数民族学生等群体的资助政策体系，保障了不同类型学生的教育机会公平。

广东省学生资助十年发展研究报告（2007—2016年）

一、整体部署与地方探索结合，助力教育阶段全覆盖

一方面，以国家资助政策为引领，分步推进资助体系全覆盖。自2007年以来，学生资助"广东模式"贯彻落实党中央、国务院有关资助政策精神，结合自身实际，进行系统规划，推行分步走战略。在这十年间先后建立并完善高等教育阶段、义务教育阶段、中职教育阶段、普通高中阶段和研究生阶段以及学前教育阶段的学生资助政策体系。与此同时，不断加强各级资助机构建设，完善资助政策体系，健全资助工作制度，保障资助资金投入，推动资助政策实施，建立了从学前教育到研究生教育各个阶段全覆盖的资助政策体系。在各教育阶段均建立了完善的资助项目，从而保证了家庭经济困难学生从学前到研究生阶段均能获得政策资助，有力保障了家庭经济困难学生的受教育权利。

另一方面，鼓励地方探索先行先试，创新资助工作体系。广东省鼓励各地各校结合自身实际和资源条件在落实省定政策体系的基础上，拓宽资助思路，创新资助项目，丰富资助内涵。部分有条件的地区不断从学生的实际需求出发，在国家、省的资助政策基础之上创新资助项目，加大资助力度，提升资助水平，加强资助成效，彰显了学生资助"广东模式"共性与个性相融合，整体推进与重点突破相结合的资助服务体系。

以下选取广东省中山市在落实国家与省资助政策基础上，结合地区实践，落实学生资助教育阶段全覆盖的创新典型案例。

【典型案例】国家政策与地方特色项目双管齐下，助力求学路

中山市的小玲同学（化名），从小失去父母的关爱。缺乏家庭经济支持的她，在政府资助政策的一路关怀下，考取了研究生。她求学全过程都及时得到了资助，完美地体现了全教育阶段资助的政策成效。

（一）案例背景

小玲出生在中山市黄圃镇的一个贫困农村家庭，3岁多时父亲因触电事故早逝，4岁多时母亲改嫁他人。奶奶又常年外出工作，她被寄养在外公外婆家里，弟弟则被寄养在姑妈家里。由于家庭经济困难，被认定为特困户，接受最低生活保障。

（二）受助情况

虽然生活贫苦，但小玲和家人却从未放弃教育之路，希望可以通过学习改变命运。她唯一担心的，就是不知这条路会在哪天因贫穷而被迫中断。所幸的是，小学和初中阶段，受惠于国家对义务教育阶段的"两免一补"政

策，小玲和弟弟得以免除学杂费安心学习。到了高中，中山市"上学易"助学计划为她免除了学费和书杂费，使她能继续求学。直至到了高考前，面对即将来临的大学学费难题，家里人都为此烦恼。这时候，得益于高中班主任的帮助，安慰小玲放心考试，向她说明中山市的"大学通"资助政策，使得她能安心考试并顺利考上自己心仪的大学。2012年，她从中山市华侨中学高中毕业，考上安徽师范大学历史学系，并申请获得中山市"大学通"助学计划资助。

"大学通"的助学形式分为"生源地信用助学贷款"和"助学金"两种，申请人可选择其中一种方式进行申请。选择生源地信用助学贷款者，每人每年可在指定银行申请总额不超过1万元的贴息贷款，毕业后自付本息；选择助学金者，如被本科院校录取，可获得总额1万元的助学金；此外，还允许助学金申请人同时向就读高校申请国家助学贷款等。这就大大减轻了像小玲这样的贫困学生的经济负担。令她感触最深的是，来到安徽师范大学后，她发现学校里家庭贫困的同学较多，宿舍里有位同学因为申请不了助学贷款而哭了一个晚上，那时她就在思考，如果没有当地"大学通"的资助，她可能也像那位同学一样，为学费的问题而每晚担忧，可能还会因此辍学去打工。对此，小玲觉得自己非常幸运，也很感恩、知足。

（三）资助成效

2016年安徽师范大学本科毕业后，她考上了华南师范大学的硕士研究生，并再次获得中山市"大学通"助学计划资助。通过小学至研究生阶段的全程资助，小玲的求学之路越走越远，成才的道路越来越宽。对此，小玲非常清楚地认识到，她能有今天的可能性，首先是得益于政府的助学政策，同时也要感谢一直关心她的学习与生活，在每次关键时候都伸出援手的市助学办（指"学生资助管理办公室"）的工作人员。她也一直希望能通过自己的努力来回报社会。[①]

二、坚持全省"一盘棋"，促进公办民办学校全覆盖

广东省近年来不断深化办学体制改革，优化民办教育发展环境，民办学校的办学规模不断扩大。"十二五"期间，广东省民办教育在校生总数已连续多年居

---

① 案例参见中山市2007—2016年学生资助十年工作总结。

全国第一。① 随着就读民办学校的学生的增加,以教育公平、共享发展为核心资助理念的学生资助"广东模式"以"公办民办均衡发展,共享教育发展成果"为导向,推进学生资助政策体系公办民办学校全覆盖。

广东省在规划建立学生资助政策体系伊始,就对公办、民办学校实行统一规划,统一布局。将学生资助政策的适用范围延伸至民办学校的所有教育阶段。让就读于民办学校的家庭经济困难学生与公办学校的学生一样没有后顾之忧,受到全方位政策保障。以下选取部分公办和民办学校的资助典型案例,以直观展现"广东模式"在实现公办民办学校全覆盖上的做法和成效。

【典型案例1】

(一) 案例背景

王正(化名),男,自幼父母双亡,一路走来,历尽坎坷。但他并没没有被这些苦难击倒,相反幼时艰苦的生活使他养成了吃苦耐劳的生活作风,铸就了他独立自强的品格。他坚信"知识改变命运",一直以来他努力学习,取得了优异的成绩,并于2012年考上华南师范大学,但因家境贫寒而不知所措。村中长辈知道后,纷纷劝说他不要放弃大学梦想,一位80多岁的长辈在村中发起募捐,并不富裕的村人纷纷慷慨解囊。所以他在内心深处一直提醒自己铭记与感恩,绝不辜负大家的支持。

(二) 受助情况

考上华南师范大学经济与管理学院的他,通过国家政策的帮助和自身的努力获得国家励志奖学金3次、学校本科生奖学金4次、助学金多次,并申请国家助学贷款,得以顺利完成学业。为感恩国家、学校、社会的帮助,他希望用更加优秀的自己来回报。在这里,他加入学校公益组织自强社,参加各种公益活动,用自己微薄的力量奉献爱心,以实际行动回报社会。

2012年11月至12月期间,他参加由中国扶贫基金会发起的爱心包裹公益活动,每周末他都作为队长带领十几名志愿者前往广州各大邮局进行募捐。到目前为止,他已连续参加4期劝募活动,成功募集善款2000元,每期均被评为"一星级善行100优秀志愿者"。在校内,他也积极投身于各种志愿服务活动,参加了无偿献血、80周年校庆、迎新等志愿活动,尽微薄之力去服务同学。

2014年暑假,他担任队长带领23名队员重回清远市连山壮族瑶族自治县加田中学开展"三下乡"活动。他们在这个少数民族聚居地建立暑期实

---

① 罗伟其. 广东教育"创强争先建高地"纪实 [M]. 广州:广东高等教育出版社,2017:252.

践基地，关注当地教育，实现长期交流合作。同时，他们在这里进行高校助学贷款的宣传，使村民、学生了解到当地学生考上大学后每年可获10000元资助，极大鼓舞当地学生的求学热情。由于表现出色，队伍先后被评为学校"重点资助团队""优秀团队""优秀调研报告"等。

在学业繁忙的大三，他选择竞选自强社校区社长，将公益进行到底。2014年10月9日，他作为华南师范大学爱心包裹劝募活动总负责人受邀前往北京参加中国扶贫基金会举办的"温暖行动高校培训会"。会议期间，他随团队进入北京大学开展劝募活动，宣传人人可公益的理念。培训回校后，他带领团队组织了900多名志愿者开展劝募活动，募得善款79200元，一对一帮助601名贫困山区学子。在整个活动中，共有31名同学被中国扶贫基金会授予"一星级善行100优秀志愿者"称号。在校内，他倡导开展爱心宿舍、爱心储钱罐、绿色回收活动，招募到400多间爱心宿舍，最终募集善款2800多元，这些都将用于帮助校内遇到重大困难的学生。

（三）资助成效

他这种"借得大江千斛水，不忘爱心馈他人"的感恩、公益态度，出色的工作，得到老师、同学的高度肯定。在2014年华南师范大学勋章志愿者评选中，他获评"木棉勋章志愿者"。但更让他欣慰的是在奉献爱心的过程中，他不仅完成了从受助者到助人者的转变，也让团队里的成员得到成长，让许多贫困学子得到帮助，很好地回报社会。

在公益道路上挥洒汗水的同时，他也在其他方面努力地追求优秀。在学业上，他努力学习，成绩优秀，连续两年获得国家励志奖学金、学年评优奖学金、新东方自强奖学金等。在社团工作中，他积极组织策划社团活动，工作得到同学们的认可，深得社团成员拥护，先后获评"优秀学生社团干部""学生社团活动积极分子"。在学生工作上，他担任学生工作处助理，负责协助老师处理大学城校区的各项奖助学金、国家贷款材料的审核、学生学籍档案的交接等工作，认真负责的工作态度获得老师的赞赏。在生活上，他更是自立自强，通过勤工助学等各种兼职收入为他自己和妹妹提供生活费。因在学生、社团工作中表现突出、成效卓著，学习成绩优异，他在2015年被校团委推荐为"广东省优秀学生干部"。

在共青团中央、全国学联发起的2014年中国大学生自强之星评选活动中，他从全国各大高校1万多名参选者中脱颖而出，斩获"中国大学生自强之星提名奖"。这或许是他这两年感恩、公益、自强生活的真实写照。

从进入大学前的满心担忧至今天的自给自足，自信自强；从一个受助生转变为公益践行者，通过自身的努力帮助他人；他这三年的大学生活就是这样充实而有意义地度过的。这条虽艰辛又充实的感恩、公益、自强之路,他将一如既往地走下去。

【典型案例2】

(一) 案例背景

王阳(化名)出生在河源的贫困山区,父亲是一个二级残疾人,母亲文化水平低,都在家务农,没有稳定的经济来源。王阳的两个姐姐也刚工作不久,家庭的整体收入低,支出比较大。这对他的学习和生活造成了一定的影响,导致王阳从小性格就比较自卑。

在这样的家庭经济状况之下,王阳从小就一直省吃俭用,有时甚至连饭都吃不饱,好几次在课堂因为低血糖而晕倒。但王阳有较强的进取心和责任心,为减轻家庭经济负担,一直在做兼职,同时努力学习。由于不够自信,好多事不敢尝试,以至于失去了很多好的锻炼机会。

(二) 受助情况

考取大学后,因为就读于民办学校的王阳很是担心自己的学费问题。学校在了解到王阳的情况后,向其介绍学生资助政策,并表示民办学校的政策与公办学校保持一致,也有各类贫困学生资助政策,并且按照国家政策帮助其申请国家助学金、助学贷款,鼓励王阳通过自身努力申请国家励志奖学金,开展勤工助学。在这一系列与公办学校无异的资助政策的保障下,王阳得以在学校安心的学习。学生资助政策给了王阳扎扎实实的安全感,这份安全感让和他一样的贫困学生们有了最基本的保证,在很多事情上有了平等的机会与条件。感受到了党和国家对家庭经济困难学生的关怀,感觉到了党和国家推进教育公平性的决心。

(三) 资助成效

在完善的资助政策的护航下,王阳有了更多的自信心,通过努力学习,自立自强。之后,也渐渐融入班级并友爱他人,积极投身学校组织的社会公益事业,在班上起到榜样作用,获得了一系列荣誉。

王阳很喜欢也很擅长文字宣传和写作,现担任校记者站副站长一职,负责文字宣传稿的写作和审核。同时也热心在广播站担任编辑员的工作。作为学校的一名宣传工作者,王阳认真负责,被珠海艺术职业学院授予"优秀记者"和"优秀编辑员"称号。

受到资助后的王阳表示特别感激政府的帮助,改变了自己性格的懦弱和自卑,让他学会了自强自信。他说:"正是因为国家的帮助,让我感觉到来自祖国的正能量。当这份正能量出现在我心头上的时候,我是惊喜的,但我更多的是感激,感激国家和党对我的支持,让我突破困境。同时,国家也给了我自信,因为从那时起,我相信,国家是我们最坚实的后盾。在我迷茫、自卑,甚至快抑郁的时候,国家给予我的支持就像一盏明灯,瞬间充满了我的心房,让我在浩瀚的大海中有了前进的方向。"王阳同学也期望将国家政府、学校、社会给予自己的关爱传递给其他有需要的人,因此申请成为学校志愿者,并是领队之一。他带领2016级播音专业的同学去金湾小林中学和斗门乾务中心小学义教,取得了较好的成果。

三、探索特色专项资助,实现家庭经济困难学生全覆盖

为确保实现家庭经济困难学生全覆盖,学生资助"广东模式"不断拓展适合广东省情的特色资助项目,力求在资助对象识别、资源配置、资助力度等方面实现精准化资助,拓展该模式的覆盖范围。

(1)资助对象分类分档,精准识别。其一,广东省通过"分类分档"的形式,将贫困学生按照类别分成残疾、少数民族、孤儿等;其二,将贫困学生按照贫困程度分成一般贫困和特别困难学生两档;其三,通过系统调查研究制定学生经济状况评估办法,对家庭经济困难学生实现精准认定,从而保证对贫困学生应助尽助。

(2)开发资助专项,实施精准配置。对特殊困难学生,例如残疾学生,贫困地区的少数民族学生等,在资源配置、资助力度上,推行广东特色的专项资助,从而保障特殊困难人群的资助全覆盖。其一,针对残疾学生,广东省推行"特殊教育提升计划",实施残疾学生15年免费教育,随后推行"南粤扶残助学工程",使得残疾学生得以在全部教育阶段享受具有针对性的专项资助;其二,针对少数民族聚居区少数民族学生面临的上学难问题,广东省于2010年和2013年先后推行"少数民族聚居区寄宿生生活费补助"和"广东省少数民族聚居区少数民族大学生资助"项目,构建和完善少数民族地区学生资助政策体系,让少数民族地区学生享受教育公平,提升少数民族学生的教育水平,共享经济社会发展成果。

(3)完善资助工作格局,实施全面护航。其一,以政府资助为主导,学校资助为辅,社会资助为补充,构建政府、学校、社会资助三位一体的资助格局;其二,结合广东省特色资助政策,进一步多维度、多方位系统的保障残疾、少数民族等有需要的学生群体的教育权利。

以下为学生资助"广东模式"在落实家庭经济困难学生资助全覆盖方面的

具体实践案例，期冀多角度呈现"广东模式"在残疾人、少数民族等特殊人群方面实现资助全覆盖的具体实践。

（一）扶残助学，助梦起航

残疾人群历来是政府关注的重点群体，为进一步保障残疾人受教育权利，促进教育公平，广东省不断推进完善残疾学生资助体系，鼓励有条件的地区加大对残疾学生的资助力度。

在"广东模式"的全面实践下，残疾学生的受教育权利得到保障，受教育机会不断增加，在资助体系的保障下，残疾学生得以安心求学，为自己美好的明天而拼搏。

【典型案例】漫漫求学路，借资助之力前行

（一）案例背景

张力（化名），来自广东省汕头市，吉林大学珠海学院电子信息系2009级学生。幼年重病，直至坐上轮椅，多年病痛使他承受着难以想象的压力，凭借学校、老师和同学的无私帮助，不肯向命运低头的他在大学里绽放出夺目的光彩。

张力出生在汕头市一个普通家庭，自出生以来，命运就给他开了一个玩笑。5岁时，他被诊断为先天性心脏病。父母为了他的治疗费东拼西凑，在热心人的捐款帮助下，医生为他做了手术。手术成功了，可是随后发现他总是走路蹒跚，而且容易跌倒，摔倒了就爬不起来。身心疲惫的父母又带着他奔跑在各大医院，最终确诊为"进行性肌营养不良"综合征（即肌无力，因缺少肌纤维而导致全身乏力，是没有特效药可治愈的一种疾病），这对他和父母来说都是沉重的打击。由于肌无力，他的生活不能完全自理，衣食住行都需要父母的照顾，上下楼梯都需要父母的搀扶，时常还要忍受病痛的折磨。母亲为了照顾他放弃了原本不错的工作，只靠父亲一人以微薄的工资养家糊口。长期的治疗花费了巨额的医疗费，父母为养家和照顾他也积劳成疾，身体落下不少毛病。

（二）受助情况

虽然面临着种种困难，但张力始终热爱生活，积极向上，用加倍的努力去追求知识和梦想，最终在2009年考上吉林大学珠海学院。得知被录取时，张力和家人的喜悦只持续了短短片刻，便为即将到来的高昂学费和学校生活发愁。由于家庭贫困，长年的治疗已使家庭经济捉襟见肘；即将离家独自在大学生活，考虑到他的身体状况，势必将面临很大生活上的挑战。张力一家陷入了愁云。幸运的是，学校在了解他的情况后，决定尽全力支持他完成大学梦想，免除了他四年的学费和住宿费，解决了他和家人的后顾之忧；考虑到他生活自理有困难，学校还特意给他安排了住宿，方便母亲陪读以照顾他的生活，让他安心完成学业；入学后，学校为其介绍资助政策，协助其申请了国家助学金，缓解生活费用难题。张力同学也凭借自己的努力，在第二学年获得了国家励志奖学金。平日里，学校领导和系里的老师同学们也对他关爱有加，在生活上和学习上都给予他很多帮助。

（三）资助成效

正如他所说，是父母、学校和所有帮助过他的人给了他前进的动力，各项资助给他带来的不仅是经济的支持，更是稳定的保障，使他能在大学里安心求学。他也以刻苦努力的行动来争取优异的成绩，不辜负国家和学校对他的无私关爱和殷殷期望。2010 年，他获得"中国大学生自强之星"称号，之后又获得"感动南粤校园"2011 年广东大学生年度人物之自强人物称号、2012 年第十四届"广东青年五四奖章"提名奖等。①

（二）缩小区域差距，助力少数民族发展

作为拥有 55 个少数民族的省份，广东省一直以来都十分重视对少数民族地区和少数民族学生教育权利的保障。由于少数民族聚居地的地理区位以及经济发展水平等原因，少数民族地区民众的受教育水平普遍较珠三角等地区较低。为进一步推进少数民族地区教育水平的提升，缩小民族、区域间的差距，广东省逐渐在原有资助政策体系的基础上进一步探索和完善针对少数民族的学生资助政策体系。

根据省情实际，探索建立的少数民族学生资助政策体系，让少数民族学生在经济资助、生活、学业教育等多方面予以照顾和政策倾斜，培养了大批少数民族优秀学子，为促进少数民族地区的经济文化的发展而助力。

【典型案例】

（一）案例背景

张云（化名），是韶关市乳源县一名瑶族学生，家庭成员共 6 人。家里有患高血压 68 岁的爷爷，患有风湿 66 岁的奶奶；而父亲和母亲也都患有疾病，父亲常年胃病，母亲患有甲亢；妹妹也才 11 岁。家里有一亩多田地，有辆摩托车，爷爷奶奶年迈，没有劳动能力，张云和妹妹在上学，父亲和母

---

① 案例参见吉林大学珠海学院 2007—2016 年学生资助十年工作总结。

亲共同的年收入约3000元。除了种地,家里还养了些鸡、鸭,每年家里为了治病都花不少钱。

这样的家庭条件,无疑让张云承担着压力。张云为了节省家用,尽可能省吃俭用,自卑情绪严重,数度产生退学的念头。

(二)受助情况

2015年9月,高考班新生报到,一位穿着简朴的女生引起了班主任老师的注意。在观察了一段时间以后,班主任发现她见人羞涩,也不主动与同学交流,显得很不自信。后经了解,发现张云家庭经济困难,并且她因为家庭经济原因而多次萌生退学的念头。

细心的班主任老师通过与她多次的谈心,让她树立"自己可以改变以自己"的信心,让她明白不应该与同学攀比衣物等物质财富,而是要以比自己优秀为榜样,更加努力,争取超越,争取考上理想地的高职院校,让她坚信无论身处何时、何地、何态,只要想改变自己,那就从现在开始,永远都不晚。节假日、寒暑假,当别的同学回家与父母团聚或外出旅游的时候,校内勤工助学基地、超市、电子厂里都有她埋头苦干的身影。老师惊喜地发现,在校园中,她慢慢地开始与同学交往了,功夫不负有心人,她的学业在她进取过程中开始有所回报。

面对这样一位踏踏实实,严于律己,积极进取的学生,为帮助她实现她的人生的价值与理想,学校奉行"不让一位学生因家庭经济困难而失学"的原则,积极帮她寻求国家资助。学校发现张云家已被户籍地认定为建档立卡贫困户,同时她属于少数民族地区学生,经过认真核查,她符合相关资助条件,学校为其申请了国家资助,每学年可以免学费3500元、享有国家助学金2000元、获得建档立卡学生的生活费补助3000元,此外,还为其免除了住宿费、课本资料费,并提供每学年800元生活费的资助。这些帮助,让张云没有了后顾之忧,专心向学。如今就读高三,奋力学习,迎接高考。

(三)资助成效

"如果说国家的资助给我带来什么感想,我觉得——反思大于欢喜。我有这样的机会获得国家的资助,我的内心充满了无限的感激。是的,除了'感恩',我想,没有其他词汇能诠释我此时此刻内心的感受了。"这是张云经常挂在口头上的话。她表示资助来之不易,因此更勤奋努力。同时她给自己定下了更远大的目标:认真学习,在以后的学习中,力争考取理想的大学,回报所有给予自己帮助的人,让自己的努力配得上国家、学校给予自己的帮助。

第二节　育人创新

纵观"广东模式",经过十年发展已经日臻完善,而如何兼顾"助困"与"育人","经济资助"与"心理帮扶",强化学生资助本身的价值功能,则需要创新资助思路,将保障型资助逐步向发展型资助过渡。"十八大"报告指出:"把立德树人作为教育的根本任务,培养德智体美全面发展的社会主义建设者和接班人。""立德树人"首次确立为教育的根本任务,为资助工作指明了方向。

遵循学生成长规律,尊重学生个人隐私。学生资助"广东模式"逐渐改变过去关注学生家庭经济物质匮乏的单一化困境,综合考虑受助学生的成长发展。将"立德树人"作为学生资助工作的根本出发点和立足点,结合受助学生的个性特点和发展需要实施资助。遵循学生个体成长和发展的规律,充分尊重受助学生的个人意愿和隐私,使受助学生更有尊严地接受资助,获得更具人文关怀的尊重。

创新学生资助形式,开展多元化资助。学生资助"广东模式"逐渐改变单一的经济资助方式,充分调动和整合多元化的资助力量,根据受助学生实际情况和发展需求开展个性化、多元化、有针对性的资助。一方面帮助受助学生和家庭缓解家庭经济和生活,解决受助学生的学业问题。另一方面促进家庭经济困难学生的身心素质、精神面貌、综合能力的全面发展。同时形成国家、学校、社会多层次、多方式关注家庭经济困难学生的全方位联动机制和良性发展机制。[①]

提升学生综合能力素质,促进学生的全人发展。学生资助"广东模式"以系统理论与科学理念为指导,根据贫困学生成长发展的不同需求和特点,更加重视对学生的思想引领、心理疏导、人际交往、社会实践、专业技能等综合能力的提升,将受助学生人格品质塑造、能力建设等有机结合,促进受助学生立志成才、全人发展。

立德树人是资助工作的灵魂。广东省教育厅学生助学工作管理中心要求各地各校将资助工作与育人工作有机结合,围绕"一个核心、两项能力、三项教育"工作要求落实资助育人工作。鼓励各地各校转变资助理念,创新资助育人模式,因地制宜开展育人工作,在理念和手法上不断创新,各地各校采用多种创新教育方式,将受助学生人格品质塑造、能力培养贯穿整个学生资助的过程,促进"立

---

① 杜坤林. 从保障型资助到发展型资助:高校助学工作范式转换及其实践[J]. 中国高教研究,2012(5):85-88.

德树人"的教育根本任务和"成长成才"的教育目标相结合，涌现出了一批优秀、创新的育人项目。以下精选部分高校学生资助项目，从"人格品质塑造"和"能力提升"两个维度立体呈现"广东模式"在"育人"理念和手法上的创新。

一、人格品质塑造

资助工作不仅要从经济上帮助贫困学生，也要从精神上激励学生，大力传播正能量，鼓励引导家庭经济困难学生勇于面对困难，培养自强自立、艰苦奋斗的优良品质，激励受助学生积极进取、刻苦学习、立志成才。同时，对受助学生也要有针对性地开展诚信教育和社会责任感教育，让每位学生树立"诚信为本"的价值观，培养学生的社会责任感。这些人格品质的塑造，既是学校义不容辞的责任和义务，也是资助工作中资助育人功能的应有之义。

【特色项目】

（一）深圳信息职业技术学院诚信月活动

为切实做好校内的诚信教育，弘扬"诚信为本"的价值观，吸引更多学生自发认同、参与到诚信活动中来，深圳信息职业技术学院发挥全校师生的主观能动性，策划了各具特色的诚信月活动，在学生中产生了热烈反响。

1. 项目内容

2016年3月，深圳信息职业技术学院开展了诚信月活动，各二级学院纷纷以"诚信资助、诚信还贷"为主题，开展了具有各自特色的系列活动："激情飞扬，辩出自我"之"诚信主要靠自律还是他律"辩论赛，共170多名贫困生参与，将国家助学贷款相关政策作为辩论赛互动环节题目的一部分；观看"贷款助学信用助人"视频，讲解个人征信知识、高校家庭经济困难学生资助办法等，组织优秀受助生代表分享自己的故事；组织诚信诗歌诵读、"诚信资助，诚信还贷"签名、游客问卷调查、放飞诚信风筝、校内座谈会及"诚信资助，诚信还贷"宣誓、签名活动；"我为诚信代言"演讲比赛，报名参赛作品共42份，经过评委小组的盲选，筛选出8名选手晋级决赛；征集"诚信资助、诚信还贷"心得体会作品100余篇，评选出奖项，并将获奖作品编制成册；"我身边的诚信故事"征集活动和"诚信如影随形"诚信影评、书评大赛，参与活动的学生达300多人，各类稿件三百余篇；"诚信资助、诚信还贷"超级演说家比赛，通过预选和初赛选出8名选手进入决赛，选手分别以"用诚信还贷，为爱心续航""以诚为本、以信为准""诚以修身、信以立业""感恩助学""诚信立足,创新致远"等为主题,阐述了对于大学生立信教育的看法;"诚信做人做事"有奖竞答比赛;以"诚信为本,立德修身"为主题组织了第二届"一站到底"知识竞答比赛。①

2. 项目成效

(1) 增强了学生的诚信意识

诚信月活动持续了一整个月,各类活动层出不穷,形式多样,内容丰富,获得了全校学生的广泛参与。在这过程中,通过各类活动的参与,学生对资助政策和征信知识的认识得以丰富,对诚信的典型人物事迹非常认可,诚信意识得到极大增强。

(2) 打造了诚信教育的品牌活动

诚信月活动弘扬了中华民族诚实守信的传统美德,同时与资助育人紧密结合,让广大学生尤其是受助学生直观感受到诚信的重要性,并有机会亲身参与到宣传诚信、践行诚信的活动中来,学生反响热烈,在校园内营造了"以诚信为荣,以失信为耻"的守信氛围,对资助工作起到了很好的促进作用,也成功将其打造成为校内诚信教育的品牌活动,有助于形成诚信教育的长效机制。

3. 项目创新性分析

"人无信不立",诚信作为一种传统价值观,会极大影响到学生日后的言行,失信行为更是会造成不良后果,对学生个人及资助工作本身产生消极影响。因此,在资助过程中,除了经济支持外,也要注重培养受助学生的诚信品质。但由于过往诚信教育容易在形式上流于权威说教,显得单一、枯燥,不能吸引学生参与,导致学生对诚信的认识不够深入,对诚信的价值不够认可,诚信教育效果不佳。鉴于此,学校创新育人形式,相信学生"自我教育,自我成长"的力量,将诚信教育与学生的自我教育活动结合起来,拉近与学生的距离,带动学生的积极参与。

发挥广大学生创造性,创新活动形式。新时期的诚信教育需要更生动活泼的内容和手法,并促进学生的广泛参与。诚信月活动就是通过短期、密集、有趣、互动性强的多种活动形式,在受助学生心中建立对诚信的认同。学校负责整体的协调统筹,在确定主题后将活动主办权交由各个学院,并最终由各院系学生会、社团等学生组织策划、承办,充分发挥广大学生的创造性,有利于站在学生的角度,设计最贴近学生实际、吸引力最大的活动形

---

① 案例参见深圳信息职业技术学院2007—2016年学生资助十年工作总结。

式，从而顺利吸引到大批学生参与。区别于传统的单向说教式宣传，创新多样的形式使得活动能较易获得学生认可及参与，取得较好的效果。

(二) 广州大学"公益积分，让爱飞翔"项目

为充分发挥资助工作的育人功能，引导受助学生感恩社会、回报国家，增强他们的社会责任感，广州大学于2011年5月起便在广东省高校中率先开始实行受助学生"公益积分管理办法"，通过大力开展"公益积分，让爱飞翔"项目，探索资助育人的新途径。

1. 项目内容

(1) 宣传引导，倡导公益

"公益积分，让爱飞翔"项目的受众群体是全体在校家庭经济困难受助学生。学校学生资助管理中心制定了《广州大学经济困难生公益积分手册管理办法（试行）》，每年都会印制《广州大学经济困难生公益积分手册》并下发到受资助的学生，保证人手一册，让学生清晰了解公益积分细则；同时，学校、学院通过多种形式，宣传公益活动，引导、鼓励受资助的学生积极参与，形成"人人为我，我为人人"的意识氛围。

(2) 参与公益，积分奖励

学生自主参与公益活动，并如实按照参与公益服务的时间及活动内容填写手册，由相应单位（负责人）签名或盖章确认；每年9月份学院对手册进行验证确认，并向全院学生公示"公益积分"结果，然后通过学校网站上报学生的公益积分；学院及学校资助管理中心参考学生的公益积分情况评审新学年的所有资助项目，同等条件下优先考虑公益积分高的同学。对公益积分没达到要求的学生，要求其在一定期限内补齐相应的"公益积分"。

2. 项目成效

"公益积分，让爱飞翔"项目自2011年在广州大学实施以来，已成为一项渐臻成熟，具有推广价值及广泛影响力的活动。随着参与人数和公益时长逐年增长（见表5-1），公益积分活动已成为广州大学学生资助工作的一个品牌，受到师生的普遍欢迎，并取得了一系列成效。

表5-1 公益积分项目历年参与人数及公益时数统计表

学年年份	参与学生人数（人）	公益总时数（小时）	人均公益时数（小时/人）
2011—2012	3236	455369	140.7
2012—2013	3875	565429	145.9

续上表

学年年份	参与学生人数（人）	公益总时数（小时）	人均公益时数（小时/人）
2013—2014	4103	627956	153
2014—2015	5160	827956	160.5
2015—2016	5503	897956	163.2
2016—2017	5973	997956	167

（1）探索了资助育人的新途径

积极引导学生参与公益活动是党和政府一直以来倡导的教育主方向，也成为高校培养大学生的重要途径。社会需要爱心，时代呼唤爱心。"资助是手段，育人是目的"，"让爱飞翔"传递爱心公益积分活动有效地引导了广大学生参与社会公益活动，使学生收获了更多的友善和友爱，深刻感悟了"勿以善小而不为"的意义所在，也成为高校培养大学生高尚思想品格的一个途径。

（2）增强了受助学生的社会责任感，提高了他们的综合素质

受助学生参加校内外公益活动的过程，是学生了解社会和现实的一个过程，也是他们接受教育的一个过程，更是学生社会责任感和感恩奉献意识不断增强的过程。同时，通过参加公益实践活动，学子们在帮助他人的同时不仅获得情感的升华、灵魂的洗礼，还锻炼了吃苦耐劳、团结合作、包容真诚的精神品质，参与其中的学生综合素质得以提高。

（3）引领主流价值观，营造校内外公益氛围

付出爱、传递爱，是公益活动的永恒主题。公益积分除引导受助学生热心参与公益外，还充分发挥了其"辐射作用"，将关爱传递给社会、服务对象及其他非受助学子，给社会带来爱的正能量，把爱心绵绵不绝地传递给周围那些需要帮助的人们，让社会变得更加诚信、互助、友爱与和谐，在校内外营造了热心公益，乐于奉献的良好氛围。[①]

3. 项目创新性分析

（1）育人理念创新

美国著名政治家、科学家本杰明·富兰克林说："希望被人爱的人，首先要爱别人，同时要使自己可爱。"爱心是人类最珍贵的情感，是社会文明

---

① 案例参见广州大学2007—2016年学生资助十年工作总结。

的重要标志,也是中华民族传统美德的集中体现。广州大学将"公益积分"管理引入到经济困难学生的资助教育实践项目中,通过有组织地引导受助学生参与公益活动,传递自身爱心,将经济困难学生的资助与其参与公益活动的积分相挂钩,形成以经济资助为基础、以励志教育为导向、以公益实践传递爱心为核心的三位一体济困育人体系,变爱心资助为爱心传递,从而培养受助学生的责任意识、感恩意识和奉献意识,发挥资助育人的功能。

(2) 育人手法创新

公益参与和资助工作相结合,相互扩大影响。将公益参与作为资助育人的创新方式,与资助工作相结合,极大地促进了受助学生参与公益活动的热情,也给受助学生带来了更多的精神激励,在参与公益中获得更完善的人格教育和综合素质提升;通过大量学生的公益善行,对社会产生更多更大范围的影响,项目也获得更大影响力,也使得项目获得更多社会支持。

二、能力培养

家庭经济贫困学生由于环境限制,获取的教育资源较少,在知识结构和技能应用上常显薄弱,社会实践缺乏,综合素质还需要不断提高。在不断加强对受助学生的人格品质塑造的同时,广东省各地各校也透过创新育人方式,提高贫困生的综合素质和就业竞争力,培养学生创新创业能力,以促进学生全面发展。

【特色项目】

(一) 华南农业大学"竹铭计划"

华南农业大学是家庭经济困难学生较多的高校,本科生中家庭经济困难学生的比例达23%。学校从学生实际需求出发,以人为本,将立德树人的育人理念贯穿资助工作的全过程,构建起"扶困、励志、强能"三位一体的资助工作模式,创新资助育人途径和方式,充分发挥了资助工作的综合效应和育人功能,促进了受助学生励志强能成长,形成一批资助育人的特色品牌项目,"竹铭计划"就是其中之一。该计划从2008年启动以来,学校每年划拨50万元勤工助学基金实施"竹铭计划",面向全校贫困生招生。

1. 项目内容

"竹铭计划"主要由"免费培训项目""资助双学位项目"和"暑期出国研修项目"三个子项目构成。

(1) 面向所有贫困生开放的免费培训项目

由于地区发展的不平衡和生活条件的制约,家庭经济困难学生在社交礼仪、英语口语、计算机技术等方面的技能往往落后于其他同学,而这些恰恰是当今大学生必须掌握的技能。为此,华南农业大学于2008年4月全面启动家庭经济困难学生励志强能工程——"竹铭计划",为全体家庭经济困难学生提供免费的训练平台,致力于提高家庭经济困难学生自信心,提升就业竞争力和综合素质。

根据"理论与实践相结合、知识传授与能力培养并重、职业技能培训与就业服务并举"的设置原则,在对贫困生需求进行调查的基础上,"竹铭计划"免费培训课程共开设心理素质与潜力开发、文化艺术与人文修养、科技创新与职业技能训练等3个模块共10门课程。

表5-2 "竹铭计划"免费培训课程一览表

模块	课程名称
心理素质与潜力开发	大学生心理创富训练营
文化艺术与人文修养	有效沟通与社交礼仪
	形体训练
	国学翰林班
职业技能训练	情境英语口语训练
	演讲与口才训练
	新媒体与写作
	office办公自动化基础
	图片处理技术与应用
	阳光就业训练营

"竹铭计划"免费培训课程面向所有贫困生开放,每年开展两期,每期培训学员约500～1000人。培训安排在周末进行,为期5周,每周4学时,共20学时。2008年至今,"竹铭计划"免费培训课程已开展18期,累计培训学员14560人次。广大家庭经济困难学生获益匪浅,自信心普遍提高,眼界为之开阔,各项技能得到加强,职业意识和就业能力得到改善。

(2) 资助优秀家庭经济困难学生攻读双学位项目

在此基础上,学校从"竹铭计划"免费培训课程的学员中挑选表现优秀的精英,每年资助100名大一、大二的家庭经济困难学生攻读双学位,直至其完成第二学位学习并毕业。

(3) 资助优异贫困生暑期出国研修项目

该子项目重点面向学习成绩特别优异的家庭经济困难学生。对许多家庭经济困难的学生来说,出国是一个可望不可及的梦。为了进一步拓宽贫困生视野,丰富"竹铭计划"内涵,2011年暑假华南农业大学学生工作处从学校奖助学工作经费中划拨16万元,用于资助优秀家庭经济困难学生暑期出国研修项目。经过层层筛选和面试选拔,徐位远、陈彦珍、傅嘉健和罗丽君4名成绩优异的家庭经济困难学生在众多的报名者中脱颖而出,分别获得了由学校资助前往美国和加拿大进行为期一个月的暑期研修的机会。

2. 项目成效

(1) 贫困生当中涌现出一大批自强不息、诚实守信、品学兼优的先进典型,榜样示范作用突出。

"竹铭计划"第一期学员区杰财同学被评为广州市"十大孝子""全国三好学生";第三期学员王小然同学评为"全国大学生自强之星";第四期学员王文华同学作为广东省代表参加了2009—2010年度国家奖学金颁奖大会;第六期学员徐位远同学被保送到澳门大学;第七期学员邓小燕自愿捐献造血干细胞,成为"肇庆捐献骨髓第一人"。还有诸如全国大学生自强之星刘易,全国大学生自强之星提名奖王小然、莫杰梅、黄福国,"国家资助,助我成才"励志典型人物杨彪等先进个人……实践证明,"竹铭计划"是引导青年大学生全面发展和培养跨世纪人才的有效途径,是学校思想政治教育的扩展和延伸,有利于贫困大学生成长成才。

(2) 社会影响日益扩大

在广东省奖学助学工作年会上,"竹铭计划"作为华南农业大学资助工作成果,曾多次作为省资助工作先进典型在会上进行经验交流。自"竹铭计划"实施以来,南京农业大学、西北农林科技大学、华南师范大学、深圳大学等省内外10余所高校先后到华南农业大学就"竹铭计划"进行专题学习与考察。广东电视台、南方电视台、凤凰网、《南方日报》《信息时报》等媒体分别对华南农业大学"竹铭计划"进行了宣传和报道。

2012年,以"竹铭计划"为主体申报的成果被评为华南农业大学优秀教学成果奖一等奖、广东省二等奖;2013年,"竹铭计划"被评为"广东省高校学生事务管理精品项目";2015年,"竹铭计划"被列入广东省资助育人提升项目培育库。

(3) 依托"竹铭计划"开展资助育人理论研究,成果显著已获批资助类课题6项，其中厅级课题2项，校级立项课题4项。发表相关研究论文10余篇。2010年，出版研究成果《高校学生资助工作思考与实践》一书。

（4）提高了贫困生的综合素质和就业竞争力

从各期培训班的情况来看，学员学习积极性非常高，每次上课时，课室基本上座无虚席；课间休息或下课了都有不少同学主动与老师交流。而通过课程的学习，学生变得更加自信和积极乐观，演讲、计算机等方面的技能也有所提升。

（5）贫困生的社会责任感和感恩奉献意识得到增强

通过组织"竹铭计划"学员参加志愿服务活动，使学生接受教育和启迪，常怀感恩之心，常行感恩之举，增强学生的社会责任感和历史使命感，感恩回馈社会。很多学员在课程结束后纷纷以实际行动感恩回馈社会。如自发组织"薪火竹铭"团队参加支援春运列车乘务员工作、暑期"三下乡"活动，定期到农村支教、服务三农等。

3. 项目创新性分析

（1）育人理念创新

"竹铭"，本是华南农业大学首任院长丁颖教授的号。为了缅怀丁颖，激励学子，华南农业大学将家庭经济困难学生励志强能工程定名为"竹铭计划"。它是华南农业大学转变贫困生传统资助方式，不断丰富资助工作内涵的一种创新与突破。"竹铭计划"秉承"授人以鱼，不如授人以渔"的工作理念，坚持"树信心，长技能，促就业"的育人思路，以自信心教育为基础，以职业技能培训为重点，通过创新"免费培训+双学位资助+暑期出国研修"的资助形式，变"输血"为"造血"，不断加强对贫困生的励志教育和精神扶贫力度，增强贫困生自信心，提高贫困生的综合素质和就业竞争力，从而实现资助与育人的双重功能。

（2）育人手法创新

"竹铭计划"以"免费培训项目""资助双学位项目"和"暑期出国研修项目"三部分组成，通过课程教育、资助学生获得更多教育资源等方式，提高受助学生的技能水平和综合素质。这一项目手法在内容的适切性、资源的丰富性方面较为突出，形式上尤其是培训项目容易组织大量学生参加，较易持续和推广，偏重学业成长的特点也贴近大部分学生的需求，创新性强，也鼓励了受助学生积极向学以获得更好的教育机会。[1]

---

[1] 案例参见华南农业大学2007—2016年学生资助十年工作总结。

(二) 岭南师范学院大学生勤工助学创业孵化园

岭南师范学院是一所省属普通本科院校,目前在校学生有22000多人,岭南师院立足师范院校的专业特点,注重人才培养与创新创业教育结合,以大学生创新创业实训基地建设为载体,探索实施"创新教育与创业实践相结合"的实践育人新模式。

1. 项目内容

(1) 创业实践基地化建设

岭南师范学院学生处在2006年起开始创办运营"大学生勤工助学一条街",发挥了资助育人功能。2013年7月,岭南师范学院学生处为进一步探索实践育人工作,鼓励和引导学生自主创业,培育学生创新创业精神,增强学生创新创业能力和素质,在突出实践育人功能的基础上进一步扩大帮扶家庭经济困难学生覆盖面,再次规划设计并投入30万将"大学生勤工助学一条街"扩容升级为"岭南师范学院大学生勤工助学创业孵化园",在原七个门店的基础上新增六家门店,并面向全校学生征集创业项目,评选出"悦心体育超市""披萨大师"创意美食店等五个创业项目。学校为每个创业团队提供创业实践门店一间,并配备创业实践启动资金1万元。

(2) 自主经营培育自立自强型人才

孵化园项目实体均由学校提供运营资金或启动资金,招聘学生自主经营或征集学生团队创业运营,每年为超过百名学生提供创业实践的基础上,还为家庭经济困难学生提供两百多个勤工助学岗位。从经理、会计到店员,丰富的岗位和自主运营的空间为学生提供了自主规划、统筹、管理、监控、评估等方面的训练,各个岗位均具有较高的知识或技术含量,让学生得到了很好的锻炼,培育了独立自主的观念,增强了自信心和实践能力。帮助受助学生解决经济困难的同时,也可以更好地实施引导和教育他们自强不息、奋斗不止。

2. 项目成效

在全体员工的努力下,孵化园的运营效益不断体现,既实现了帮困助学的目标,又实现了实践育人的功能,培养了一批具有创新思维和开拓精神的优秀学生,让同学们在实践过程中收获成长。

(1) 实体化经营成效显著,创造良好专业实践平台

运营十年,"孵化园"营业总额达1400多万元,营业收入约460万元,自主支付学生工资总额320万元,累积学生创业发展基金约120万元,给予财务会计、电子商务、计算机、烹饪与营养等专业学生很好的专业实践与创业实训机会,提供了专业指导与实践锻炼相结合的平台,形成了学生互促成长的氛围,让学生在实践中检验专业知识,在实践中提升技能素养。

(2) 培养了大批创新创业型人才

为了培养大学生的创业意识,激发大学生的创业激情和创新思维,"孵化园"实施"走出去,请进来"的人才培养思路,通过组织学生员工到大型企业参观考察,了解企业实际运营,开阔视野,拓展思路;邀请校内商学院教授为"孵化园"学生员工做创业理论教育,提升员工理论素养,邀请社会知名企业老总来校作创业报告,分享创业历程,激发员工创新创业热情;在校内举办创业项目征集大赛,提高学生的创业策划能力。实践证明,在校期间经过"孵化园"岗位锻炼的毕业生,在就业和创业中有着更大的竞争优势,目前已有很多校友在各自领域有所成就。一大批具有创新思维与开拓精神的新型人才在此成长,此岗位成长的一大部分学生毕业后自主创业并获成功,取得了良好的实践育人成效。

(3) 励志效果明显,受助学生自立自强

孵化园各个管理团队的构成主要为学生,200多名员工中,90%以上是贫困生,通过自主运营,实践规划、统筹、管理、监控、评估等各方面工作,学生不仅得到了很好的锻炼,培育了独立自主的精神,更重要的是通过团队合作、榜样激励、相互影响,受助学生的自信心不断增强,尤其是在优秀学生的榜样示范,团队氛围的正向营造、以及项目运营取得成功等因素影响下,更加坚定了他们自强不息、奋斗不止的信念。随着孵化园的发展,学生的思维受到了锻炼,思想得到了洗礼,至今已培养了大批优秀员工。据统计,从孵化园走出去的应届毕业生就业率达到100%,就业层次普遍较高,学生自立自强,充分展现了资助育人的显著成效。

3. 项目创新性分析

(1) 育人理念创新

"孵化园"项目坚持的理念是"实践育人""融学于练",以育人为中心,服务于学校的人才培养,成为学校实践育人的重要平台。一方面让专业教师沉到一线,结合实践指导学生,与学生互动;一方面兼顾"扶困助学"责任,发挥扶困助学的重要功能,为贫困学生提供尽可能多的勤工助学岗位,同时又真正做到让学生在项目实践中"搏击试水",在实践中检验专业技能,接受思想洗礼,收获人生成长历程中的"第一桶金",向具有创新思维与开拓精神的新型人才目标迈进。项目探索创新教育与创业实践相结合的实践育人新模式,从而推动具有创新思维与开拓精神的新型人才培养,实现项目的育人功能。

(2) 育人手法创新

一是实施项目化管理。"孵化园"对每个入园的门店实施项目化管理,从发布征集信息，专家评审，团队运营、评比考核等环节，学生处和"孵化园"都会征求专家意见，经过细致的策划与反复推敲后再发布，确保"入园有要求，运营有规范，实践有成效"。学生组团参加"征集"后，学生处为每个项目团队配一名指导老师（或团队自行邀请），由指导教师进行跟踪指导，在团队组建、项目书撰写、运营模拟、征集准备、经营管理、服务创新、财务规范、项目结项考核等每一个环节，都有指导教师"既到位"又"不越位"的跟踪指导，让每一个团队的学生能有指导地参与"实战"。

二是打造学习型团队。着力把"孵化园"员工塑造成学习型团队。孵化园建立了规范的会议制度和学习制度，开展业务考核竞赛和业务创新意见收集，将每次会议打造为员工交流学习的平台，实现共同提升；注重业务与技能培训，让员工在成长的各个阶段参加各种相关的知识和技能培训，不定时地邀请相关专家教师进行培训。例如专门针对经理进行了管理学培训，针对人事主管进行了人事管理培训，针对财务会计人员进行了会计实操培训，针对全体员工进行职业道德、服务规范、文明礼仪等的培训，提升员工综合素质和就业竞争力。

三是注重特色文化塑造。"孵化园"注重文化精神的凝练，通过"创业策划大赛""优秀门店、优秀服务之星评比""情系雷阳——圣诞嘉年华"等文化建设活动，引导大学生树立以专业实训为目的的创新创业意识，敢于试水，敢于实践，敢于创新；引导大学生学会自强自立，增强大局观念和团队观念，锻造合作精神，凝练校本情怀；引导学生学会感恩，培育学生"自强不息、勤学奋进、勇于创新、追求卓越"的文化精神，形成"自力更生、艰苦奋斗、团结拼搏、无私奉献"的处事风格，打造"孵化园"独具特色的创新创业、自立自强的文化内涵。

总体而言，勤工助学创业孵化园这一项目形式，首先从经济资助上变"输血"为"造血"，是传统勤工助学资助方式的升级创新，对高校和受助学生是双赢的可持续举措；其次，孵化园让受助学生以创业、自主经营等方式运营各项目实体，赋予了受助学生更多的自主性和成长空间，相比于课堂教育或传统的勤工助学，学生从实践中能获得更大的能力提升，对培养创新型、实践型人才具有良好育人成效。[①]

[①] 案例参见岭南师范学院2007—2016年学生资助十年工作总结。

小　结

　　2007年以来，学生资助"广东模式"通过全省各级资助工作体系，以及各地各校的探索实践，建立了丰富的资助经验体系，切实贯彻了助困育人、立德树人、教育公平、共享发展的四大资助理念，以务实、开放、创新精神为引领，综合运用精准资助、精细管理、精心服务三大工作手法，有效地帮助了一批又一批的家庭经济困难学生顺利地踏入社会，通过教育改变了人生轨迹。本章所举的资助典型只是十年来全省各地各校优秀资助成果的冰山一角。经过十年的积淀累积，广东省学生资助在不断完善助困这一基本保障功能的同时，也在不断创新和深化育人工作内涵，其探索实践不仅构建和形塑了学生资助"广东模式"，更加推动了学生命运、人才结构、教育发展以及社会建设的发展与改变。

　　"广东模式"推动实现的教育阶段全覆盖、公办民办学校全覆盖、家庭经济困难学生全覆盖，作为资助工作基础保障功能的三大实现维度，体现了广东对"不让一个学生因家庭经济困难而失学"这一资助目标的坚定信念，也充分说明了广东学生资助工作在资助对象上的精准识别、资助资源上的精准配置，既是广东省资助政策体系不断完善的结果，也是"精准资助、精细管理、精心服务"的广东特色资助模式实践下基础保障功能的充分体现，实现了以普及促公平，均衡促公平，共享促公平，保障了全省学生教育机会和权利的公平。

　　以"立德树人"为价值内核，以感恩教育、诚信教育、社会责任感教育为主要载体的资助育人，是学生资助"广东模式"育人功能的集中体现。结合当前高校人才培养的具体目标，"广东模式"将资助育人与学生的"心理资助""精神资助""能力资助"甚至"就业资助"相结合，植根广东省公益慈善极为活跃的社会土壤，将资助育人目标与能力发展、鼓励创业创新相结合，将受助学生视为活力种子，变被动受助为主动改变，在基础保障性经济资助的支持下，在能力建设、创业创新、海外交流等可持续发展的育人项目支持下，进一步促进受助学生牢固树立感恩意识、诚信意识和社会责任意识，从而为受助学生实现"自我造血"的独立和成才做好充足准备，使他们成长为社会主义合格的建设者与接班人。

附录一 广东省学生资助工作大事记（2007—2016 年）

2007 年

1月，广东省教育厅与国家开发银行签订《广东省普通高校国家助学贷款业务合作协议》。4月，国家开发银行广东省分行与中国农业银行广东省分行签订《广东省普通高校国家助学贷款代理结算协议》，确定中国农业银行广东省分行为广东省普通高校国家助学贷款代理结算银行。至此，广东省全面启动国家助学贷款业务。

6月28日，国家开发银行广东省分行为广东省88所高校的3.45万名学生发放了2006至2007学年国家助学贷款1.89亿元。

2007年上半年广东省农村义务教育阶段学生免收杂费人数为1025万人（其中小学生695万人，初中生330万人），免收金额为16.73亿元（其中中央财政补助1.8亿元，广东省各级财政负担14.93亿元）；全省农村困难家庭义务教育阶段学生免课本费人数为103万元（其中小学生72万人，初中生31万人），免收金额为0.43亿元（全部资金由广东省财政负担）。

9月10日，广东省教育厅、财政厅下发《关于我省免收城镇低保家庭义务教育阶段学生学杂费课本费和提高农村困难家庭义务教育阶段学生生活补助标准的通知》（粤教财〔2007〕122号），要求从2007年秋季学期起，在全省农村义务教育阶段免收杂费的基础上免收课本费（免课本费补助标准：小学生每生每学年100元，初中每生每学年180元），提高农村困难家庭义务教育阶段学生生活费补助标准（由原来的每生每学年100元提高到每生每学年200元），同时免收全省城镇低保家庭义务教育阶段学生书杂费、课本费（免书杂费补助标准：小学每生每学年388元，初中每生每学年588元）。

11月22日，广东省人民政府制定《关于建立健全我省普通高校和中等职业学校家庭经济困难学生资助政策体系的实施意见》（粤府〔2007〕92号），初步建立起面向家庭经济困难学生、涵盖各级各类教育的学生助学工作体系，包括国家奖学金、国家励志奖学金、国家助学金、国家助学贷款、各类学校配套资金、继续实施退役士兵免费职业技能培训工程、继续实施智力扶贫工程等七部分。在中等职业学校设置国家助学金,为全日制在校农村学生和城市家庭经济困难学生提供生活费资助。2007学年,广东省共有599所中等职业学校约42万名学生享受到国家助学金。

11月28日,广东省教育厅为105所高校的5.64万人发放了2007至2008学年国家助学贷款3.12亿元。

2007年下半年广东省农村及城镇低保家庭义务教育阶段学生免收杂费人数为962万人(其中小学生633万人,初中生329万人),免收金额为21.94亿元(其中中央财政补助1.8亿元,广东省各级财政负担20.14亿元)。

2007年广东省农村困难家庭子女义务教育阶段生活费补助人数为103万人(其中小学生72万人,初中生31万人),补助金额为1.54亿元(全部由广东省财政负担)。据统计,2006年下半年至2007年11月,广东省共有20508名严重受灾家庭学生获减免学费,减免金额共1.24亿元。

2007年广东省高校获得国家奖学金的本专科学生有1687人,每人每学年8000元,共1349.6万元;获得国家励志奖学金的本专科学生有26844人,每人每学年5000元,共13422万元;获得国家助学金的本专科学生有118596人,每人每学年2000元,约2.37亿元。

2007年广东省高校由学校设立和社会在高校设立的各类奖学金共1.8亿元。

2008 年

2月2日,广东省教育厅举行厅机关抗雪赈灾现场捐款活动。厅长罗伟其在捐款现场传达了省委办公厅、省政府办公厅《关于开展"送温暖、献爱心"社会捐助活动的通知》精神,并做了动员讲话。200多名干部职工在省委教育工委、省教育厅领导的带头下踊跃捐款。

2月、7月、11月全省下达2007年秋季学期、2008年春季和秋季学期广东省中等职业学校国家助学金中央和省财政专项补助资金。广东省共有599所中职学校,约42万名学生享受国家助学金。

4月1日,广东省教育厅、省财政厅、省人事厅、省编办联合印发《广东省高校毕业生到农村从教上岗退费实施细则(试行)的通知》(粤教师〔2008〕7号),要求做好服务期满考核合格的"三支一扶"大学生的上岗退费的工作。上岗退费的标准按每人每年6000元计算。本科及以上学历(学位)高校毕业生上岗退费以4年为限,从上岗满1年后逐年退费,连续退费4年;大专学历高校毕业生上岗退费以3年为限,从上岗满1年后逐年退费,连续退费3年。上岗退费每年的计划名额为10000名,其中专科6000名,本科及以上学历(学位)4000

名。上岗退费所需经费由省财政厅统一安排。

2008年春,广东省城镇全面实施免费义务教育(城镇"两免")。广东省270.54万城镇学生,其中小学生174.59万人、初中生95.95万人(不含深圳市计划单列市)免交书杂费。免费补助标准为小学生每生每学年426元,初中生每生每学年646元。从2007年秋季开始实施的广东省农村免费义务教育到实施城镇"两免",广东省彻底解决了城乡孩子上学难问题,正式宣告了广东省义务教育阶段"交费"时代的终结。

2008年春,广东省在现有农村义务教育享受生活费补助("一补")政策的学生中,按受惠人数20%比例界定特殊困难学生,特殊困难学生的生活费补助标准为小学每生每学年500元,初中每生每学年750元,2008年受惠学生20.18万人;其余80%的学生按原来每生每学年200元标准给予补助,2008年受惠学生80.72万人。2008年广东省"一补"学生共100.9万人(其中小学生70.55万人,初中生30.35万人)。

5月10—13日,教育部基础教育司副司长杨念鲁等到广东省开展城市免费义务教育及流动人口子女义务教育工作调研。省教育厅副巡视员文传道向调研组汇报了广东省有关的工作。调研组分布到东莞市、深圳市进行了实地调研。

6月15日,广东省教育系统(不含部属高校)向四川汶川地震地震灾区捐款捐物(折款)共3.91亿元。广东省普通高校接收地震重灾区学生共812人,其中家庭经济困难学生271人,通过"绿色通道"入学的197人。中等职业学校(不含技工学校)共有154名地震重灾区学生得到特别资助。

8月28日,广东省政协召开了"关于解决我省非户籍务工人员子女接受义务教育问题"专题协商座谈会。省人民政府副省长宋海在会上讲话,省教育厅厅长罗伟其介绍了广东省非户籍务工人员子女接受义务教育工作的进展情况及今后工作的打算和建议。

2008年秋季全省农村义务教育阶段免杂费补助标准由小学每生每学期144元提高到175元,初中每生每学期204元提高到235元。2008年广东省享受此政策学生共914.18万人(其中小学生579.91万人,初中生334.27万人)。

2008年秋,广东省采取了"总额控制、学期初预拨、学年末结算"的拨款方式,做到了学生入学与国家助学金的同步,以解决中等职业学校常年招生和高流失率的问题。

10月23日,广东省普通高等学校奖学助学工作专业委员会常务理事单位会议在北京师范大学珠海分校召开。中山大学、暨南大学、华南农业大学、广东工业大学、广州大学、汕头大学、深圳大学、广东商学院、广东技术师范学院等30多所常务理事单位的学生处(学工部)负责人参加了会议。会议对2007年以来奖学助学工作委员会的工作进行了总结;研究召开 2008 年年会的各项事宜;研究学校奖学助学工作论文征集、优秀论文评选评奖、论文集出版等相关工作。省教育厅副厅长李小鲁到会并讲话,充分肯定了奖学助学工作专业委员会的工作,对专业委员会今后的工作提出了要求,鼓励从事学生工作的同志在理论思考、工作研究、实际调查方面有新的进展。

12 月 29 日,广东省高校 2008 年学生奖助工作会议召开。全省 100 多所高校近 250 名代表出席会议,省教育厅副厅长李小鲁做了 2008 年的工作总结,部署了 2009 年的相关工作。

2008 年,广东省完成 110 多所普通高校(包括民办高校和独立学院)国家奖学金、国家励志奖学金、国家助学金近 29483.1 万元的分配和下拨,163555 名学生接受到各种不同的资助。其中,1730 名学生获得国家奖学金,29789 名学生获得国家励志奖学金,132036 名学生获得国家助学金。

2008 年,广东省完成 2008—2009 学年国家助学贷款的申请、审批和发放工作,全省 109 所高校的 6.94 万名学生获得了 3.81 亿元贷款。

2008 年,广东省高校提供校内勤工助学岗位 53254 个,参加勤工助学的学生达 230435 人次,发放勤工助学金额近 1.46 亿元。

2008 年,广东省普通高校为家庭经济困难学生开设"绿色通道",通过"绿色通道"入学的学生达 37652 人,占新生注册人数的 9.64%。

2008 年,广东省各高校接受减免学费的学生达 10336 人,共减免学费 5824 万元,努力实现了"不让一名学生因家庭经济困难而失学"的目标。

2008 年,广东省高校共向社会筹集各类社会奖学金 4380 万元,共有 13464 名家庭经济困难学生受到资助。

2009 年

3 月 10 日,广东省教育厅完成全省《全国中等职业学校学生信息管理系统》的升级培训,按教育部要求部署 2009 年中等职业教育学籍和资助信息填报工作任务。

4 月,广东省教育厅与国家开发银行省分行联合组织到部分高校进行助学贷款风险防范工作调研,对高校助学贷款风险防范工作进行现场指导。

2009 年春,广东省调整中等职业学校国家助学金的下拨方式。以上一学期受助人数、中央和省财政补助资金金额为基础,预先安排下一学期中等职业学校国家助学金的中央和省财政专项补助资金,并完成上一学期的资金结算。其中增加的受助学生的国家助学金由各学校先行垫付,下学期返还。

5月、12月广东省下达2009年春季学期和秋季学期广东省中等职业学校国家助学金中央和省财政专项补助资金。2009年,全省共有573所中职学校,约47万名学生享受国家助学金。

9月20日,首届广东省宋庆龄奖学金于在广州举行颁奖典礼,591名学生喜获殊荣。

10月,广东省教育厅开展了各市教育局和各省属中等职业学校就国家助学金工作自查自纠,对部分不符合助学金发放管理要求的中职学校提出了整改要求。

12月,广东省教育厅召开全省高校校级主管领导参加的国家助学贷款风险防范专题会议。会议介绍了目前全省高校助学贷款风险防范工作状况,通报了全省各高校贷款毕业生还息情况,对建立全省高校助学贷款风险防范机制进行了工作部署。

2009年,广东省农村义务教育学生的资助标准有了提高,农村义务教育阶段公用经费(包括免杂费补助)标准由小学每生每学期144元提高到175元,初中每生每学期204元提高到275元。全省义务教育享受"两免"学生共1225万人(其中小学生774万人,初中生451万人),各级财政投入"两免"补助资金共57.6亿元。此外,全省农村义务教育享受"一补"学生共100万人,省财政投入"一补"资金共2.8亿元。

2009年,广东省完成110多所普通高校(包括民办高校和独立学院)国家奖学金、国家励志奖学金、国家助学金近30574.24万元的分配和下拨,178304名学生接受到各种不同的资助。其中,1758名学生获得国家奖学金,32504名学生获得国家励志奖学金,144042名学生获得国家助学金。

2009年,广东省高校提供校内勤工助学岗位55916个,参加勤工助学的学生达241956人次,发放勤工助学金额近1.53亿元。

2009年,广东省普通高校为家庭经济困难学生开设"绿色通道",通过"绿色通道"入学的学生达39534人,占新生注册人数的9.35%。

2009年,广东省各高校接受减免学费的学生达10853人,共减免学费6115万元,实现了"不让一名学生因家庭经济困难而失学"的目标。

2009年,广东省高校共向社会筹集各类社会奖学金4599万元,共有14137名家庭经济困难学生受到资助。

2009年,广东省104所高校的7.9万人获得了4.22亿元贷款。此次贷款申请、审批和发放工作不仅再一次实现了"全覆盖""应贷尽贷"的政策目标,而且第一次启用国家开发银行高校助学贷款信息管理系统,该系统与人民银行征信系统直接对接,实时向人民银行报送学生的相关信息变动情况,进一步加强对贷款学生的信用管理，在建立对贷款学生的约束机制上又迈出了新的一步。

2009年，对就读全省中职学校的汶川地震51个重灾县家庭经济困难154名学生进行了资助。

2010年

3月27日，"广东省2010年高校毕业生到农村从教供需见面会"在华南师范大学举行。全省共有1.2万个农村学校教师岗位，其中可享受"上岗退费"优惠政策的岗位9000多个。"上岗退费"政策从2008年实施以来，共为全省欠发达地区农村中小学校输送近2万名合格教师。

5月、11月广东省下达2010年春季学期和秋季学期中等职业学校国家助学金，全省共有561所中职学校，约50万名学生享受国家助学金。

2010上半年广东省完成2009届大学生应征入伍服义务兵役学费补偿和贷款代偿申请核查工作，全省共计764人申请学费补偿贷款代偿1374.86万元。7月份完成漏报的2009应届大学生应征入伍服义务兵役学费补偿贷款代偿的补报工作，共计56人，金额101.89万元。

7月19日，广东省教育厅开展以"奉献爱心扶贫助学"为主题的教育和捐赠活动，动员教育系统及相关企业为扶贫助学工作献计出力。共筹捐款5984万元，其中已到账5733万元，未到账251万元，另有捐赠图书55890本。

7月23日，广东省人民政府省长黄华华主持召开十一届58次省政府常务会议，审议并原则通过《广东省中长期教育改革和发展规划纲要（2010—2020）》。

8月16日，广东省财政厅、广东省发展和改革委员会、广东省教育厅、广东省人力资源和社会保障厅联合印发了《关于中等职业学校农村家庭困难学生和涉农专业学生免学费工作的实施意见（试行）》。广东省从2009年秋季学期起，对中等职业学校全日制正式学籍一、二、三年级在校生中的农村家庭经济困难学生和涉农专业学生逐步免除学费（艺术类相关表演专业学生除外）。

10月16日，在中山市举行广东省中等职业学校资助监管工作暨信息管理系统升级应用培训工作会议颁奖典礼，全省共有628名学生获得宋庆龄奖学金。

2010年，全省义务教育享受"两免"学生共1146万人（其中小学生694万人，初中生452万人），各级财政投入"两免"补助资金共约57亿元。2010年全省农村义务教育享受"一补"学生共100万人，省财政投入"一补"资金约2.8亿元。广东省被教育部评为"义务教育资助工作先进省"。

2010年，召开广东省中等职业学校资助监管工作暨信息管理系统升级应用培训工作会议。各地级以上市及顺德区教育局、深圳市教育局，省属学校和高职学院中专部共 220 人参加了会议，部署了下一步学生资助监管工作。

2010 年，广东省教育厅配合教育部，部署了全省中职学校国家助学金的自查自纠和全面检查，抽查了两所省属学校和清远、湛江两个地级市。

2010 年，广东省 114 所普通高校（不含中山大学、华南理工大学、暨南大学、广州民航职业技术学院和深圳市）获国家奖学金学生 1828 名，获国家励志奖学金学生 35878 名，获国家助学金学生 158995 名，共发放 51200 万元国家奖助学金。

2010 年，广东高校提供校内勤工助学岗位近 6 万个，参加勤工助学的学生达 20 多万人次，发放勤工助学金额近 1.5 亿元。

2010 年，广东高校通过"绿色通道"入学的学生达 28014 人，占新生注册人数的 2.1%；共减免学费 6000 多万元，接受减免的学生人数约 1 万人。

2010 年，广东省高校筹集社会各类奖助学金近 5000 万元，共有 1 万多名家庭经济困难学生受助。

2010 年，广东省 116 所高校的 7.1 万学生将获得约 3.87 亿元助学贷款。为加强助学贷款风险防范管理，广东省建立包括在全省建立高校国家助学贷款违约定期通报制度等措施，降低违约率。违约率超过 20% 以上的高校经过整改后降到了 8% 以下，全省高校助学贷款违约率从 2008 年底的 23% 下降到 2010 年 12 月底的 8%。

2010 年，广东省对高校国家助学贷款业务进行考核，出台了《广东省高校助学贷款工作考核办法（试行）》，制定了全省高校国家助学贷款工作考核指标体系。联合国家开发银行广东省分行，组织了工作检查。经检查，全省高校开展国家助学贷款工作优秀学校 32 所、良好 37 所、合格 32 所，不合格 10 所，优良率占被考核高校的 62%。

2011 年

4 月 7 日，广东省财政厅、省教育厅联合印发了《关于广东省普通高中家庭经济困难学生国家资助工作的实施意见（试行）》。根据意见，广东省从 2010 年秋季起建立普通高中家庭经济困难学生国家资助制度，由中央、省和地方共同设立国家助学金，资助普通高中家庭经济困难学生，资助标准为每生每年 1500 元，按学年发放。资助面按全省普通高中在校生总数的 10% 确定。

4 月，广东省教育厅联合财政厅、监察厅、人力资源和社会保障厅对中等职业学校国家助学金地方财政配套资金落实情况进行了专项检查。重点检查了汕尾、茂名和揭阳 3 个地级市的配套资金落实情况。通过检查督促，全省各地、市、县（市）已全部落实中职学校国家助学金地方财政配套资金。

4—7月，广东省教育厅联合省财政厅、国家开发银行广东省分行对全省各普通高校助学贷款工作进行全面考核。通过考核，促进各高校进一步重视助学贷款工作，完善运行机制，建立风险防范长效机制，提升了高校助学贷款管理水平，达到了以评促改、以评促建的目的，有力地推动了各高校助学贷款工作的持续、健康有序发展。

10月11日，第三届广东省宋庆龄奖学金颁奖仪式在顺德区一中举行。全省普通高中共有692名学生获奖。

10月20日，广东省开展国家开发银行高校国家助学贷款第一批还本，结清率已达97.54%，未结清率仅2.46%，居全国首位。

11月20日，全省120所高校完成2011—2012年度高校助学贷款发放任务，贷款学生6.26万人，共贷款3.45亿元。

11月24日，国务院召开会议部署农村义务教育学生营养改善计划，广东省召开全省电视电话会议加以贯彻。根据委厅主要领导指示精神，广东省助学工作管理中心立即行动起来，缜密筹划，积极会同厅办公室、基财处、基教处、体卫艺处、后勤产业办等部门，在较短时间内，拟定了试点工作方案，提交厅党组研究通过。试点方案明确了营养改善计划的试点工作的目标、任务、补助对象、试点范围、组织管理、职责分工、资金安排和管理、主要工作、进度安排，并积极协调财政部门落实财政资金。拟从2012年春季学期起启动省农村义务教育学生营养改善计划试点工作。

2011年，为确保中职学校学生资助政策落实到位，广东省组织教育纪检、审计、助学工作管理中心等部门，加大了对中职资助机构的指导、监管、检查和督办工作力度，初步建立了"关口"前移的监督机制。通过常规工作定期督查、突出问题重点督查、专项问题专项督查等形式，建立起定期或不定期的监督检查制度。联合广东省财政厅、省监察厅、省人力资源和社会保障厅对中等职业学校国家助学金地方财政配套资金落实情况进行了专项检查。完成了教育部检查组2010年在中等职业教育国家助学金和免学费政策落实情况检查中发现问题的整改工作。开展了全省中等职业教育国家助学金和免学费政策落实情况的全面检查工作，通过全面检查督促，各地、各学校有针对性地进行了整改，取得了明显成效。

2011年，在继续实施中等职业学校农村家庭经济困难学生和涉农专业学生免学费教育政策的基础上，广东省把城市家庭经济困难中职学生列入免学费补助范围，有效地解决了城市低保家庭子女的读书难问题。8月，广东省政府正式批复，将县镇非农户籍中职学生全部纳入国家助学金和免学费资助范围。

2011年，广东省普通高校国家助学金补助标准由每人每年2000元提高至每人每年3000元。

2011年，广东省义务教育享受"两免"学生共1146万人（其中小学生694万人，初中生452万人），农村免费学生833万人（小学生501万，初中生332万），城镇免费学生313万（小学生193万，初中生120万）。各级财政投入"两免"补助资金共60多亿元。2011年全省农村义务教育享受"一补"学生共87.5万人，省财政投入"一补"资金共3.17亿元。

2011年，全省普通高中有198946名家庭经济困难学生获得国家助学金，各级财政投入资助资金近3亿元。全省中等职业学校约有21万名家庭经济困难学生和涉农专业学生享受免学费政策，各级财政投入资金5.2亿元。全省中等职业学校约50万名学生获得国家助学金，各级财政投入资助资金约7.5亿元。同时，为确保资助资金及时到位，建立了中职国家助学金的年度预拨机制（每年年初预拨90%，年底结算），有效保证了受助学生及时拿到助学金。研制开发了广东学生资助信息管理系统（普通高中分项目），召开了全省资助工作研讨会暨广东学生资助信息管理系统（普通高中分项目）应用培训工作会，通过信息化促进资助工作的科学化、规范化。

2011年，全省121所普通高校（包括民办高校和独立学院）有1883名学生获得国家奖学金，有38591名学生获得国家励志奖学金，有171015名学生获得国家助学金，财政投入奖助学金经费共7.2亿元。

2011年，广东高校提供校内勤工助学岗位5万多个，参加勤工助学的学生达20多万人次，发放勤工助学金额近1.5亿元。

2011年，广东高校通过"绿色通道"入学的学生达28014人，占新生注册人数的2.1%；共减免学费近6000万元，接受减免的学生人数约1万人。

2011年，广东省高校筹集社会各类奖助学金4000多万元，共有1万多名家庭经济困难学生受助。

2011年，为积极做好助学贷款后管理和风险控制工作，广东省建立了全省高校国家助学贷款还本情况月通报制度。10月底，广东省第一批还本结清率为97.54%，居全国首位。

2011年，广东省教育厅完成"解决我省非户籍流动人口子女情况"调研报告。报告建议在各地市（特别是珠三角地区）"一市一策"和"积分制"入学政策的基础上，不区分省内外户籍，将全省非户籍流动人口适龄子女全部纳入免费义务教育。对接收非户籍流动人口子女入学的学校进行经费补助。满足入读公办学校条件的，免费入学；入读民办学校的，按民办学校收费标准，减除各级财政核拨的免收杂费、课本费补助后缴费入学。

2011年，广东省教育厅配合广东省财政厅，对全省义务教育中小学公用经费、免费教科书补助资金、农村中小学校舍维修改造长效机制补助资金、农村困难家庭子女义务教育阶段生活费补助资金的资金使用效益进行自评，同时送独立第三方（华南理工大学政府绩效评价中心）进行书面评价和现场评价。

2012年

3月9日，广东省发放2012年春季学期普通高中国家助学金2.99亿元，全省共有956所普通高中的199248名学生得到资助。

3月29—30日，由广东省教育厅和国家开发银行广东省分行联合举办的全省高校国家开发银行助学贷款高中培训会议在佛山召开。广东省教育厅党组成员、巡视员李小鲁，国家开发银行广东省分行副行长张英慧，国家开发银行总行评审三局负责人出席会议并讲话。全省121所高校的150余名国家助学贷款工作经办人员参加了培训会议。

4月10日，广东省财政厅、省教育厅联合下发《关于调整完善城乡免费义务教育政策的通知》，从2012年春季学期起，全省农村、城镇免费义务教育公用经费补助标准调整为小学每生每学年550元、初中每生每学年750元，即城镇义务教育公用经费补助从现行的小学326元提高到550元，初中从466元提高到750元，统一城乡免费义务教育公用经费补助比例，统一城乡免费义务教育公用经费拨付方式。继续落实农村中小学校舍维修改造长效机制，提高补助标准到小学生每生每学年70元，初中生每生每学年90元，广东省财政安排补助资金27981万元。

5月8日，广东省教育厅副厅长李学明率基建财务处、师资处、继续教育中心、学生助学工作管理中心有关人员到韶关市乳源瑶族自治县、清远市连山壮族瑶族自治县和连南瑶族自治县就教师队伍建设与教师继续教育、中小学预算编制和财务管理、农村义务教育学生营养状况等工作进行调研。

5月25日，全省下达34所省属中等职业学校2010年秋季学期至2012年春季学期免学费缺口资金，按照每人每年3500元的标准进行补助，缺口每人每年1000元，补助金额达2740万元。

5月28日，广东省教育厅组织做好服义务兵役士兵学费补偿贷款代偿和学费资助工作。经审核，广东省高校有2316名学生符合学费补偿国家助学贷款代偿及学费资助条件，申请总金额共计3166.28万元。

5月30日，广东省教育厅和国家开发银行广东省分行在潮州联合召开广东省高校助学贷款省级管理小组暨粤东高校助学贷款区域管理工作会议。研究制订助学贷款省级管理小组工作方案和粤东高校区域管理工作方案,加强高校助学贷款统筹协调,推进区域管理。省教育厅党组成员、副厅长李学明出席会议并做重要讲话。

6月1日,全省下达2012年义务教育阶段民族地区民族班学生生活费补助资金1203万元,受助民族生共13208人。

6月6日,广东省下达2012年春季学期普通高校国家助学金,全省120所高校共有168115名家庭经济困难的大学生获得25217.3万元国家助学金。

6月19日,广东省政府办公厅下发了《关于印发〈广东省农村义务教育学生营养改善计划试点工作方案〉的通知》,要求2012年秋季学期启动广东省农村义务教育学生营养改善计划省级试点工作,确定韶关市乳源瑶族自治县、清远市连山壮族瑶族自治县和连南瑶族自治县为省级试点县。补助对象为试点县县城以外的农村学校义务教育阶段在校学生。补助标准为每生每天3元,每学年按200天计算。省级试点县所需资金由省财政全额负担。支持各地以贫困地区、民族地区、革命老区、边远山区等为重点,自行出资开展农村义务教育学生营养改善计划工作。成立广东省农村义务教育学生营养改善计划领导小组及其办公室,并制定了相关工作制度。

6月19日,广东省教育厅、广东省财政厅印发了《关于实施学前教育资助制度的通知》(粤教基函〔2012〕63号),实施学前教育资助,建立学前教育资助制度。该制度于2011年秋季学期开始实行,资助对象为广东省常住人口经济困难家庭3～6岁儿童、孤儿、残疾儿童,资助标准为每人每学年不低于300元,鼓励有条件的地区结合本地实际,扩大资助面、提高资助标准。

7月12日,广东省教育厅下发《关于抓紧落实学期教育资助制度的通知》(粤教助函〔2012〕31号),建立资助政策实施情况月通报制度,要求各市、县(市、区)从2012年8月起,每月报送上月的进展情况。

7月24日,广东省农村义务教育学生营养改善计划省级试点工作会议在广州召开,韶关市乳源瑶族自治县、清远市连山壮族瑶族自治县和连南瑶族自治县3个省试点县汇报了本县农村义务教育学生营养改善计划试点工作准备情况、存在的主要问题以及下一步的工作计划。会议研究讨论了各试点县的试点工作实施方案。省教育厅副厅长李学明就如何进一步做好我省农村义务教育营养改善计划试点工作提出了要求。

8月9日,广东省人民政府办公厅印发了《关于切实做好我省家庭经济困难大学新生入学和资助工作的通知》(粤府办明电〔2012〕316号),明确从2012年秋季学期开始,广东省考入全日制普通高等学校的贫困家庭大学新生,如学生本人及其家庭所能筹集到的资金难以支付学费,由本人申请,经严格认定、审核后给予学费资助。学费资助标准按省级人民政府制定的学费标准，最高不超过6000元。各地设立专项资金用于资助本地生源的贫困家庭大学新生顺利入学。省级专项兜底解决各地、各高校无法解决的贫困家庭大学新生入学资金缺口。

8月9日，在完成中等职业学校自2007年秋季到2011年春季国家助学金资金结算（清查出省级结余资金7687万元）的基础上，广东省首次以年度形式下达2012年的中职国家助学金。

9月3日，广东省教育厅印发了《关于印发广东省农村义务教育学生营养改善计划领导小组办公室组成及工作制度的通知》（粤教助函〔2012〕45号），成立了广东省农村义务教育学生营养改善计划领导小组及其办公室，并制定了相关工作制度。

9月13日，广东省教育厅印发《关于普通高等学校国家奖学金国家励志奖学金评审的暂行管理办法》（粤教助函〔2012〕48号）。办法对高校国家奖学金及国家励志奖学金的评审组织、评审要求、评审程序和材料报批等做了明确规定，加强了高校国家奖学金及国家励志奖学金评审工作的规范化、制度化建设，提高了评审工作质量和水平。

9月17日，农村义务教育学生营养改善计划工作部署会在广州召开，广东省农村义务教育学生营养改善计划领导小组办公室各成员单位，清远市、韶关市和省级试点县有关人员出席了会议。会上省教育厅副厅长李学明部署了广东省农村义务教育学生营养改善计划试点工作，各省级试点县汇报试点工作进展情况。

9月18日，广东省教育厅下达了《关于国家助学贷款2012年到期还本工作分片区管理的通知》，进一步加强了对高校2012年还本工作的指导，充分发挥助学贷款省级管理小组的引领和示范作用。全省共有27678份国家开发银行助学贷款合同进入还本期，到期本金总额1.528亿元。至12月底，广东省高校国家开发银行国家助学贷款还本结清率为98.4%。

9月，广东省教育厅根据中国人民银行、财政部、教育部《全面推行普通高中学生资助卡加强普通高中国家助学金发放监管工作的通知》（银发〔2012〕182号）要求，从2012年秋季学期起，由学校和各发卡银行为享受国家助学金政策的入学新生办理普通高中学生资助卡。

9月，组织完成了全国第十届宋庆龄奖学金评选工作。全省共有84名中小学生获得了第十届宋庆龄奖学金，奖金共计4.2万元。

10月8日，广东省财政厅、广东省教育厅印发了《广东省农村义务教育学生营养改善计划专项资金管理办法》（粤财教〔2012〕297号），加强和规范农村义务教育学生营养改善计划专项资金管理，提高资金使用效益。

10月9日，广东省正式向国家开发银行股份有限公司广东省分行提出普通高校 2012 年助学贷款借款申请，预计额度为 5 亿元。

10 月 12 日，全省学前教育资助工作会议在广州召开，各地汇报学前资助制度实施进展情况、存在的主要问题以及下一步的工作计划，部署了下一步广东省学前教育资助制度实施工作。

10 月 18 日，第四届宋庆龄奖学金颁奖仪式在惠州市第一中学举行，广东省副省长陈云贤和省教育厅厅长罗伟其出席了颁奖仪式，接见获奖学生并合影。全省共有 730 名学生获得广东省宋庆龄奖学金。

11 月 1 日、22 日，召开了广东省高校国家奖学金评审工作会议。

11 月 5 日，下达了 2011 年高校学生应征入伍服义务兵役士兵学费补偿贷款代偿和学费资助中央财政专项资金 3166.28 万元，共有 2316 名学生得到补偿或资助。有 581 名广东省经济欠发达地区的退役士兵在高职院校就读，获得资助总金额 470.4 万元。

11 月 16 日，广东省财政厅下发《关于提高省属生均拨款高校（含 3 所部属院校）生均基准定额标准的通知》，提高省属普通本专科院校生均综合定额拨款基准标准 1000 元，达到 7600 元。

11 月 22 日，广东省教育厅召开了普通高校国家励志奖学金评审工作会议。

11 月 27 日，完成 2012—2013 学年度普通高校退役士兵学费资助申请审核工作。经审核，2012—2013 年全省共有来自于 21 所高校的 534 名学生符合高校退役士兵学费资助条件，申请总金额共计 343.529 万元。

11 月，广东省教育厅组织 2012 年国家奖学金、国家励志奖学金、国家助学金及国家助学贷款的评审、认定和发放工作。全省共有 1932 名品学兼优的大学生获得 1545.6 万元国家奖学金；41533 名成绩优秀的家庭经济困难大学生获得 20766.5 万元国家励志奖学金；184053 名家庭经济困难大学生获得 27608 万元国家助学金。

12 月 6 日，全省 21 个地级以上市及顺德区全部印发了本地学前教育资助制度实施方案。

12 月 10 日，广东省教育厅制定 2012 年中央学前教育发展奖补资金分配方案。

12 月 25 日，全省下达 2012 年秋季学期广东省普通高中国家助学金，全省共有 210177 名学生获得国家助学金。

12 月 28 日，广东省教育厅组织完成报送参加中等职业教育和技能培训退役士兵名册，广东省共有 8188 名退役士兵在省内中等职业学校就读。

12 月 31 日，全省落实学前教育资助专项奖补资金 1.18 亿元（其中中央奖补资金 3400 万元、省奖补资金 8400 万元），约有 30 万名学前儿童受惠。

2012年，广东省完成了2011年秋季学期义务教育阶段免费教科书和农村家庭经济困难学生生活费补助工作执行报告。核定确认了2012年免费义务教育学生人数，全省义务教育享受"两免"政策的学生共1031万人（其中小学生620万人，初中生411万人），农村免费学生783万人（其中小学生470万人，初中生313万人），城镇免费学生248万人（其中小学生150万人，初中生98万人）。下达了2012年义务教育阶段农村家庭经济困难学生生活费补助资金2.68亿元，受助学生共计97.5万人。下达了3个省级试点县2012年秋季学期补助资金，并预拨2013年农村义务教育学生营养改善计划试点工作专项补助资金，共计3305.88万元，受助学生共计36732人。

2012年，全省下达2012年中等职业学校国家助学金，全省共有490707名学生获得助学金，金额达73606万元；下达中等职业学校免学费补助资金，全省共有124705名学生享受免学费待遇，减免学费金额达33581万元。

2012年，广东省教育厅组织完成国家奖学金、国家励志奖学金、国家助学金及国家助学贷款的评审、认定和发放工作。发放1932名学生国家奖学金1545.6万元，41533名学生国家励志奖学金20766.5万元，184053名学生国家助学金27608万元；为57146名家庭经济困难大学生发放高校国家助学贷款3.16亿元。完成了2011年度高校奖助学金和国家助学贷款贴息的省级教育财政支出项目绩效评价任务，其中高校奖助学金被省财政厅评为良等级。

2013年

1月6日，广东省财政厅、省教育厅印发《广东省普通高校研究生国家奖学金管理暂行办法》（粤财教〔2013〕17号），对广东省高校研究生国家奖学金的申请、评审组织、评审要求、评审程序和资金管理等做了明确规定，加强了高校研究生国家奖学金评审工作的规范化、制度化建设。

1月6日，广东省下达2012年研究生国家奖学金，全省19所高校共937人（其中博士生158人，硕士生779人）获得2012年研究生国家奖学金，奖励金额2032万元。

1月6日，经广东省人民政府同意，省财政厅、省教育厅下发《关于提高城乡免费义务教育公用经费补助标准的通知》（粤价〔2013〕34号），明确从2013年起至2015年，逐年提高城乡免费义务教育公用经费补助标准（其中小学每生每学年提高200元，初中每生每学年提高400元）。2013年春季学期起，统一调整为小学每生每学年750元、初中每生每学年1150元。2014年春季学期起，统一调整为小学每生每学年950元、初中每生每学年1550元。2015年春季学期起，统一调整为小学每生每学年1150元、初中每生每学年1950元。

1月25日，全省研究生国家奖学金工作座谈会在广州召开，19所有研究生培养任务的高校中负责研究生资助的人员参加了会议。

2月27日，广东省教育厅会同广东省财政厅预下达了全省2012—2013学年中职学校免学费资金，中央及省财政资金8.12亿元，全省约70万名学生享受免学费资助。

2月，广东省教育厅组织开展2013年度广东省宋庆龄奖学金的评选工作，全省共有759名学生获得广东省宋庆龄奖学金。

3月17日，广东省教育厅联合广东省财政厅、广东省发展和改革委员会、广东省人力资源和社会保障厅印发《关于扩大中等职业教育免学费政策范围进一步完善国家助学金制度的实施意见》（粤财教〔2013〕54号），明确了扩大中等职业教育（含技工教育）免学费政策范围，进一步完善国家助学金制度工作措施。

3月25日，广东省财政厅、广东省发展和改革委员会、广东省教育厅、广东省人力资源和社会保障厅联合召开了全省落实中等职业教育国家助学政策工作的视频会，全面部署落实全省中等职业教育国家助学政策有关工作。

3月28日，广东省下达2013春季学期普通高中国家助学金1.5亿元，全省共有903所普通高中约21万名学生享受资助。

3月，广东省教育厅开展2012年度地方高校学生服义务兵役学费补偿贷款代偿及学费资助审核工作，全省共有2147名学生符合学费补偿国家助学贷款代偿及学费资助条件，申请总金额共计2837万元；开展2012年度退役士兵就读高职院校教育资助审核工作，共有来自广东经济欠发达地区的退役士兵教育资助申请560人次，申请总金额为392万元。

3月，广东省教育厅副厅长李学明到韶关乳源瑶族自治县调研农村义务教育学生营养改善计划实施情况。

4月1日，教育部全国学生资助管理中心举办的首届全国学生"国家资助，助我成长"主题征文活动揭晓，广东省获全国一等奖2名，三等奖6名，并获优秀组织奖。同时公布了广东省首届学生"国家资助，助我成长"主题征文活动评选结果，评选出240名优秀作品，其中一等奖40名，二等奖80名，三等奖120名，评选出优秀组织奖18名。

5月3日，农村义务教育学生营养改善计划试点工作会议召开，广东省农村义务教育学生营养改善计划领导小组成员单位参加了会议，省教育厅副厅长李学明通报了全省营养改善计划试点进展情况，对下一步工作提出了要求。

5月15日，广东省下达2013年春季学期普通高校国家助学金，全省123所高校共有184085名家庭经济困难的大学生获得27607.95万元国家助学金。

5月30日，广东省教育厅联合国家开发银行有限公司广东省分行在广州召开了高校国家开发银行助学贷款风险补偿金首次返还会议，全省有103所高校获得风险补偿金返还金额共1958.47万元。

6月25日，广东省下达2013年少数民族地区义务教育阶段寄宿制民族班生活费补助869.9万元，受助少数民族学生9437人。

9月，经广东省政府批准，从2013年9月份起，省属生均拨款高校生均综合定额标准在2012年7600元/生的基础上提高1000元，达到8600元/生。中山大学等3所部属院校省任务生生均补助标准同步提高并按上浮10%核定，中央任务生按60%核定。

12月5日，根据财政部教育部有关要求，广东省为粤东、粤西、粤北14个地级市及恩平市2013年秋季入学的农村义务教育阶段1～9年级学生免费配送《新华字典》共603.8万册，惠及农村中小学生587万人。

2014年

3月12日，教育部公布"国家资助 助我飞翔"励志成长成才优秀学生典型评选结果，全国评选出100名优秀励志成长成才典型，广东省有2名优秀学生典型入选。

3月30日，广东省教育厅在华南师范大学石牌校区举办"高校毕业生到农村从教和免费师范生就业供需见面会"。提供4400多个农村教师需求岗位和近200个免费师范毕业生需求岗位，其中可享受"上岗退费"政策的教师岗位近3300个。教育厅副厅长李学明参加了见面会，鼓励大学毕业生积极投身农村教育事业。

4月10日，全国农村义务教育学生营养改善计划领导小组办公室召开农村义务教育学生营养改善计划试点工作春季视频会议。广东省农村义务教育学生营养改善计划领导小组成员单位参加了会议，会上听取了全国营养改善计划实施情况，省教育厅副厅长李学明通报了全省营养改善计划试点进展情况，对下一步工作提出了要求。

4月26日，广东省教育厅联合国家开发银行广东省分行举办2014届广东省"助力成才"高校毕业生公益专场招聘活动。共组织350多家用人单位现场招聘，提供了万余工作岗位,同时在大学生就业在线上进行为期一个月的网络招聘,为5000多名家庭经济困难的毕业生提供面试机会。

5月14日,广东省财政厅、省教育厅下发《关于下达2014年免费义务教育公用经费补助资金的通知》,按照小学每生每年950元、初中每生每年1550元新提高标准,核定下达2014年全年公用经费补助资金95.81亿元,其中,中央和省财政负担75.52亿元,市县财政负担20.29亿元,全面完成2014年省政府确定的提高城乡免费义务教育公用经费补助标准的民生实事。

5月27日,广东省下达2014年少数民族地区义务教育阶段寄宿制民族班生活费补助776.84万元,受助少数民族学生8473人。

5月28日,广东省下达广东省2014年春季学期普通高校国家助学金,全省126所高校共有192898名家庭经济困难大学生获得28934.7万元国家助学金。

5月28日,广东省下达2014年中等职业学校国家助学金7859万元,受助学生83300人。

5月29日,广东省下达2014年农村义务教育阶段家庭经济困难学生生活费补助2.68亿元,受助学生97.5万人。

6月20日,广东省教育厅向全省137所普通高校发放《高等学校学生资助政策简介》62万册,各高校随《录取通知书》邮寄给大学新生。

7月27日,全国第11届宋庆龄奖学金夏令营开营暨颁奖仪式在上海宋庆龄故居举行。广东省共有84名优秀学生获得奖学金。

7月中下旬,国家开发银行股份有限公司广东省分行与韶关所辖10县(市、区)政府签订生源地信用助学贷款县级合作协议。

7月,广东省教育厅分派21个组1000多名志愿者到全省各地宣传学生资助政策。配合"资助政策下乡行"活动宣传,向全省高校征集"资助政策下乡行"活动标识,大赛共征集了115所高校的1599份作品,评选出一等奖1名,二等奖3名,三等奖5名,优秀奖20名。

8月12日,广东省教育厅与南方日报联合举办"阳光助学·让梦飞翔"广东贫困学生资助政策公益宣传活动,省教育厅厅长罗伟其上线南方网全媒体演播室与网友互动,解读最新资助政策,回答学生和家长疑问。

8月14日,广东生源地信用助学贷款启动仪式在南雄市举行,广东省教育厅、国家开发银行广东分行有关负责同志出席。韶关市生源考入外省普通高校的学生,可在户籍所在地县级教育部门申请助学贷款。

9月1日,由广东省教育厅制作的"阳光助学·让梦飞翔"学生资助公益广告宣传片,在广东卫视《广东新闻联播》前播放,介绍政府"不让一个学生因家庭经济困难而失学"的庄严承诺,宣传广东省学前教育至研究生教育的教育阶段全覆盖的学生资助政策。

10月20日，全省110所高校的5.94万份国家开发银行高校助学贷款还本合同到期，涉及还本本金3.26亿元，全省累计回收3.19亿元，平均回收率为97.94%，标志着广东高校助学贷款风险控制继续保持良好态势。

10月23日，国家开发银行股份有限公司广东省分行为韶关市所辖10县（市、区）考入省外高校的115名家庭经济困难学生发放了82.33万元助学贷款。这是广东首次发放生源地信用助学贷款。

11月7日，第六届广东省宋庆龄奖学金颁奖典礼在广东科学中心举行，林雄常委、陈云贤副省长、罗伟其厅长等出席颁奖典礼，全省共有739名普通高中学生获得广东省宋庆龄奖学金，东莞市、清远市、揭阳市教育局获得优秀组织奖。

11月26日，广东省下达2014年学前教育家庭经济困难儿童资助省级以上资金1.27亿元，约30万学前儿童受惠。

12月8日，广东省下达2014年普通高校国家奖助学金。957名研究生（其中博士生152人，硕士生805人）获得研究生国家奖学金2066万元；下达研究生学业奖学金4176万元，3.9万名研究生获得研究生助学金11245万元；1973名本专科学生获得国家奖学金1578万元；4.6万人获得国家励志奖学金2.3亿元；20.4万名家庭经济困难大学生获得秋季学期国家助学金补助约3.1亿元。

12月12日，广东省下达了2014年少数民族聚居区少数民族大学生资助专项资金，共有2047名少数民族大学生获得资助资金2054万元。

12月中旬，经朱小丹省长、徐少华常务副省长、陈云贤副省长分别批示同意，从2015年起，广东省再提高省属本科高校生均定额拨款标准900元，达到每生每年10000元，并预拨2015年生均拨款提标部分资金6.84亿元。

2015年

3月22日，广东省财政清算下达2015年少数民族地区义务教育阶段寄宿制民族班学生生活费补助资金1.6亿元。

3月24日，广东省财政清算下达2015年提高农村寄宿制学校生均公用经费补助标准省级补助资金1301万元。

3月25日，广东省财政厅、省教育厅下发《关于清算下达2015年免费义务教育公用经费补助资金的通知》（粤财教〔2015〕81号），按照小学每生每年950元、初中每生每年1550元新提高标准，核定下达2015年全年公用经费补助资金114.12亿元，其中，中央和省财政负担89.56亿元，市县财政负担24.56

亿元，完成2015年省政府确定的提高城乡免费义务教育公用经费补助标准的民生实事。

4月26日，广东省教育厅在华南师范大学石牌校区举办"2015年农村从教供需见面会和免费师范生双选会"。全省50多个县（市、区）教育局和学校进场招聘，提供近4000个教师岗位，其中可享受"上岗退费"岗位近3000个。广东省教育厅副厅长朱超华参加了见面会，鼓励大学毕业生积极投身农村教育事业。

5月22日，广东省教育厅会同省财政厅下达了2015年进城务工农民工随迁子女接受义务教育中央财政奖励资金（第二批），共计66703万元。

6月9日，广东省财政厅、省教育厅下发《关于建立完善我省高职院校生均拨款制度的实施意见》（粤财教〔2015〕225号），明确建立覆盖全省公办高职院校的生均拨款制度。到2016年，省直和广州、深圳、珠海、佛山、中山、东莞、江门等7市公办高职院校年生均财政拨款水平应当不低于12000元；到2017年，全省各地包括经济欠发达地区14个地级市所属公办高职院校年生均财政拨款水平应当不低于12000元。

6月15日，广东省财政厅、省教育厅下发《关于省属高等职业院校全面实施生均拨款制度和提高生均综合定额标准的通知》（粤财教〔2015〕8号），明确从2014年起，省属公办高等职业院校全面实行生均拨款制度。省属公办高等职业院校的生均综合定额标准2014年提高到每生4550元，2015年提高到每生5000元，2016年提高到每生6000元，2017年提高到每生7000元。

7月7日，广东省教育厅提出《中央财政追加下达2015年特殊教育补助经费预算安排方案》（粤教基函〔2015〕84号），共下达特殊教育补助经费800万元。

7月29日，广东省教育厅下达广东省2015年高校奖助学金名额。高校研究生国家奖学金名额共971人（博士研究生151人，硕士研究生820人），本专科生国家奖学金名额1960人，本专科生国家励志奖学金名额48521人，本专科生国家助学金名额215020人。

7月，广东省教育厅会同广东省财政厅下达2015年支持学前教育发展中央专项资金4450万元，其中扩大学前教育资源奖补资金2250万元。

7月，国家开发银行广东省分行与肇庆、清远和湛江3个地市所辖的20个县（市、区）签订了《国家开发银行股份有限公司生源地信用助学贷款县级合作协议》。至此，广东省开展生源地信用助学贷款县（市、区）的数量从2014年的10个增至30个。

8月11日，广东省教育厅、广东省残疾人联合会印发《关于做好实名登记未入学适龄残疾儿童少年数据核实和入学安置工作的通知》（粤教基函〔2015〕97号），推动更好地实现一人一案的目标。

9月23日，召开农村义务教育学生营养改善计划视频工作会议。广东省教育厅和开展地方试点的10个地级市分别设置了分会场。省教育厅党组副书记、副厅长魏中林出席并讲话。省和有关地区的农村义务教育学生营养改善计划领导小组办公室成员单位负责人及省教育厅相关处室负责人出席了会议。会上魏中林副厅长通报了省级试点和地方试点工作情况，并就如何进一步做好农村义务教育营养改善计划试点工作提出了要求。

10月10日，完成了47所高校继续攻读学位助学贷款毕业生的贷款展期工作，涉及贷款毕业生370名，贷款合同947笔。

10月16日，广东省残疾人联合会、广东省教育厅联合印发《"南粤扶残助学工程"实施办法（暂行）》（粤残联〔2015〕83号），从2015年开始对广东省残疾大学生和研究生新生进行补助，专科生每人一次性资助1万元，本科生1.5万元，硕士研究生2万元，博士研究生3万元。这项政策将针对残疾学生的资助政策从高中阶段免费教育延伸至高等教育阶段，更好地保障了残疾学生的受教育权利。

10月30日，联合国家开发银行广东省分行为全省127所高校的44954名家庭经济困难学生发放共计2.97亿元的助学贷款。

11月3日，广东省教育厅和省财政厅提前下达2016年支持学前教育发展中央专项资金12.18亿元，其中扩大学前教育资源奖补资金10.64亿元，幼儿资助奖补资金1540万元。

11月19日，中央财政提前下达广东省的2016年特殊教育补助经费预算1400万元。省教育厅会同省财政厅提出了《中央财政提前下达2016年特殊教育补助经费预算安排方案》（粤教基函〔2015〕129号）。

11月28日，第七届广东省宋庆龄奖学金颁奖典礼在广东科学中心举行，林雄、李近维、景李虎等领导出席颁奖大会，全省共有715名普通高中学生获得广东省宋庆龄奖学金。

11月30日，顺利完成了2015年高校退役士兵学费资助、应征入伍服义务兵役国家资助的相关工作。2015年广东省共有4866名学生获得了6246.09万元学费资助资金。

2015年进行了高校学生资助育人提升计划的组织、评审等工作，全省各高校踊跃参与学生资助育人提升计划项目申报工作，共有63所高校报送102份申报书。广东省教育厅组织开展了项目评审工作，评选出35项优秀项目。其中，确定立项项目15项，纳入培育库项目为20项。

2016 年

1月7日,第二届"国家资助 助我飞翔"励志成长成才优秀学生典型评选结果公布。广东省评选出 100 名"国家资助 助我飞翔"励志成长成才优秀学生典型,其中 2 人获得全国优秀学生典型。

1月25日,《广东省学生资助工作绩效考评办法》(粤教助〔2016〕1号)印发,引导并规范全省各地各学校贯彻落实国家资助政策,提高学生资助管理水平。

1月,广东省地市属中职学校(含技工学校)的免学费补助标准从 2015 年的每年 3000 元提高到 3500 元,此项工作列入 2016 年广东省十件民生实事。

2月4日,广东省教育厅联合广东省财政厅下发《关于调整完善学前教育资助政策的通知》(粤财教〔2016〕22号),全省学前教育困难家庭幼儿资助标准从每年 300 元提高到 1000 元,此项工作列入 2016 年广东省十件民生实事。

3月15日,广东省下达 2016 年学前教育家庭经济困难儿童资助资金 16000 万元,全省共有约 33.9 万名幼儿受助。

3月31日,2016 年全省学生资助工作会议在广州召开。会议总结了"十二五"时期广东省学生资助工作,研究部署"十三五"学生资助工作任务和 2016 年学生资助重点工作。会议对全面落实教育扶贫、突出精准资助、落实省政府民生实事、推进生源地信用助学贷款等重点工作进行了部署。会议由广东省教育厅副巡视员陈健主持,省教育厅党组成员、副厅长邢锋出席会议并讲话。

3月,广东省教育厅对中职资助工作规范化管理进行检查,建立各地市各学校规范化管理机制。

4月14日,广东省教育厅开展"2015 年广东省高校学生资助育人提升计划"项目中期检查工作,各立项项目负责人对项目基本情况、已取得研究成果和研究中的重点与难点问题,以及下一步研究计划进行汇报,检查专家组对项目的下一步研究提出指导建议,确保项目顺利结题并取得预期的成效。

4月25日,《南方日报》宣传报道广东省"十二五"期间的资助政策成效。"十二五"期间,全省实现了从学前教育到研究生教育阶段资助政策的全覆盖,总共资助各级各类学生 1317.8 万名,资助金额 179 亿元,同时不断提高资助标准,并注重向农村地区、贫困地区、民族地区、特困群体和特殊专业给予政策倾斜,彰显政策的公平性。

4月,广东省进一步扩大生源地信用助学贷款覆盖区域。2016 年共有韶关、湛江、清远、肇庆、阳江、茂名和云浮 7 个地市辖属的 55 个县(区)开展推行生源地信用助学贷款工作,较 2015 年新增 5 个地市的约 24 个县(区)。

5月4日,广东省教育厅发动全省教育系统做好 2016 年国家资助政策与资助成效宣传工作,制订宣传方案,把握宣传关键时间节点,采取多种宣传形式,精心安排,周密部署,形成有广度、有深度、有社会影响力的宣传声势,让国家学生资助政策家喻户晓。

5月20日,广东省教育厅联合广东省宋庆龄基金会修订了《广东省宋庆龄奖学金评选办法》。

5月26日,广东省教育厅、广东省宋庆龄基金会联合下发《关于开展 2016 年度广东省宋庆龄奖学金评选工作的通知》,下达 683 名优秀学生名额。

5月,广东省教育厅完成 2015 年高校助学贷款风险补偿金返相关工作。共发放 2015 年合同到期的国家助学贷款风险补偿金奖励性返还资金 3548.9601 万元。

5月,广东省举行"学生资助诚信教育宣传月"活动,各高校紧贴大学生实际,围绕诚信教育主题,结合多种形式、多种渠道,宣传学生资助政策相关内容和国家征信知识,强化资助育人功能,形成"诚信教育"长效机制。

6月2日,广东省部署 2016 年"国家资助和助学贷款政策下乡行"活动相关工作,共有 67 所高校、134 支队伍、1428 名指导老师和学生,分赴全省各县区的 124 个乡镇、144 个村,开展形式多样的资助政策宣传活动,在学生中深化诚信、励志、感恩教育。

6月4日,中共广东省委、省政府印发《关于新时期精准扶贫精准脱贫三年攻坚的实施意见》(粤发〔2016〕13号),决定"在落实现有各教育阶段家庭经济困难学生资助政策的基础上,对(建档立卡)贫困户子女就读小学、初中、高中、中职(含技校)、大专阶段实行生活费补助"。

6月13—15日,广东省教育厅与国家开发银行联合开展 2016 年生源地信用助学贷款业务培训工作。开展生源地信用助学贷款业务的 7 个地市及所辖县(市、区)教育局助学贷款工作负责人、经办人参加了培训。

6月24日,广东省政府印发《关于进一步完善城乡义务教育经费保障机制的通知》(粤府〔2016〕68号),从 2017 年起,调整全省家庭经济困难学生生活费补助政策,对城乡义务教育家庭经济困难寄宿生实行生活费补助,小学和初中的补助标准分别为每生每年 1000 元和 1250 元,农村非寄宿生按原标准执行。

6月27—29日,全国学生资助管理信息系统义务教育和普通高中子系统应用培训班在广州举办。广东省全面启用全国学生资助管理信息系统普通高中和义务教育子系统。全省各市、县(市、区)义务教育和高中学生资助管理人员约 200 人参加培训。

6月,广东省教育厅向全省高校发放《高等学校学生资助政策简介》64 万册，确保当年秋季被录取的全日制本专科（含高职）新生人手一册。

6月，广东省教育厅联合广东广播电视台现代教育频道拍摄制作助学贷款公益宣传片，在现代教育频道、腾讯网等平台播出，同时发动各地市教育局、各普通高校及时下载宣传片，安排在当地媒体、相关网站、微信公众平台、学校多媒体等媒介进行播放，加大资助政策宣传的力度。

6月，广东省共有117所高校的68283份国家开发银行助学贷款合同进入还本期，涉及到期的本金总额为3.75亿元，截至6月30日，全省高校助学贷款到本结清率为88.20%，违约率为0.75%，风险防范成效良好。

6月，广东省127所贷款高校上缴2015—2016学年国家助学贷款风险补偿金高校承担部分资金1619.4827万元。

7月10日，广东省"国家资助和助学贷款政策下乡行"活动启动仪式在广州大学城广东工业大学体育馆举行。省教育厅副巡视员陈健、国家开发银行广东省分行副行长常守国等同志出席启动仪式并讲话。全省共有66所高校，133支大学生志愿宣传队参加，志愿宣传队走进美丽乡村，走进千家万户，把国家和广东省的资助政策送到最迫切需要的家庭和学子手中。

7月26日，广东省教育厅下发《广东省教育厅办公室关于加快落实学前教育困难家庭幼儿资助和中等职业教育免学费民生实事工作的通知》（粤教助函〔2016〕35号），加快推进当年民生实事工作。

8月11日，广东省第八届宋庆龄奖学金评审工作会议在广州召开，全省共683名高二年级学生获得第八届宋庆龄奖学金，茂名市、湛江市、潮州市教育局获得第八届广东省宋庆龄奖学金优秀组织奖。

8月16日，广东省清算下达2016年高校本专科生国家奖助学金5464.97万元，研究生国家奖助学金1170.92万元；中央财政中等职业教育免学费资助资金2849万元，助学金182万元；中央财政普通高中教育助学金183万元。

8月17日，国家开发银行广东省分行行长郭蕾一行造访省教育厅，与罗伟其厅长等共同商议双方在教育扶贫攻坚、国家助学贷款、青年干部交流融合等方面的交流合作。

8月18日，下达2016年中央财政学前教育资助资金1760万元。

8月29日，广东省教育厅对我省国家开发银行高校助学贷款2016年到期合同7月结清情况进行通报，并联合国家开发银行广东省分行对9月份到期合同7月底结清率低于80%的13所普通高校召开座谈会。

8月30日，《人民日报》刊登《为梦想点灯，照亮孩子未来——广东省多措并举努力实现精准资助》，详细介绍广东省"十二五"期间从学前教育到高等教育阶段的一系列学生资助政策。

9月2—3日，教育部全国学生资助管理中心到广东省检查高校2016年家庭经济困难新生入学资助工作，检查组实地察看了华南农业大学、广东工业大学、广东培正学院等3所高校，充分肯定了广东省高校新生入学资助工作。

9月12—13日，广东省教育厅召开了2016年学前教育资助规范化管理研讨会。汕头、佛山、韶关、中山、江门、湛江、肇庆、云浮等8个地市教育局负责学前教育资助的同志和部分幼儿园园长参加了研讨会，参会人员对《广东省学前教育资助工作指南（初稿）》进行了研讨交流。

9月19日，广东省教育厅召开精准资助建档立卡家庭经济困难学生工作研讨会，广东省教育厅、广东省财政厅、广东省民政厅、广东省扶贫开发办公室、广东省残疾人联合会等部门的负责同志参加研讨。

9月25日，广东省预安排2016年秋季学期普通高中建档立卡学生免学杂费补助省财政资金2548.2万元。

9月26—27日，广东省教育厅与国家开发银行股份有限公司广东省分行在广东邮电职业技术学院联合举办广东省2016年高校助学贷款业务培训，我省2016年高校助学贷款工作全面展开。

9月27日，广东省追加下达2016年省级财政中等职业教育免学费资助资金29369万元。

10月11日，广东省扶贫开发领导小组印发《省教育厅等单位贯彻〈关于新时期精准扶贫精准脱贫三年攻坚的实施意见〉配套实施方案》，明确了建档立卡学生就读义务教育、高中阶段教育和大专教育的免学费和生活费补助标准。

10月25日，广东省下达2016—2017学年建档立卡学生免学费和生活费补助资金35948.79万元。

11月1日，广东省教育厅在广州召开了2016年本专科生国家奖学金评审会，陈健副巡视员出席会议并讲话。有关高校学生资助负责人和省教育厅有关处室负责人组成的评审委员会对132所高校报送的2019名国家奖学金初审材料进行了审核。

11月26日，广东省教育厅与广东银监局在大学城广州大学联合举办"送金融知识进校园集中宣传活动日"活动，陈健副巡视员出席并讲话。省内29家商业银行以及广东银行同业公会、广东省消费者委员会、广州市公安局反电信网络诈骗中心共同参与了本次活动，广州大学城10所高校超过1000名大学生参与了宣传活动。

12月3日，第八届广东省宋庆龄奖学金颁奖大会在广东科学中心举行，省委常委、统战部部长林雄，省政府副省长蓝佛安，省教育厅罗伟其厅长和景李虎副书记等领导出席颁奖大会，全省共有683名普通高中学生获得广东省宋庆龄奖学金。

12月5日，广东省下达2017年普高高中国家助学金23781.92万元，中职学校免学费补助资金99071.6867万元、国家助学金6951.184万元。

12月6日，广东省下达2017年学前教育家庭经济困难儿童资助资金24163.364万元。

12月6日，广东省教育厅、广东省财政厅、广东省人力资源和社会保障厅、广东省民政厅、广东省扶贫开发办公室和广东省残疾人联合会等六部门联合印发《关于做好我省2016年精准资助建档立卡等家庭经济困难学生工作的通知》，要求各地各学校做好建档立卡学生的免学费和生活费补助工作。

12月8日，广东省下达2017年建档立卡学生免学费和生活费补助资金35365.71万元。

12月16日，广东省教育厅在广州召开了2016年高校国家励志奖学金评审会，陈健副巡视员出席会议并讲话。有关高校学生资助负责人和省教育厅有关处室负责人组成的评审委员会对133所高校报送的50300名国家励志奖学金初审材料进行了审核。评审委员会认为学校报送的材料符合要求，同意华南农业大学刘锋军等50300名学生获得2015—2016学年度国家励志奖学金。

12月20日，广东省高校共成功办理国家开发银行校园地助学贷款业务合同48498个，合同金额约33589.07万元，较2015年增加合同3544个，增加金额约3874万元。贷款规模增加13%。2016年我省校园地助学贷款合同到期结清率为98.58%，实现了没有一所高校需要分担助学贷款风险补偿金的目标。

12月20日，广东省共有54个县级学生资助管理中心办理国家开发银行生源地信用助学贷款业务合同2359个，合同金额约1768万元，较2015年增加合同1493个，增加金额约1127万元，贷款规模增加176%。

12月20—21日，全国中职精准资助经验现场会在佛山市顺德区召开。教育部全国学生资助管理中心副主任涂义才、广东省教育厅副厅长邢锋和教育部职业教育与成人教育司领导出席并讲话。全国各省学生资助和中职工作负责人共120余人参加会议。参会人员到顺德北滘职业技术学校、陈村职业技术学校就进行了现场观摩。

12月30日，广东省教育厅公布2015年度学生资助工作绩效考评结果，全省共有6个地市、44所高校和4所省属中职学校获得优秀。

12月30日，广东省教育厅公布2015—2016学年度高校国家励志奖学金获奖者名单，全省高校共有50300名学生获奖。

附录二 广东省学生资助重要政策文件目录（2007—2016 年）

教育阶段	年份	文号	文件名称
综合	2007	粤府办〔2007〕88 号	印发《广东省教育发展"十一五"规划》的通知
	2008	粤教师〔2008〕7 号	关于印发《广东省高校毕业生到农村从教上岗退费实施细则（试行）》的通知
	2008	粤府〔2008〕16 号	关于印发 2008 年省政府工作要点的通知
	2009	粤府〔2009〕153 号	印发广东省基本公共服务均等化规划纲要（2009—2020 年）的通知
	2010	粤府办〔2010〕46 号	印发《珠江三角洲基本公共服务一体化规划（2009—2020 年）》的通知
	2010	粤府办〔2010〕15 号	关于印发《广东省中长期教育改革和发展规划纲要（2010—2020）》的通知
	2011	粤府办〔2011〕10 号	印发《广东省地方教育附加征收使用管理暂行办法》的通知
	2011	粤府办〔2011〕73 号	印发《广东省教育发展"十二五"规划》的通知
	2011	粤府函〔2011〕34 号	印发关于办好十件民生实事的分工方案的通知
	2011	粤府〔2011〕148 号	关于进一步加大财政教育投入的实施意见
	2012	粤府办〔2012〕30 号	印发《深入推进基本公共服务均等化综合改革工作方案（2012—2014 年)》的通知
	2012	粤府〔2012〕107 号	关于深化教育体制综合改革的意见
	2012	粤府〔2012〕103 号	转发国务院关于印发《国家基本公共服务体系"十二五"规划》的通知
	2013	粤府〔2013〕17 号	关于推进我省教育"创强争先建高地"的意见
	2013	粤府〔2013〕125 号	关于印发《广东省省级财政专项资金管理办法》的通知
	2014	粤府办〔2014〕31 号	关于印发《广东省财政一般性转移支付资金管理办法》的通知

续上表

教育阶段	年份	文号	文件名称
综合	2015	粤府〔2015〕9号	关于深化收入分配制度改革的实施意见
	2015	粤府〔2015〕20号	关于深化教育领域综合改革的实施意见
	2016	粤教助〔2016〕1号	关于印发《广东省学生资助工作绩效考评办法》的通知
	2016	粤府〔2016〕21号	关于加快发展民族教育的实施意见
	2016	粤教助函〔2016〕19号	关于做好2016年国家学生资助政策与资助成效宣传工作的通知
	2016	粤教助函〔2016〕22号	关于播放国家助学贷款公益宣传片的通知
	2016	粤教助函〔2016〕34号	关于征求《广东省家庭经济困难学生认定工作指导意见（征求意见稿）》意见的通知
学前教育阶段	2011	粤府〔2011〕64号	关于加快我省学前教育发展的实施意见
	2011	粤府办〔2011〕30号	印发《广东省发展学前教育三年行动计划（2011—2013年）》的通知
	2012	粤教基函〔2012〕63号	关于实施学前教育资助制度的通知
	2014	粤财教〔2014〕237号	关于印发《广东省学前教育家庭经济困难儿童资助资金管理办法》的通知
	2016	粤府〔2016〕129号	关于加强困境儿童保障工作的实施意见
	2016	粤财教〔2016〕22号	关于调整完善学前教育资助政策的通知
	2016	粤教助办函〔2016〕44号	关于征求《广东省学前教育资助工作指引系列文件（征求意见稿）》意见的通知
义务教育阶段	2001	粤教发电〔2001〕34号	关于印发《广东省农村困难家庭子女免收义务教育阶段书杂费实施细则（试行）》的通知
	2004	粤府〔2004〕4号	关于贯彻落实国务院进一步加强农村教育工作决定的意见
	2005	粤发〔2005〕18号	关于推进农村免费义务教育的决定
	2005	粤财教〔2005〕139号	关于下达2005学年上学期农村义务教育阶段困难学生子女生活费补助指标的通知

续上表

教育阶段	年份	文号	文件名称
义务教育阶段	2006	粤府〔2006〕130号	关于贯彻国务院深化农村义务教育经费保障机制改革的实施意见
	2006	粤教财〔2006〕85号	广东省农村免费义务教育实施办法
	2007	粤教财〔2007〕122号	关于我省免收城镇低保家庭义务教育阶段学生学杂费课本费和提高农村困难家庭义务教育阶段学生生活费补助标准的通知
	2007	粤教后勤〔2007〕43号	关于进一步推进我省中小学勤工俭学和后勤保障工作的通知
	2008	粤财教〔2008〕48号	关于下达2008春季学期农村困难家庭义务教育阶段学生生活费补助资金的通知
	2008	粤教发电〔2008〕9号	广东省城镇免费义务教育实施办法
	2009	粤府办〔2009〕26号	关于推进广东省义务教育均衡发展的实施意见
	2009	粤价〔2009〕107号	关于取消义务教育阶段借读费有关问题的通知
	2012	粤府办〔2012〕59号	印发《广东省农村义务教育学生营养改善计划试点工作方案》的通知
	2012	粤财教〔2012〕94号	关于调整完善城乡免费义务教育政策的通知
	2013	粤财教〔2013〕28号	关于提高城乡免费义务教育公用经费补助标准的通知
	2013	粤财教〔2013〕229号	关于印发《广东省提高农村寄宿制学校生均公用经费补助标准专项资金管理暂行办法》的通知
	2014	粤财教〔2014〕48号	关于印发《广东省农村义务教育学生营养改善计划省级补助资金管理办法》的通知
	2014	粤财教〔2014〕83号	关于印发《广东省财政厅 广东省教育厅关于中小学校的预算管理办法（试行）》和《广东省财政厅 广东省教育厅关于义务教育学校公用经费支出的管理办法》的通知
	2015	粤财教〔2015〕92号	关于清算下达2015年农村义务教育学生营养改善计划省级补助资金的通知
	2016	粤府〔2016〕129号	关于加强困境儿童保障工作的实施意见
	2016	粤府〔2016〕68号	关于进一步完善城乡义务教育经费保障机制的通知

续上表

教育阶段	年份	文号	文件名称
普通高中阶段	2008	粤教助〔2008〕18号	关于印发《广东省宋庆龄奖学金管理办法（试行）》的通知
	2011	粤财教〔2011〕67号	关于印发《关于广东省普通高中家庭经济困难学生国家资助工作的实施意见（试行）》的通知
	2014	粤财教〔2014〕183号	关于印发《广东省普通高中国家助学金管理办法》的通知
	2014	粤财教〔2014〕189号	关于印发《广东省中等职业学校学生和普通高中残疾学生免学费补助资金管理办法》的通知
	2015	粤财教〔2015〕259号	关于调整普通高中和中职教育国家助学金政策的通知
	2016	粤教助〔2016〕5号	关于做好我省建档立卡家庭经济困难学生精准资助工作的通知
	2016	粤教助函〔2016〕21号	关于印发《广东省宋庆龄奖学金评选办法》的通知
中职教育阶段	2007	粤府〔2007〕92号	关于建立健全我省普通高校和中等职业学校家庭经济困难学生资助政策体系的实施意见
	2007	粤府〔2007〕11号	印发广东省大力发展职业技术教育实施纲要（2006—2020年）的通知
	2008	粤价〔2008〕150号	关于完善我省职业技术教育政策的通知
	2008	粤劳社发〔2008〕14号	关于印发《广东省农村贫困家庭子女免费接受职业技术教育的实施办法》的通知
	2010	粤财教〔2010〕120号	印发《关于中等职业学校农村家庭经济困难学生和涉农专业学生免学费工作的实施意见（试行）》的通知
	2010	银发〔2010〕37号	关于全面推行中职学生资助卡，加强中职国家助学金发放监管工作的通知
	2010	粤教助函〔2010〕20号	关于进一步加强中等职业技术学校国家助学金发放管理工作的通知
	2011	粤府办〔2011〕39号	印发广东省职业技术教育改革发展规划纲要（2011—2020年）的通知

续上表

教育阶段	年份	文号	文件名称
中职教育阶段	2011	粤财教〔2011〕263号	关于我省中等职业学校县镇非农户籍学生享受国家助学金相关政策的通知
	2011	粤教助函〔2011〕21号	关于进一步加强我省中等职业技术学校国家助学金和免学费工作管理的通知
	2013	粤财教〔2013〕54号	关于扩大中等职业教育免学费政策范围进一步完善国家助学金制度的实施意见
	2013	粤财教〔2013〕204号	关于印发《广东省中等职业教育学生资助管理工作经费管理办法》的通知
	2013	粤财教〔2013〕311号	关于中等职业教育免学费、国家助学金政策的补充通知
	2013	粤财教〔2013〕325号	关于印发《广东省中等职业学校免学费补助资金管理办法》的通知
	2013	粤财教〔2013〕326号	关于印发《广东省中等职业学校国家助学金管理办法》的通知
	2014	粤财教〔2014〕111号	关于印发《广东省中等职业学校国家助学金管理办法》的通知
	2014	粤财教〔2014〕189号	关于印发《广东省中等职业学校学生和普通高中残疾学生免学费补助资金管理办法》的通知
	2015	粤财教〔2015〕16号	关于调整中等职业教育免学费政策的通知
	2015	粤财教〔2015〕259号	关于调整普通高中和中职教育国家助学金政策的通知
高等教育阶段	2006	粤办发〔2006〕28号	印发《关于引导和鼓励高校毕业生面向基层就业的意见》的通知
	2006	粤人发〔2006〕168号	关于组织开展我省高校毕业生到农村基层从事支教、支农、支医和扶贫工作的通知
	2007	粤府〔2007〕92号	关于建立健全我省普通高校和中等职业学校家庭经济困难学生资助政策体系的实施意见
	2007	粤教贷〔2007〕5号	关于印发《广东省普通高校国家助学贷款管理办法(试行)》的通知
	2007	粤教贷〔2007〕23号	转发教育部、财政部关于印发《高校勤工助学管理办法》的通知

续上表

教育阶段	年份	文号	文件名称
高等教育阶段	2007	粤教贷〔2007〕24号	关于认真做好高校家庭经济困难学生认定工作的通知
	2007	粤财教〔2007〕226号	转发教育部关于印发《高校国家励志奖学金管理办法》的通知
	2007	粤教人〔2007〕250号	关于印发《广东省高校毕业生到农村从教上岗退费实施办法(试行)》的通知
	2007	粤人发〔2007〕141号	关于引导和鼓励高校毕业生到农村基层从事支教、支农、支医和扶贫工作的实施意见
	2007	粤人发〔2007〕259号	关于印发《广东省支教、支农、支医和扶贫高校毕业生管理暂行办法》的通知
	2008	粤教师〔2008〕7号	关于印发《广东省高校毕业生到农村从教上岗退费实施细则(试行)》的通知
	2010	粤教助函〔2010〕6号	关于印发《广东省普通高校国家助学贷款工作考核办法(试行)》的通知
	2012	粤府办明电〔2012〕316号	关于做好我省贫困家庭大学新生入学资助工作的通知
	2012	粤人社发〔2012〕29号	关于印发《参加"三支一扶"高校毕业生国家助学贷款暂行代偿暂行办法》的通知
	2012	粤教助函〔2012〕44号	关于切实做好我省贫困家庭大学新生入学资助工作的通知
	2012	粤教助函〔2012〕48号	关于印发《广东省教育厅普通高校国家奖学金、国家励志奖学金评审的暂行管理办法》的通知
	2013	粤教助函〔2013〕39号	关于印发《广东省普通高校国家助学贷款工作考核工作考核办法(试行)》(修订版)的通知
	2013	粤教助函〔2013〕85号	关于印发《广东省国家开发银行助学贷款管理手续费使用管理办法(试行)》的通知
	2013	粤财教〔2013〕17号	关于印发《广东省高校研究生国家奖学金管理暂行办法》的通知
	2013	粤财教〔2013〕265号	《广东省家庭经济困难大学新生资助专项资金管理办法(试行)》

续上表

教育阶段	年份	文号	文件名称
高等教育阶段	2014	粤教助〔2014〕6号	关于印发生源地信用助学贷款工作实施意见的通知
	2014	粤教助〔2014〕7号	关于印发《广东省国家开发银行生源地信用助学贷款的管理办法》的通知
	2014	粤财教〔2014〕97号	关于印发《广东省家庭经济困难大学新生资助专项资金管理暂行办法》的通知
	2014	粤财教〔2014〕191号	关于印发《广东省普通高校本专科生国家奖助学金管理办法》的通知
	2014	粤财教〔2014〕239号	关于印发《广东省普通高校研究生学业奖学金管理暂行办法》的通知
	2014	粤财教〔2014〕240号	关于印发《广东省普通高校研究生国家助学金管理暂行办法》的通知
	2014	粤财教〔2014〕315号	转发《财政部、教育部、中国人民银行、银监会关于调整完善国家助学贷款相关政策措施的通知》
	2016	粤教助函〔2016〕40号	关于进一步加强高校学生资助经费管理的通知
	2016	粤教助函〔2016〕72号	关于全面推进我省生源地信用助学贷款工作的通知
残疾人教育资助	2007	粤府〔2007〕17号	印发广东省残疾人事业"十一五"发展纲要的通知
	2011	粤府办〔2011〕50号	关于进一步加快特殊教育事业发展的实施意见
	2011	粤府办〔2011〕14号	转发省残联关于加快推进残疾人社会保障体系和服务体系建设实施意见的通知
	2014	粤府办〔2014〕36号	关于转发省教育厅等部门《广东省特殊教育提升计划（2014—2016年）》的通知
	2015	粤残联〔2015〕83号	关于印发《"南粤扶残助学工程"实施办法（暂行）》的通知
	2015	粤府〔2015〕121号	关于加快推进残疾人小康进程的实施意见

续上表

教育阶段	年份	文号	文件名称
少数民族教育资助	2010	粤教财函〔2010〕111号	关于进一步落实少数民族地区义务教育阶段寄宿制民族班生活费补助政策的通知
	2011	粤财教〔2011〕101号	关于提高民族地区民族班学生生活费补助标准的请示
	2011	粤财教〔2011〕240号	关于下达2011年义务教育阶段民族地区民族班学生生活费补助资金的通知
	2013	粤府办〔2013〕20号	关于加大力度资助我省少数民族聚居区少数民族大学生上大学的通知
	2013	粤财教〔2013〕262号	关于印发《广东省少数民族聚居区少数民族大学生资助专项资金管理办法》的通知
	2014	粤财教〔2014〕98号	关于印发《广东省少数民族聚居区少数民族大学生资助专项资金管理办法》的通知
应征入伍、退役士兵和直招士官等	2006	粤办发〔2006〕20号	关于深化退役士兵安置改革实行职业技能培训促进就业的实施意见
	2006	粤委办〔2006〕136号	关于深化退役士兵安置改革实行职业技能培训促进就业有关问题的补充通知
	2006	粤财社〔2006〕175号	关于印发《广东省省财政厅补助经济欠发达地区退役士兵职业技能培训资金管理办法》的通知
	2006	粤教职〔2006〕101号	关于转发广东省中等、高等职业院校接收退役士兵参加职业技能培训实施细则的通知
	2007	粤府〔2007〕11号	印发广东省大力发展职业技术教育实施纲要（2006—2020年）的通知
	2007	粤府办〔2007〕86号	转发省劳动保障厅等部门《关于加强退役士兵职业技能培训教育管理工作若干意见》的通知
	2007	粤教高〔2007〕47号	关于印发《退役士兵报读高等职业技术院校实施办法》的通知
	2011	粤府〔2011〕114号	关于进一步加强退役士兵职业教育和技能培训工作的通知
	2012	粤民安〔2012〕23号	关于退役士兵短期职业技能培训的实施办法（试行）的通知

续上表

教育阶段	年份	文号	文件名称
应征入伍、退役士兵和直招士官等	2016	粤府〔2016〕108号	关于做好我省2015年退役士兵安置工作的通知
	2016	粤财教〔2016〕10号	转发财政部、教育部、总参谋关于对直接招收为士官的高等学校学生施行国家资助的通知
	2016	粤教助函〔2016〕56号	关于报送2016年经济欠发达地区退役士兵教育资助材料的通知
	2016	粤教助办函〔2016〕40号	关于做好2016年高校学生应征入伍服兵役国家资助有关工作的通知
建档立卡	2016	粤发〔2016〕13号	关于新时期精准扶贫精准脱贫三年攻坚的实施意见
	2016	粤扶组〔2016〕16号	关于印发《广东省新时期分散贫困人口脱贫攻坚工作方案》的通知
	2016	粤扶组〔2016〕18号	关于印发省教育厅等单位贯彻《关于新时期精准扶贫精准脱贫三年攻坚的实施意见》配套实施方案的通知
	2016	粤教助〔2016〕5号	关于做好我省建档立卡家庭经济困难学生精准资助工作的通知
	2016	粤财教〔2016〕336号	关于预安排2016—2017学年广东省建档立卡学生免学费和生活费补助资金的通知

附录三 广东省学生资助媒体报道一览表
（2007—2016 年）

一、国家级

序号	报道日期	报道名称	刊载媒体与版面	内容要点（列点说明）
1	2007年8月30日	完善经济困难学生资助政策体系 广东投入专项奖学金超十四亿元	《光明日报》第002版	1. 广东推出新的家庭经济困难学生资助政策体系，完善了国家奖学金制度，增加了国家励志奖学金，扩大了国家助学金的资助面，把中职学校纳入新的资助范围，免除农村义务教育阶段学生学杂费，进一步完善了高校资助政策体系 2. 2007学年，广东各级财政将安排专项奖学金14.72亿元，确保今年秋季考上大学、职业学校的家庭经济困难学生都能顺利上学、安心上学；各高校收取的学费、住宿费标准不得高于2006年秋季收费标准 3. 国家助学贷款工作有了突破性进展，截至6月底，国家开发银行广东省分行共为广东88所高校的3.45万名学生发放了1.89亿元的助学贷款
2	2010年9月3日	优先发展教育是广东科学发展的根本	《中国教育报》第001版	1. 我们要结合广东实际，深入学习领会，认真贯彻落实《国家中长期教育改革和发展规划纲要（2010—2020年）》 2. 强国必先强教，兴粤必先兴教。教育是一个民族最根本的事业，在现代化建设中具有基础性、先导性和全局性作用；无论是落实科学发展观，促进人的全面发展，还是转变经济发展方式，提高自主创新能力，以及加快转变广东省经济发展方式，提升经济发展质量，实现人力资源大省向人力资源强省转变，都迫切要求优先发展教育 3. 建设人力资源强省，打造南方教育高地。大力推进义务教育均衡发展，深入促进教育公平；要更加注重做好困难群体和特殊群体的教育工作；大力调整优化教育结构，推动各级各类教育全面协调发展；大力推进教育改革创新，让广东教育充满生机和活力；大力加强粤港澳教育合作，推进教育国际化；加大教育投入，为教育事业改革发展提供强大保障

续上表

序号	报道日期	报道名称	刊载媒体与版面	内容要点（列点说明）
2	2010年9月3日	优先发展教育是广东科学发展的根本	《中国教育报》第001版	4. 党政一把手要做好教育工作"后勤部长"。要切实加强党对教育工作的领导，落实政府举办教育的责任；将教育纳入现代化建设的整体布局中，自觉地把教育工作列入重要议事日程；要大力推进依法治教，加强教育科学管理；要形成合力，为教育繁荣发展营造良好氛围
3	2011年12月1日	退役士兵教育资助的成功"样板"——对广东省的调查与思考	《解放军报》第003版	1. 教育资助——形式多样效果明显。广东省对退役军人实施教育资助，主要方式是通过政府提供教育经费，对退役士兵进行高、中等职业技能培训。5年来，省、市财政每年安排3亿多元专项资金，确定全省85所高、中等职业或技工学校承担培训退役士兵的任务，共培训退役士兵5万多人，其中3万多人已经走上了就业岗位 2. 退役士兵直接考大学也是教育资助的形式之一。原则上退役士兵学生交多少学费，中央财政就资助多少，最高不超过年人均6000元。本年度全省享受此项资助的退役士兵近千人 3. 一些有实力的民营企业也参与到退役士兵免费培训中 4. 培训模式——"特殊之举"变"平常之策"。在动员退役士兵入学时突出了"个人自愿"的原则，全省首批毕业的受教育资助培训的退役士兵实现了近100%的就业率，全省接受教育资助参加职业技能培训的退役士兵人数也回升到合理水平 5. 在管理在校全日制退役士兵学员上，各学校普遍采取了"去特殊化"的措施：让退役士兵脱下迷彩服统一穿校服，按专业将他们分散到普通班级，按学校规章制度一视同仁管理，从而使他们以普通学员的身份尽快适应学校的环境和生活 6. 广东省在退役士兵职业技能培训中创新的教育管理模式，已经被国家有关法律文件所吸纳 7. 公司企业——青睐接受过教育资助的退役士兵。政府提供技能培训，退役士兵做起了蓝领和白领，政府还支持退役士兵自主创业，提供不少优惠政策 8. 思考建议——教育资助仍需完善。对退役士兵实行全方位、全覆盖的教育资助势在必行；应该把对退役士兵接受全日制教育与弹性学制教育的资助摆在同等重要的地位加以重视，特别是在政策取向上要高度重视加强对退役士兵的职业教育

续上表

序号	报道日期	报道名称	刊载媒体与版面	内容要点（列点说明）
4	2012年8月10日	广东财政7亿元资助贫困大学生	《中国教育报》第01版	1. 2012年省财政安排7亿元，比2011年再增加1亿元，用于全省高校家庭经济困难学生资助。另外，从今年起，广东省每年将在省级层面安排1亿元专项资金，资助家庭经济困难大学新生入学，各地要参照省里的做法设立专项资金，资助本地生源家庭经济困难大学新生顺利入学 2. 广东省政府要求各地进一步健全学生资助管理机构，各级政府由教育部门牵头，协调相关部门做好学生资助工作
5	2014年8月12日	广东生源地信用助学贷款启动 韶关试点分步实施	人民网	1. "阳光助学·让梦飞翔"广东贫困学生资助政策公益宣传活动正式启动，除常规的奖、补、贷、减、免政策外，另有资助新政：今年本科生、专科生贷款额度从6000元提高到8000元；生源地信用助学贷款已全面启动，今年在韶关试点，接下来将全面拓宽；研究生每生每年最高可申请贷款12000元 2. 2007年至2013年底，广东省各级财政累计投入147亿元用于学生的资助，资助各级各类学生的人数达到1428万人次。其中，安排47.9亿元用于高校学生的资助，共资助了家庭经济困难的大学生180万人次
6	2015年7月18日	普惠性覆盖各类别高校 广东两千万扶持大学生创新	《中国教育报》第02版	1. 总计2000万元的"攀登计划"广东大学生科技创新培育专项资金已下发到省内各高校。该资金将资助培育广东省内高校1000个大学生创新团队开展自然科学、科技发明制作等科研实践活动 2. 为体现普惠性原则，该项目打破了高校等级限制，实现了资金对各类别高校的有效覆盖，涉及全省111所学校，其中，高职院校获得481万元，民办学校获得331.5万元，地方学校获得834万元

二、省级

序号	报道日期	报道名称	刊载媒体与版面	内容要点（列点说明）
1	2007年6月5日	让免费义务教育从农村包围城市	《南方日报》第A02版	1. 从今年秋季起，我省将在农村免收义务教育阶段学生课本费，实现完全意义上的免费义务教育。同时，还将逐步扩大免费义务教育范围，从免收城镇贫困家庭子女义务教育书杂费起，力争2010年前在城市也全面实施免费义务教育 2. 相关主管部门就务必抓好监管工作，防止教育乱收费沉渣再起；还应打破部门利益的限制，通过推动教育资源在城乡之间、新老城区之间的均衡配置，促进义务教育的动态平衡，重点解决好择校费、午间留校费、重点班、特长班、校中校、外来工子女入学等若干较为普遍问题
2	2007年7月4日	财政助学每年500亿，困难学生资助政策体系初成	《21世纪经济报道》第005版	1. 7月2日召开的新闻发布会上，教育部公布了与让家庭经济困难学生能够顺利入学、上得起大学，接受职业教育相关的8个配套实施办法 2. 新的资助政策体系中，国家奖学金、国家励志奖学金、国家助学金、国家助学贷款和勤工助学等多种方式并举，实现了以政府为主导的"奖、贷、助、补、减"的有机结合体系 3. 在财政支持上，今年中央和地方财政下半年助学投入将达到154亿元，其中中央财政投入95亿，地方财政投入约59亿；明年全年财政投入将在此基础上再翻一番，达到308亿元。这是1949年以来国家财政安排助学经费数量最多、力度最大的一次。今后每年的助学总规模将稳定在500亿左右，惠及全国1800所普通高校的400万学生和1.5万所中等职业学校的1600万学生 4. 国家助学贷款机制还有进一步完善，目前财政部和教育部正在研究制定在全国范围内推行生源地信用助学贷款制度
3	2007年8月29日	粤今秋学年助学资金达14.72亿	《南方日报》第A01版	1. 2007学年，我省各级财政共计安排专项资金14.72亿元，用于各项资助政策的落实。受惠于此，广东大学生受助人数，将从原来约占在校生的5%提高到20%左右

续上表

序号	报道日期	报道名称	刊载媒体与版面	内容要点（列点说明）
3	2007年8月29日	粤今秋学年助学资金达14.72亿	《南方日报》第A01版	2. 广东省在今年年初与国家开发银行广东省分行合作试行的助学贷款新模式还将于年底内逐步推广至全部省属高校。在新模式下，贫困大学生获贷率将由以前的不到70%提高至100%，而贷款审批时间由以前5~6个月缩短到20个工作日以内。截至6月底，国家开发银行广东省分行为全省88所普通高校的3.45万学生发放了1.89亿元助学贷款
4	2007年8月29日	广东全面实施新的家庭经济困难学生资助体系政策	《南方日报》第A03版	1. 今秋入学开始，将覆盖广东124所普通高校中的112所，年底覆盖所有省属高校；所有符合条件学生100%能申请到国家助学贷款，审批时间由以前5~6个月缩减到20个工作日以内；还贷期限将有望从"毕业以后6年内还清"变为"最长不超过10年" 2. 省各级财政安排专项资金14.72亿元，用于2007学年各项资助政策的落实，使受资助的大学生从原来约占在校生的5%扩大到20%左右，甚至在某些高校达到20%以上 3. 中职学校首度纳入资助体系，受资助面预计达在校生的90%，今年估计有120万中职学生受惠 4. 现在的"政策体系"，与以前资助工作相比，有一系列新的特点，各种资助方式细化分类，使资助政策体系更加成熟和完善
5	2007年9月4日	广东率先实现农村免费义务教育	《南方日报》第A08版	1. 2007年9月3日，1000多万农村义务教育阶段的孩子都在开学时领到了一套免费教材，正式宣告了广东省农村义务教育阶段"收费"时代的终结。广东成为在全国率先实现真正意义上的农村免费义务教育的省份 2. 广东遵循"先困难家庭后一般家庭，先欠发达地区后一般地区，先农村后城市"的原则一步一步走来，让农村孩子免费接受义务教育。从去年秋季起，全省农村义务教育阶段免收杂费，全省1025万名孩子享受该政策，占义务教育阶段学生的2/3，涉及免杂费补助资金33.51亿元；从今年秋季学年起，进一步免收课本费，总金额达到12.88亿元 3. 全省农村实施免费义务教育之后，省、市、县各级政府每年需投入约46亿元，其中省政府每年需投入约36亿元

续上表

序号	报道日期	报道名称	刊载媒体与版面	内容要点（列点说明）
6	2007年9月5日	我们不仅要让孩子有书读，还要读好书	《南方日报》第A05版	1. 全省教育系统学习贯彻胡锦涛总书记在全国优秀教师代表座谈会上重要讲话精神的座谈会在广州召开，与会的教师们表示要以总书记提出的"四点希望"为标准，在今后的教书生涯中争取达标 2. 教育厅表示要认真学习贯彻总书记讲话中关于切实加强教师队伍建设、弘扬尊师重教良好风尚的要求，把教师队伍建设摆在突出的战略位置，让广大学生接受良好的教育 3. 教师队伍的结构得到优化。全省高等学校教师近7万人，中小学教师将近80万人；教师队伍的质量不断提高，高级职称的比例逐年提高，还培养了一批名教师名校长
7	2008年5月30日	农村贫困家庭子女可免费接受职教	《南方日报》第A06版	1. 我省从今年秋季起，将招收符合资助条件的农村贫困家庭子女入读各类技工学校和职业技术学校，使其免费接受3年正规职业技术教育，掌握一项及以上技能后稳定就业，实现"培训一人，输出一人，脱贫一户"的目标 2. 户籍农村家庭年人均纯收入低于1500元的应届初中毕业生就读技工学校和职业技术学校，即可享受免收学杂费和资助生活费的政策 3. 资助标准为：学杂费每人每学年3500元，生活费每人每学年1500元，共资助两年 4. 毕业后100%推荐就业 5. 提供智力扶贫，从现有每年资助1.2万名贫困学生的基础上扩大至2.24万名，力争使全省符合条件的贫困学生均得到资助
8	2014年6月27日	为困难大学新生送去关爱	《南方日报》第A06版	1. 今年的广东扶贫济困日活动把资助我省家庭经济困难的大学新生入学继续列入重点推介项目，希望社会各界慷慨解囊，为困难大学新生送去关爱 2. 目前我省已经建立了覆盖学前教育到高等教育的家庭经济困难学生资助政策体系，基本实现"不让一名学生因家庭经济困难而失学"的政策目标 3. 近年来，全省高校受资助的学生人数和人均受助金额逐年增加。2013年全省高校受政府资助的学生人数为29万人，比2007年增加9万人；2013年全省高校政府资助金额为9亿元，比2007年增加约5亿元

续上表

序号	报道日期	报道名称	刊载媒体与版面	内容要点（列点说明）
9	2014年8月13日	广东新政助学贷款额度涨了，考到省外也能贷	《南方日报》第A12版	1. 8月12日，由省教育厅和南方日报联合举办的"阳光助学·让梦飞翔"广东贫困学生资助政策公益宣传活动，在南方网全媒体演播室启动 2. 广东已经建立了从学前教育阶段到硕士、博士研究生教育阶段资助政策的全覆盖。此外，还制定了符合我省特色的专项资助政策，即广东省贫困家庭大学新生入学资助和广东省少数民族聚居区少数民族大学生资助 3. 今年新的政策利好主要有三项。一是实施生源地信用助学贷款政策；二是全面实施研究生资助政策；三是提高了国家助学贷款额度。本专科学生的贷款额度从每人每年6000元上调至8000元，研究生上调至12000元
10	2015年7月14日	每年1亿补助10%幼儿园儿童	《南方日报》第A06版	1. 截至目前，广东省已有20个地市已正式实施大病保险，而在学前教育阶段，广东每年有10%的幼儿园儿童获得生活补助 2. 我省目前已经建立了完善的学生资助政策体系，覆盖从学前教育至研究生教育全教育阶段 3. 按照"省级集中、统一管理、信息共享、分期建设"原则，目前我省投入1700万元，正着手建设广东省底线民生信息化核对管理系统，该系统将实现与政府部门、28家银行、证券、保险、余额宝、理财通等公民财产信息对接，扩大财产信息核对覆盖面，提高救助对象认定的科学性、准确性 4. 为解决目前社会救助多头管理、困难群众救助无门的问题，广东省将推动建立"一门受理、协同办理"机制
11	2016年5月28日	争创成为省推进教育现代化先进县	《南方日报》第A04版	1. 广东省民族地区（3个民族自治县、7个民族乡）所在县均已通过国家"义务教育发展基本均衡县"督导验收。到2018年民族地区所在县将争创成为广东省推进教育现代化先进县 2. 广东省不断完善民族地区义务教育"两免一补"和高等教育资助等政策制度，学生资助政策向少数民族和民族地区家庭经济困难学生倾斜 3. 全省将继续加快民族地区教育事业发展。支持民族地区巩固教育"创强""创均"成果，深入推进义务教育均衡优质标准化发展

续上表

序号	报道日期	报道名称	刊载媒体与版面	内容要点（列点说明）
11	2016年5月28日	争创成为省推进教育现代化先进县	《南方日报》第A04版	4. 广东省省民族教育工作座谈会27日在广州召开。会议要求要全面贯彻党的教育方针和民族政策，以立德树人为根本，以服务改善民生、凝聚民心为导向，保障少数民族和民族地区群众受教育权利，加大民族地区教育综合改革力度，确保民族地区教育整体发展水平及主要指标高于全省平均水平
12	2016年6月17日	今年秋季起入学新生执行新标准	《南方日报》第A04版	1.《关于调整公办普通高校学费的通知》和《关于广东省普通高校学分制收费的管理办法》正式印发，自2016年秋季新学年开始，广东省公办普通高校学费将执行新标准，实行"新生新办法，老生老办法"，此次调费充分吸纳了听证会意见，增幅为20.2% 2. 在关于家庭经济困难学生资助上，调费决定采纳了听证会参加人关于进一步完善资助政策体系、落实各项资助政策、加强资助政策宣传、优化资助申请程序、提高勤工助学薪酬标准的意见。特别是要落实并完善家庭经济困难学生资助政策，严格落实国家和省"奖、贷、助、勤、补、免"等资助政策。各高校每年确保从事业收入中足额提取5%的经费专项用于学生资助。进一步加大资助力度，2016年底前，各高校勤工助学临时岗位薪酬标准提高到不低于12元/小时，有条件的高校提高至不低于18元/小时

三、市级

序号	报道日期	报道名称	刊载媒体与版面	内容要点（列点说明）
1	2007年8月29日	广东两成高校生可获资助	《广州日报》第005版	新的资助体系加大了财政投入，原先由中央财政负担的国家奖助金在扩大受助学生比例和提高资助水平的前提下，改为由各级政府财政共同负担，并在原有的高校资助措施基础上，增加了国家励志奖学金及扩大了国家助学金的资助面，从2007年秋季起，资助面扩大到高校20%的在校生。此外，资助政策将覆盖中职院校，受资助面预计达到在校生的90%

续上表

序号	报道日期	报道名称	刊载媒体与版面	内容要点（列点说明）
2	2007年8月22日	500名贫困学生受资助	《汕头日报》第001版	1. 8月21日下午，团市委、市青联、市青企协在市委大楼西会议厅举行2007年汕头市特困学生助学工程助学金发放仪式，为受助学生发放助学金 2. 汕头市特困学生助学工程是汕头本地化的希望工程，9年来，共资助学生5000多名，资助金额达400多万元。今年共资助特困学生近500名，资助金额达37.24万元；受助人数比去年增加了90人，资助金额比去年增加了14.88万元。同时还争取热心企业的支持，为贫困学生提供了200多个勤工助学岗位
3	2009年3月26日	求解贫困生上学难题	《韶关日报》第B04版	韶关市将建立普通高校和中等职业学校家庭经济困难学生资助政策体系，包括国家奖学金、国家励志奖学金、国家助学金，帮助家庭经济困难学生接受并完成高等教育和职业教育
4	2010年7月22日	国家助学金惠及我市2.2万名中职学生	《韶关日报》第A03版	自今年春季开学以来，韶关市已向两万多名中职学生发放了160多万元国家助学资金，其中中央和省级财政预安排补助资金97.4445万元，市县级财政配套66.35万元，2.2万多名中职学生享受到了这一待遇。目前，韶关市符合资助条件的中职学生手持学校办理的助学金银行储蓄卡，就可享受每年1500元的国家助学金
5	2011年7月25日	今年度特困学生助学工程启动	《汕头日报》第001版	2011年汕头市特困学生助学工程正式启动。今年将再资助我市品学兼优的贫困学生约390名，其中包括小学及初中、高中、大学新生等。同时今年还新增加资助优秀的外来务工贫困家庭子女40名，并提供50个勤工俭学岗位。截至去年，汕头助学工程总共资助学生约2.8万人次，资助金额近2000万元
6	2013年6月3日	我市不断完善落实学生资助制度贫困学生资助实现全覆盖	《韶关日报》第A01版	韶关市各级政府坚持落实国家各项资助政策，全市已经实现家庭经济困难学生资助全覆盖，在各个教育阶段都建立了相应的学生资助制度并不断加以完善，学生资助工作机制逐步健全

续上表

序号	报道日期	报道名称	刊载媒体与版面	内容要点（列点说明）
7	2015年2月1日	10年资助学生约7万人次	《中山日报》第001版	中山市举行扶困助学专项资金成立10周年总结会。从2005年开始，中山市在全国率先建立了"全程资助，无缝对接"的扶困助学制度，构建了"政府主导、社会参与、全市统筹、分级资助"的扶困助学工作机制。根据机制对从幼儿园到大学研究生的家庭经济困难学生实行全员、全程资助。经过多年探索，实现了不让一个家庭经济困难的学子辍学的目标，十年间累计资助学生约7万人次

附录四 广东省学生资助特色典型与做法一览表（2007—2016年）

（排名不分先后）

一、资助育人

实施单位	名称	起始实施年份	主要措施	主要成效
中山市教育局	助学兼顾育人	2005年	为受助学生提供实习机会，参与政策宣讲等扶困助学工作；在提供资助的同时，关注受助学生各方面发展，向全体受助学生提出"三个学会"，即"学会知识，学会沟通，学会感恩"；在寒暑假期间组织受助学生参加市助学办、热心单位举行的座谈会、见面会等活动，平时通过书信、电子邮件等形式保持沟通与交流；仅2010—2016年，已召开"座谈会"和"考核与见面"239次，参会大学生累计2429人次	一方面减轻了受助学生家庭经济的负担，另一方面也鼓舞家庭经济困难学生的学习斗志，使其加倍努力学习
广东岭南职业技术学院	百万励志工程——励志班	2003年	1. 举办各类主题班会 2. 励志专题讲座 3. 晨读晨练等加强班级学风、班风建设 4. 开展户外素质拓展课程，火炉山拉练 5. 参加心理剧大赛等，凝聚班级向心力 6. 秉承"奉献、友爱、互助、进步"的志愿精神，参与各类志愿服务（义教、义捐、义卖、义务植树、环保行动、爱心行动等），回报社会	1. 通过选拔优秀学生的方式激励学生 2. 通过各类教育活动培养学生的自信心 3. 通过专题讲座激发同学们的学习热情
广东司法警官职业学院	工助结合	2008年	组织学生参加支援铁路春运安保等有偿社会服务；通过选拔优秀贫困学生参加的方式激励学生；通过社会服务培养学生的自信心；让学生体会到脱贫需要自力更生；让学生通过服务社会感受快乐	让贫困学生建立脱贫信心，摆脱自卑心理，自力更生，懂得感恩

续上表

实施单位	名称	起始实施年份	主要措施	主要成效
吉林大学珠海学院	十佳大学生报告会	2012年	"面对面——助你实现成才梦"主题教育实践活动之"十佳大学生"及国家奖学金获得者事迹报告会	2014年11月,"面对面——助你实现成才梦"主题教育实践活动荣获"第三届全国民办高校党的建设与思想政治工作优秀成果"一等奖
星海音乐学院	诚信教育活动月	2009年	1. 制定全校实施方案 2. 结合学生特点和专业特征,利用新媒体手段,线上线下相结合 3. 通过展板、微信、易班平台进行广泛宣传	1. 活动形式多样,学生参与积极度高 2. 学生诚信意识明显加强 3. 学生不诚信行为大大减少
广州体育职业技术学院	"冠军讲坛""冠军林"	2011年	1. 将"冠军精神"融入新生入学教育,上好新生大学"第一课" 2. 打造"冠军讲坛""冠军林"资助育人平台,让学生接近冠军感受冠军风采,培育学生职业精神 3. 以"冠军精神"为引领,构建学生日常思想政治教育课程体系 4. 完善学生参与高水平竞技体育的组织及志愿服务制度,提升学生职业精神 5. 弘扬"冠军精神",助力贫困生就业与发展,培育学生自强不息的精神	1. 国际体育赛事服务,展现学生良好的社会责任感 2. 受助学生回馈母校,"冠军精神"薪火相传 3. 完善学生志愿服务制度,促进职业精神的提升 4. 弘扬"冠军精神",培育贫困学生自强不息的精神 5. 搭建创新创业工作平台,提升学生创新创业能力
东莞职业技术学院管理科学系	家庭经济困难生"感恩·成长"教育实践活动项目	2013年	家庭经济困难新生见面会、阳光互助朋辈成长训练营系列活动、"真情感恩·回报社会"系列活动	自我认可意识的增强,团队协作能力提高,解决问题能力加强,感恩意识有所加强。大部分困难生表示参加活动使他们感到放松和快乐,而且自信心得到了提升,在人际交往方面也比以往有所改善

续上表

实施单位	名称	起始实施年份	主要措施	主要成效
广东金融学院学生工作处	诚信感恩活动月	2012年	1. "诚信小店"以"无人经营，自买自付"的方式销售文具、生活用品。在校学生可对照价目表自取商品 2. "万人签名" 3. "社区服务公益行"。每年由获得励志奖学金的学生代表前往广州市天河区龙洞康园工疗站慰问帮助残疾人士，给残疾人士送去关怀和温暖 4. 主题辩论赛 5. "心怀感恩，诚信做人"海报设计比赛 6. "感恩助学、诚信还贷"相关知识培训 7. 召开"至诚则成，立信于行"主题班会 8. "心怀感恩，诚信做人"海报设计比赛	塑造大学生的诚信品质，引导大学生树立感恩观念，树立"说诚信话，做诚信人"诚信观和"滴水之恩，涌泉相报"的感恩观，唤醒大学生自我教育和自我完善意识，并将其培养成具有诚信美德和感恩意识、主动为建设诚信社会做贡献的高素质的优秀大学生
广州大学	广州大学经济困难学生公益积分管理办法	2011年	1. 学校学生资助管理中心制定《广州大学经济困难生公益积分手册》及《广州大学经济困难生公益积分手册管理办法（试行）》，并印制、下发手册 2. 学院进行宣传、引导、布置 3. 学生参与公益活动，如实按照参与公益服务的时间及活动内容填写手册，并由相应单位（负责人）签名或盖章确认 4. 每年9月份学院对手册进行验证，并向全院学生公示验证结果，然后通过学工网上报学生的公益积分 5. 学院及学校资助管理中心参考学生的公益积分情况评审新学年的所有资助项目。同等条件下优先考虑公益积分高的同学，对公益积分没达到要求的，要求相关学生在一个月内补完成相关的公益活动	1. 增强了受助学生的自信心 2. 提高了受助学生的社会责任感 3. 培养了受助学生的感恩意识 4. 实现了"受助—自助—助人"的良性转变，促进了个人全面发展
广州医科大学	润物细无声,阳和育英才——广州医科大学助学工程	2009年	1. 丰富资助体系是资助育人的根基 2. 强化管理育人是资助育人的基础 3. 结合思想政治教育是资助育人的德育效应 4. 助人自助是资助育人的目标体现	1. 规范科学化管理，彰显助学育人效能 2. 规避助贷风险，体现助学育人教育到位 3. 强化队伍培训，引领专业化、专家化、职业化指导助学工作 4. 激励学生自强，突出助学育人引导到位

续上表

实施单位	名称	起始实施年份	主要措施	主要成效
广州美术学院	浓墨丹青情 重彩慈善恩——构建励志助学、品德培养与校园文化一体化育人平台	2007年	1. 每学年开学初，拟定活动主题，制定实施工作方案和执行细则 2. 组织专题艺术创作（作为一项智能型勤工助学任务），选派专业老师指导创作 3. 组织院系专业老师初评，选出入围作品 4. 每年12月，组织、指导学生布置展览，开辟专业型勤工助学岗位，在美术馆展出作品 5. 制作宣传海报，寄送邀请函，请各高校师生、各方观众观赏、品鉴作品 6. 参展优秀作品评选，对入选作品进行表彰、奖励 7. 征集感恩感言、文章，汇编、汇展作品选集，制作DV、影视光盘等宣传资料 8. 面向社会组织美术作品义卖义捐活动，义卖得款设立"广美学子感恩回馈助学金"资助省内经济落后地区贫困家庭学生，让艺术服务民众、回报社会 9. 校园后续宣传报道，营造感恩文化氛围和振奋精神的校园文化及育人环境	项目公益性和教育性强，是该校发挥专业学科优势，重点培育的校园文化示范性特色品牌，并产生了积极的社会影响，获得过教育部和省教育厅主管部门的表彰奖励。项目得到广大师生的认同和欢迎，获得社会民众的青睐和好评，每年参与该项目的学生达到在校生的25%，全部作品义卖得款用于资助对口扶贫山区家庭经济困难学生，项目获得南方日报、广州日报、信息时报、羊城晚报、新快报、雅昌艺术网、搜狐网、大洋网等媒体的宣传报道，社会影响良好
广东白云学院	以资促学，以德育人	2007年	1. 开展班级经济困难认定 2. 确定重点资助对象。根据学生经济认定情况对学生进行分档，关注低保、孤儿、残疾、重大变故导致家庭经济陷入困境的学生，在后期的资助中，将这部分经济特别困难的同学作为资助重点 3. 关注学生思想动态 4. 拓宽资助宣传渠道。借助社会媒体、并充利用学校网页、广播台、微信公众号、版报，进行视频、宣传单等各种新媒体的力量，做好资助宣传工作态 5. 开展诚信、感恩主题教育。通过征文、辩论赛、主题教育等形式，开展诚信、感恩等主题教育 6. 开展资助育人成效教育。通过开展"助学·筑梦·铸人"主题征文、"国家资助，助我成长""榜样白云 文明先锋"先进集体和优秀个人事迹宣讲会，采用主题活动对学生进行潜移默化地引导 7. 做好受助群体跟进和调研。对于受过资助已经毕业的同学，采取定向跟踪，并在学校受助群体，开展调研活动	1. 学校目前没有一个学生因为交不起学费而退学，也没有一个学生因为家庭经济问题产生重大的心理异常状况 2. 2016年学校经济困难学生资助覆盖面为100%，资助力度为3582元，均高于广东省平均水平 3. 经济困难学生能够在学校找到归属感，乐于参加班级活动，发挥主导作用，并在学校和国家、省市竞赛中取得良好成绩 4. 学生对学校资助工作评议较好，没有学生投诉学院、辅导员在资助方面有违规行为 5. 学校家庭经济困难学生毕业的就业率为100%，目前学生助学贷款还贷率也为100%

续上表

实施单位	名称	起始实施年份	主要措施	主要成效
广东省新闻出版职业技术学校	爱心助学金	2007年	1. 资金来源主要是学生、教职工、社会慈善人生捐款及学校划拨 2. 设立爱心助学金评委会，领导资助活动 3. 资助对象为每年春季、秋季入学未进厂的在校生 4. 每学年一次，受享人数为在校生5%以下 5. 资助等级分别为每人1500元、900元、600元、300元	1. 解决贫困学生的生活问题 2. 满足贫困学生购买学习用品等需要 3. 帮助贫困学生顺利入学和毕业
广东交通职业技术学院	新生注册系统资助认定（"绿色通道"）	2014年	1. 新生入学前完成在线注册 2. 根据"绿色通道"的入学流程在系统完成资助认定预申请 3. 系统管理员根据新生提交的申请进行初审，对资料不齐或不符合规范的学生，在审核结果中予以告知，通知新生补充和完善	1. 贫困生可以通过系统"绿色通道"顺利完成注册 2. 能够在新生入学前清楚了解其贫困情况与需求，提高了入学当天"绿色通道"工作的效率 3. 能够为入学后的资助认定工作提供依据
佛山职业技术学院	"文明诚信·立德树人"资助育人系列活动	2016年	1. 开展特色品牌活动，通过开展专题讲座、主题班会等活动开展感恩诚信教育 2. 宣传受资助同学先进典型，完善资助育人机制，发挥资助育人功能 3. 坚持以生为本理念，提高工作服务水平	1. 得到社会人士和学校师生的广泛参与 2. 引导学生树立诚信观念，培养按时还款观念，对困难学生进行针对性关怀与帮助 3. 充分提高受助学生诚信意识和感恩意识
汕头大学	不一样的学习经历	2007年	努力拓展学生对外交流平台，把经济资助与综合素质培养结合起来，全面提高学生的能力和素质。提供交流平台，让更多的学生有外出参观、学习、观摩、实践、竞赛的机会。每年举行不一样的学习经历交流会	为了让更多的学生接触外界的知识和思想，培养学生的国际视野。实现"受益的，不仅仅是直接参与者"的目标

续上表

实施单位	名称	起始实施年份	主要措施	主要成效
广东技术师范学院	特色学生资助育人	2015年	1. 坚持"日常工作有序",做到"四有",固本强基 2. 坚持"重点工作有效",做到"四聚焦",凝焦聚力 3. 坚持"特色工作有名",做到"五创新",开拓创新	紧紧围绕"立德树人"的根本任务,坚持"日常工作有序、重点工作有效、特色工作有名"的工作思路,建立健全资助育人工作体系,创新资助育人工作方式,塑造资助育人工作品牌,逐步实现从"基本保障型的经济资助"到"发展型资助""精准资助"的转变,实现学生资助育人工作的"育德育心,强能树人"的功能
广东外语外贸大学	开展公益服务	2007年	1、创造性地将创新创业与公益服务相结合起来,以云山勤工为试点,开设公益类创业实体 2. 开展"三下乡"活动 3. 培养学生责任感	1. 创办云山兼职服务中心、云山公益服务栈,为学校与社会提供外语类教学与应用的优质服务,服务人数高达10万人 2. 经贸学院2011级毕业生苗壮志创建广东益米科技有限公司,借助信息服务,为累计超过300万大学生提供服务 3. 坚持社会公益服务长效化,定期举办爱心义卖、组织敬老探访和社会志愿服务,成立创业微公益基金,举办创新创业微公益大赛,打造具有校园特色的公益服务活动,走进社会、深入社会、服务社会
广东药科大学	医路成长系列讲座	2016年	开展系列讲座一对一指导	帮助贫困生顺利完成学业,增强其生存和发展能力

续上表

实施单位	名称	起始实施年份	主要措施	主要成效
华南师范大学	坚持立德树人根本任务构建以学生发展为中心的资助育人新格局	2007年	1. 树立以学生发展为中心的育人理念 2. 丰富以发展能力为导向的资助体系；十年来，学校以全校奖、助、贷等6大类近60个资助项目为着力点，拓宽资助的外延和内涵，融入"大学工""全华师"全局视野中，形成了"情暖华师""榜样华师"两个具有学工风采、华师特色的资助工作品牌，筑牢了以发展能力为导向的资助体系基础。把工作重心由保障型资助向发展型资助转变，重视培养受助学生成长成才，并形成了一系列创新工作。如《基于家庭经济困难学生发展援助的高校资助育人模式研究》获批广东省高校德育创新项目重点项目，《"榜样华师"加强向学教育》入选教育部社会主义核心价值观教育典型案例，《国家助学贷款"五个一"育人模式》被省助学中心和专委会评为首批资助育人品牌项目 3. 推进以"互联网+"为特色的育人路径 4. 探索以发展型资助为目标的新机制	1. 扶助了一批经济困难学生，共为学生发放奖助学金约5亿元，资助学生25.5万人 2. 培育了一批成长成才典型 3. 打造了一批资助育人项目

二、精准资助

实施单位	名称	起始实施年份	主要措施	主要成效
广东财经大学	"三三五"工作框架	2007年	三精：精准资助、精细流程、精心服务。三结合：点面结合、条块结合、教育与实际工作结合。五个一：一个重要依据困难认定、一个重中之重助学贷款、一个中心任务国家奖助学金、一项常规工作勤工助学、一系列临时资助	精细流程、精心服务、精确制表、严格审核、精准发放，解决了学生学习和生活困难

续上表

实施单位	名称	起始实施年份	主要措施	主要成效
广州大学	广大新人才激励工程"第二校园访学经历"项目	2011年	选拔思想、学习、生活各方面表现突出，有较强的学习能力与钻研精神，具有较好的沟通能力和适应能力，综合素质良好，学习成绩优良，有担任学生干部经历的家庭经济困难学生参与组队，由院领导带队，到国内一些著名的985、211高校进行为期2周的访学。经费由学校资助	为家庭经济困难学生提供国内第二学习经历的条件，使其开阔视野，有重点地扶植其进行人生规划，进而成长为不同专业、不同行业的创新型、应用型人才
广东工程职业技术学院	关爱到"家"	2010年	精准走访、政策宣讲、关爱慰问、需求调研	给受访贫困生们带来了国家资助工作的利好政策，带去了学校对他们的关心和帮扶
广东省财政职业技术学校	精细管理，精准资助	2007年	1. 高度重视，认识精准：首先，成立国家资助管理领导小组，并设立办公室；其次，定期召开专题会议；第三，实行校长统领负责制 2. 健全机制，流程精准：建立"班级、学生资助管理部门、学校、省教育厅"四级资助对象认定管理机制，通过层层把关、层层负责，精细化工作流程 3. 系统专管，操作精准：学籍系统和资助系统实行专人专管，责任到人，对助学金和免学费对象区分认定，实现四级审核 4. 规范档案，管理精准：第一，学生资助档案合理分类；第二，及时修订做好归档工作；第三，资助档案实行专人专柜管理 5. 监控得当，信息精准：第一，关于学生户籍性质变更与异动情况的精准处理；第二，关于受助学生人数的精准监控；第三，关于每学期免学费与助学金数据的精准统计	1. 每个学生申请的中职教育资助是符合其家庭实际情况的，可以避免一些学生因虚报家庭经济状况而获得过量的资助 2. 规范科学化管理，从制度和流程上保障每个环节精准到位
广州番禺职业技术学院	家庭经济困难学生认定	2012年	结合工作实际创新地制定《广州番禺职业技术学院大学生家庭经济困难程度量化测评办法》	让家庭经济困难学生认定工作量化、规范化、条理化

续上表

实施单位	名称	起始实施年份	主要措施	主要成效
茂名市建设中等专业学校	广泛宣传，通过摸底抽查，严格审核程序，公平、公开、公正	2008年	学校制定了《中职学生助学金及免学费评审办法》，明确资助对象范围、比例及标准，加强资金管理与监督，进一步提高资助水平	通过资助切实减轻困难家庭供应子女上学的经济负担，传递党和政府的关怀、学校这个大家庭的温暖，通过资助让每一个家庭经济困难学生都能成为有用之才
茂名市第二职业技术学校	广泛宣传，严格审核程序，强化责任，公开透明	2011年	学校制定了《茂名市第二职业技术学校国家免费、助学金评审办法》，强化了免学费、助学金的评审、发放程序	评审工作的层层审核，责任的强化，使整个资助工作的核心关键环节落到了实处，多年来无一投诉、上访事件发生
佛山职业技术学院	佛山职业技术学院"石景宜、刘紫英伉俪"助学金	2013年	1. 对家庭经济困难学生进行大学期间的全程资助，每年资助额度为每人4500元，每年总金额约20万 2. 每年组织受资助学生参加该基金会组织的感恩诚信相关活动 3. 跟进每位受资助同学学习、生活、思想情况	1. 帮助受资助同学顺利完成学业 2. 受资助同学学业、纪律等方面表现都比较优秀 3. 学生的感恩诚信意识得到很好的教育
汕头大学	学生事务系统	2009年	该校大力发展信息化建设，设计、开发了学生事务管理系统，确保资助方式精准。学生事务管理系统包括学杂费管理、奖助学金管理、贫困生认定管理、勤工助学管理、国家助学贷款管理等多个资助工作子系统，依托该平台，能够更加有效地完成信息采集、信息审核和信息实时维护工作	显著提升了工作效率，同时，做到全方位、动态性地把握学生的受助情况，为精准高效实施个性资助提供了强有力的保障

三、政策体系构建

实施单位	名称	起始实施年份	主要措施	主要成效
肇庆市	家庭经济困难大学新生（省外）资助	2014年	第一年学费金额（资助不高于6000元）	使全市213名困难大学生得到入学
中山市	通过"上学易"和"大学通"助学，实现无缝覆盖、全程资助	2005年	中小学生资助标准：全额资助学杂费、书本费并补生活费（即"两免一补"）；大学生的资助标准：每人每年可申请4000元助学金或10000元"中山市生源地信用助学贷款"	实现对家庭经济困难学生从小学到硕士研究生全程资助
广州市	普通高中贫困持证家庭学生免费教育资助	2010年	城乡低保、特困职工、孤儿	有效地解决了每年平均2000名持证贫困家庭普通高中学生顺利毕业
广东省外语艺术职业学院	勤工助学职业化管理	2013年	该校自上而下，全面统筹，以课程为依托，制定相关规章制度，创新勤工助学活动的模式，严格规范流程，坚持通过全院性的上岗培训、各部门面试竞聘的标准，开展勤工助学活动，并聘用该校公共管理、人力资源管理专业学生团队承担招聘工作，力图全方位的提升家庭经济困难学生的职业核心能力	通过勤工助学职业化管理，让学生通过勤工助学提前进入职场环境，体验生活和职场要求。通过岗前培训、面试竞聘、岗位工作、考核总结等环节，提前了解职业规范，树立职业意识；同时在了解社会、服务社会中，激励学生社会责任感，提高社会适应能力和自身职业素养，提升社会择业竞争力，有效加快大学生的社会化进程

续上表

实施单位	名称	起始实施年份	主要措施	主要成效
广东交通职业技术学院学工处奖助贷管理科	家庭经济困难学生资助资格认定体系	2015年	1. 研究广东省高校家庭经济困难学生认定存在的问题 2. 研究部分国内外高校在认定工作中的做法并做比较研究 3. 结合资助信息系统建设分析研究与广东省经济社会发展水平相适应的认定依据与办法 4. 提出与广东省经济社会发展水平相适应的家庭经济困难学生认定指导意见	1. 提高广东省家庭经济困难学生资助工作的针对性和长效性 2. 进一步完善家庭经济困难学生的资助方式,重新确立符合贫困生需求的贫困认定新标准和新程序 3. 推出符合广东省实际情况的高校家庭经济困难学生认定办法和指导意见,并获得广东省高校学生资助育人提升计划项目立项
广州医科大学	特色家庭经济困难学生资助政策体系	2007年	1. 积极响应和贯彻落实国家和广东省教育厅的系列文件精神,结合学校实际情况,颁布实施了17目政策,建立起国家奖学金、国家励志奖学金、国家助学金、国家助学贷款、"绿色通道"、勤工助学、学校临时困难补助、企业奖助学金等多种形式并存、资助内容和对象明确的学生资助体系 2. 从问题类别层面看,以国家助学贷款为主,以国家励志奖学金等为辅解决学费、住宿费问题;以国家助学金为主,以勤工助学等为辅解决生活费问题 3. 从入学流程来看,"绿色通道"解决入大学的家庭经济困难学生先按时报到;入校后,学校对其家庭经济困难情况进行核实,采取不同措施给予资助 4. 学校积极引导和鼓励社会团体、企业和个人面向学校设立企业奖助学金,共同帮助家庭经济困难学生顺利完成学业	1. 资助理念由助困服务向助人自助不断转化 2. 目前已逐渐建立起健全的"奖、贷、助、补、减"五位一体,具有学校特色的家庭经济困难学生资助政策体系
华南师范大学	出台评选细则与资助实施办法	2006年	为进一步统筹好各项工作管理办法,该校出台了《全日制本科学生资助体系实施方案》,配套制定或修订《华南师范大学全日制本科生奖学金评选办法》《华南师范大学全日制本科毕业生荣誉奖学金评选办法》《华南师范大学全日制本科学生临时困难补助管理办法》《华南师范大学学生创新奖评奖规定(第三次修订)》《华南师范大学国家助学贷款实施办法(修订)》等多个资助项目实施办法,为实施精准资助提供了制度保障	十年来,学校从建立健全学生资助工作制度入手,先后制定或修订了一批规章制度,明确了工作职责,优化了业务指导,有效促进了资助工作制度化、规范化,保障了学生资助工作的有序开展

续上表

实施单位	名称	起始实施年份	主要措施	主要成效
广东外语外贸大学	经济资助、技能资助、心理资助、发展资助与专项资助"五位一体"资助体系	2007年	将经济资助与发展型资助结合	培养全面发展受助人才；勤工实体获评全国创新创业实践基地

四、机构建设

实施单位	名称	起始实施年份	主要措施	主要成效
华南师范大学	学生资助管理中心	2006年	2006年成立学生资助管理中心，统一归口管理全校的国家助学贷款、奖学金、勤工助学、特殊困难补助、学费减免等资助贫困家庭学生工作；2016年，该校在学校学生资助管理中心基础上成立学校奖助贷勤工作领导小组，进一步加强对资助育人工作的组织领导和统筹协调。在学院层面，各学院成立由主管学生工作的副书记、辅导员组成的学生工作组，具体负责学院的学生资助工作	全校形成了一个由学生奖助贷勤工作领导小组，学生工作部（处）、研究生工作部（处），学院学生工作组构成的三级管理机构，保证了学生资助工作有条不紊地开展
茂名市第二职业技术学校	学校学生资助管理领导小组	2011年	1. 领导小组下设办公室，由教务处负责日常资助工作，负责资料收集与上报 2. 信息中心负责相关资助影像资料收集 3. 财务负责资助资金的管理与发放	健全组织管理机构、落实办公场所、经办人员责任到位等环节均得到保障

续上表

实施单位	名称	起始实施年份	主要措施	主要成效
中山职业技术学院	分级管理，专人专职	2008年	1. 资助管理科归口至学生工作处管理，专职负责学生奖助袋管理工作 2. 资助管理科统筹全校的资助管理工作，协调各学院开展相关工作	1. 制定各项奖学金、助学金、助学贷款管理办法，统筹协调分配各项资助专项资金使用 2. 开展了全校家庭经济困难学生的认定、建档、回访、跟踪、服务工作以及贷款学生的贷前、贷中、贷后管理工作 3. 组织各院系开展资助育人相关活动
佛山职业技术学院	统一领导和管理，落实基层精准高效助学	2012年	1. 由主管学生工作的党委副书记为组长的学生资助管理工作领导小组，小组下设学生资助管理中心（挂靠学生处），由学生处长兼任助学管理中心主任，明确一名副处长分管助学管理工作，配备专有办公室和办公设备以及专职工作人员。明确管理中心职能，全面统筹协调、指导和落实贯彻实施国家、省的资助政策，面向全校组织开展资助管理工作，统一归口管理全校学生资助工作 2. 定期召开全校性的学生资助管理专项工作会议，传达学习国家、省的国家资助政策文件和全省高校学生资助有关情况的通报，及时研究和解决学校资助管理工作中出现的问题和面临的困难 3. 学校助学管理工作经费统一纳入学生工作经费管理使用，保证学校助贷工作的正常开展 4. 各系成立由总支书记为组长的助学管理工作小组，负责国家资助政策的宣传，受理学生政策咨询，承担系学生助学管理的教育与管理责任等工作 5. 各系均设有一名专职辅导员为系助学管理兼职人员，各专业班级辅导员为班级学生助学工作责任人	从体制和机制上保证了对家庭经济困难学生助学管理工作的得以顺利开展

附录四 广东省学生资助特色典型与做法一览表（2007—2016 年）

续上表

实施单位	名称	起始实施年份	主要措施	主要成效
珠海城市职业技术学院	四级资助管理体系	2012 年	1. 成立了由校长任组长、分管学生工作的校领导任副组长，学生工作处、计划财务处、各二级学院及其他相关部门主要领导为成员的学生资助工作领导小组 2. 成立了学校学生资助管理中心，由学生工作处处长兼任中心主任 3. 学生工作处增设了助学与服务科，与资助管理中心合署办公 4. 各二级学院成立学生资助工作办公室，由负责学生工作的书记任主任，各辅导员和班主任为主要成员。各专业、班级相应成立了家庭经济困难认定工作小组	建立了完整的资助机构体系，上有指导，下游执行，还有监督，提供有力保障
茂名市建设中等专业学校	成立中专国家助学金免学费工作领导小组	2011 年	领导小组分别有组成成员、职能、具体分工的安排	夯实资助工作机构，为全面开展学生精准资助工作提供机构保障

五、资金分担

实施单位	名称	起始实施年份	主要措施	主要成效
茂名市	资助资金管理办法	2007 年	1. 明确资金分担比例 2. 将资助资金列入年度财政预算，及时足额落实地方配套资金	分担比例明确，落实地方配套资金，按时拨付，确保资金及时足额发放
广州市	广州市关于扩大中等职业教育免学费政策范围进一步完善国家助学金制度实施意见	2013 年	免学费补助资金由各级财政共同分担，省财政统筹安排中央财政补助资金，并对广州市中等职业学校一、二年级享受免学费政策学生人数免学费所需经费，不分生源，省财政按每生每年 3500 元标准负担 10%，其余部分由市、区（县级市）财政负担；对全市中等职业学校三年级享受免学费政策学生人数免学费所需经费，不分生源，省财政按照三年级享受免学费政策学生人数 30% 的比例和免学费补助标准补助学校，其余部分由市、区（县级市）财政负担	提升广州市地方的政策发展，把中职学生资助工作摆在管理的重要位置上，按时、足额、准确发放中职各级资助资金，切实推进和落实国家免学费和助学金政策

续上表

实施单位	名称	起始实施年份	主要措施	主要成效
汕头大学	国家助学贷款	2002 年	2002 年,该校与中国银行汕头分行合作,主动承担风险补偿金,率先开展校园地国家助学贷款	2002 年至今,共发放国家助学贷款 4678 万元,支付风险补偿金 248.82 万元,通过助学贷款帮助大批家庭经济困难学子顺利完成学业

六、资金安全

实施单位	名称	起始实施年份	主要措施	主要成效
茂名市	实施补助资金财政专户管理	2007 年	助学金和免学费补助实施财政专户管理	有效保障助学金和免学费补助专项金额
广州市	广州市教育局转发关于调整中等职业教育免学费政策的通知	2015 年	1. 统筹规划,倾斜扶持。根据各地市经济发展水平和财力状况制订资金安排计划,对粤东、粤西、粤北地区给予适当倾斜扶持 2. 专款专用。免学费补助资金应当按照规定用途专款专用,不得用于本办法规定范围以外的项目,各级教育、财政部门和有关单位不得截留、挪用和挤占 3. 规范管理,强化监督。免学费补助资金应坚持使用管理规范,程序公开透明,分配公平公正,落实管理责任,加强监舍检查,确保资金依法、有效拨付使用	广州市对于资金安全实行统筹规划、专款专用、规范管理,强化监督,确保各中职学校的免学费资金的安全。指导全市管理、执行的相关人员提供了相关的依据

七、资金发放

实施单位	名称	起始实施年份	主要措施	主要成效
广州市	广州市教育局转发关于调整中等职业教育免学费政策的通知	2015年	国家助学金通过中等职业学校学生资助卡按月发放给受助学生。中等职业学校为受助学生办理中职卡,不得以学生收取卡费或押金等费用,也不得以实物或服务等形式,抵押或扣减免学费	广州市严格按照国家部、省教育厅的要求,规定学校内部必须为享受国家助学金的学校办理中职卡,资金发放到学生中职卡上,确保了资金的安全发放。切实推进国家助学金政策的实行

八、监督检查

实施单位	名称	起始实施年份	主要措施	主要成效
广州市	开展专项检查	2015年	为进一步规范中等职业教育学籍及资助管理,确保中职学生学籍信息完整准确及资助政策落实到位,广州市教育局局定于10月份组织开展2016年广州市中等职业学校学籍管理及资助工作情况专项检查	加强对资助工作的管理与监督,落实工作职责,完善工作机制,采取积极措施;确保中职各项学籍、资助政策得以顺利、规范实施。推进学生学籍及资助档案标准化、规范化管理,不断提高中等职业学校学籍和资助相关档案管理水平
茂名市卫生学校	强化管理,构建监督保障体系	2007年	1. 建立公示制度 2. 建立督查制度 3. 建立审计制度 4. 建立责任追究制 5. 建立资助信息发布和反馈制度	通过监督检查确保资助工作公开、公平、公正

续上表

实施单位	名称	起始实施年份	主要措施	主要成效
广东工业大学	学生资助工作考评长效机制	2014年	1. 构建二级学院学生工作考核评价体系 2. 学校成立学生工作评价领导小组，全面负责学生资助工作评价的实施 3. 按照初评、复评、现场展示评比、查阅有关资料等形式，对照指标体系进行客观、公正、实事求是的评价 4. 根据每学年考核的结果进行评优与奖励	1. 建立了一套有效的学生资助工作评价指标体系 2. 提升了全校学生资助工作水平
广东外语外贸大学	对二级学院资助工作情况进行系统考核	2007年	贷款违约率与学院的目标管理考核挂钩，并将其作为一条重要的考核指标系数	各学院之间形成了一股比、赶、超的劲头，贷款合同结清率保持在较高水平

九、政策宣传

实施单位	名称	起始实施年份	主要措施	主要成效
茂名市	采用多种形式广泛宣传	2007年	1. 及时下发文件，做好政策指导工作 2. 通过主流媒体正面宣传	通过多种宣传方式，使广大学生及家长对助学政策有更多更全面的了解，使党和政府的惠民政策家喻户晓，深入人心
中山市	推出"上学易——扬帆中小学校"和"大学通——展翅高等学府"两大助学计划宣传	2006年	全市各级扶困助学机构积极向社会宣传国家、省市的扶困助学政策，市内各大媒体也主动配合宣传并及时报道全市扶困助学动态，市助学办专门印发扶困助学宣传海报及小册子，分发至全市各村（居）委会，每个班、每一位存在家庭经济困难学生的手上，还专门在"中山教育信息港"开设"中山市扶困助学网"信息专栏	全面、广泛地宣传扶困助学的政策及申请方法，做到家喻户晓

附录四　广东省学生资助特色典型与做法一览表（2007—2016年）

续上表

实施单位	名称	起始实施年份	主要措施	主要成效
韩山师范学院	资助知识竞赛	2016年	举办全校性资助知识竞赛	广泛宣传了国家助学贷款政策，深入、全面地普及了高校资助政策相关知识内容，重塑大学生的诚信意识和观念
茂名市第二职业技术学校	资助政策多形式宣传	2007年	1. 在校生共同学习资助政策文件 2. 通过广播电台、新闻报纸进行政策宣传 3. 利用学校招生简章、学校网站及其他信息平台进行政策宣传	通过多渠道政策宣传，现行政策得到全面落实，确保范围内学生受助
广州市穗华职业技术学校	学校校内宣传、政策宣传	2014年	每年开学初，该校对全体新生班主任进行资助业务的培训。内容包括：资助概念、范围、对象、流程及填写表格、上交资料等。结合我国户本内容的复杂性、多样性进行讲解。该校重点对作为第一筛选负责人的班主任进行资料核查的讲解。为了给班主任更深刻的印象，采用实例分析法，对比讨论法，提问法等进行更深入的讲解。资助核查工作环环相扣，容不得一丝疏忽。最后总结：国家资助工作九要素："政策清楚、宣传到位、责任心强、工作细致、程序规范、信息准确、反馈及时、无差错、无遗漏"；国家资助"五公"原则："公开、公正、公平、公示、公布"	学校2016年的在校生1438人，免学费人数为1425人，资助率达到99%，申请助学金人数为101，资助率达到7%。校内成功的宣传，让学校内贫困的学生都能接受教育。对此收到学生发来的感谢信，大部分对于学校的工作给予了高度的肯定
广东外语外贸大学南国商学院	知识竞赛使资助政策广泛普及	2012年	定期开展奖助贷知识竞赛	通过考试和竞赛的形式，使得该校贫困学生对资助知识了解透彻，每个月的咨询量明显减少
广东工程职业技术学院	筑梦"微平台"工程	2015年	2015年，该校成为广东高校首批"学生事务工作坊"，凭此平台充分发挥网络新媒体的宣传引导作用	2016年，拍摄资助育人成效宣传片《让梦想点亮芳华》

续上表

实施单位	名称	起始实施年份	主要措施	主要成效
广东食品药品职业学院	榜样力量，成长引领	2007年	1. 编写《新生入学指南》，发动学生干部暑期进入新生QQ群解答新生疑问，让学生收到录取通知书以后能够对资助政策有初步了解 2. 资助政策讲座、公告栏、网站、"榜样药职院"等作为学生了解政策的重要窗口 3. 以宣传栏的形式展现国家奖学金获奖者的先进事迹	1. 激励全体大学生勤奋学习、努力进取，在德、智、体、美等方面全面发展 2. 学生入学前就感受到浓厚的人文关怀 3. 有助于提升学校全体学生的幸福感和凝聚力
茂名市建设中等专业学校	通过多种形式对资助政策进行广泛深入的宣传	2007年	1、在校园内设置资助政策宣传栏，张贴宣传画和张贴中职资助政策 2. 通过招生简章、学校网站、校园网络、召开主题班会等多种形式，宣传中职学生资助政策	使广大师生对国家中职学生资助政策有了进一步的了解，提高了教育惠民政策的知晓率和满意率，激发和增强了学生报效祖国的深厚情感，为中等职业教育的快速发展创造了良好的社会氛围
珠海城市职业技术学院	品牌活动宣传	2013年	依托学生自强社，组织"资助政策下乡行"活动、"诚信信用文化及金融知识进校园活动暨H5作品竞赛"以及"助学贷款，助我圆梦"征文比赛、"诚信自强演讲"以及"感恩 励志 强能"主题教育系列活动等	培养学生干部队伍，打造资助活动平台，创造了系列资助品牌活动
广东药科大学学生资助管理中心	"资助政策下乡行"	2012年	通过开设义诊服务、张贴宣传海报，走访经济困难家庭、发放助学贷款政策调查问卷、现场答疑等多种形式开展医疗和助学贷款政策宣传活动	制订学生"资助政策下乡行"活动方案、收集素材，撰写分析报告

十、其他

实施单位	名称	起始实施年份	主要措施	主要成效
星海音乐学院	资助工作列表化	2007年	年初将本年度的工作安排列表下发给各院系,在安排表中明确每个月的工作内容,详细列举工作要求,让院系提前知晓每个月相关的资助工作内容、要求,能够提前部署相关工作,确保了资助工作的时效性	学校资助更加科学、规范、有效
汕头大学	社会捐赠	2007年	学校在李嘉诚基金会、热心校友和其他社会各界爱心人士的关心支持下,建立了多元资助体系,如汕头大学奖章、体育精神奖章和境外进修资助计划等李嘉诚基金会奖励项目,德祥企业、巴德年顾问等企业及个人捐助奖学金,"仙乐健康"奖学金、各类校友奖助学金等其他社会团体及个人捐助奖助学金	除了能有效地从经济上帮助学生顺利完成学业,更重要的这些知名企业、著名学者和商界领袖的人生经历,社会责任感、爱心奉献精神等高贵品质将对学生产生深刻影响,让学生多了一座指引航向的"灯塔",引导学生在科技、领导力、文体、社会责任感、奉献精神和国际视野等方面有所建树,激励学生全面发展

参考文献

[1] 朱金花. 教育公平：政策的视角[D]. 长春：吉林大学，2005：1-5.

[2] 曾光光. 从近代文化的视野看当代广东的挑战与机遇[N]. 深圳特区报，2014-04-29（B10）.

[3] 邬平川. 我国学前教育财政投入法律制度建设刍议[J]. 教育科学，2014，30（1）：22-26.

[4] 马佳宏，王琴. 我国学前教育成本分担问题研究[J]. 教育导刊（下半月），2010（3）：15-18.

[5] 刘宝超. 广东省农村义务教育阶段贫困学生资助的政策与实施[J]. 广东教育学院学报，2007（2）：56-61.

[6] 李艳辉. 从制度上保证家庭经济困难学生顺利完成学业[N]. 天津日报，2007-09-04（014）.

[7] 张潞浯. 广东高校家庭经济困难学生资助政策探索[J]. 湛江师范学院学报，2013，34（04）：153-156.

[8] 夏文斌. 走向正义之路：社会公平研究[M]. 哈尔滨：黑龙江教育出版社，2000：10.

[9] 陈潭，胡晓. 罗尔斯原则与高等教育公平的制度逻辑[J]. 现代大学教育，2008（4）：1-6.

[10] 刘复兴. 教育公平是构建和谐社会的基本要求[N]. 中国教育报，2006-12-09（003）.

[11] 石中英. 教育公平政策终极价值指向反思[J]. 探索与争鸣，2015（5）：4-6.

[12] 袁敏. 教育公平研究综述[J]. 现代教育科学，2010（5）：38-43.

[13] 广东省教育发展"十三五"规划（2016—2020年）[J]. 广东教育（综合版），2017（2）：6-21.

[14] 傅瑾. 试论高校资助育人的理念目标与价值诉求[J]. 新西部（理论版），2016（14）：113-117.

[15] 杨晴，沈红，叶芃. 高校贫困生资助理念及其实现[J]. 学校党建与思想教育，2009（14）：44-46.

[16] 刘娜，杨士泰. 立德树人理念的历史渊源与内涵[J]. 教育评论，

2014（5）：141-143.

[17] 韩丽颖. 立德树人：生成逻辑·精神实质·实践进路［J］. 东北师大学报（哲学社会科学版），2016（6）：201-208.

[18] 龚克. 立德树人、素质教育与内涵式发展［J］. 中国高等教育，2013（2）：6-8.

[19] 缪劲翔，杨娜，胡强. 以立德树人为根本任务培养社会主义建设者和接班人［J］. 北京教育（德育），2013（6）：5-7.

[20] 李雪娇，何爱平. 政治经济学的新境界：从人的全面自由发展到共享发展［J］. 经济学家，2016（12）：5-11.

[21] 周红云. 全民共建共享的社会治理格局：理论基础与概念框架［J］. 经济社会体制比较，2016（2）：123-132.

[22] 马长山. 法治中国建设的"共建共享"路径与策略［J］. 中国法学，2016（6）：5-23.

[23] 左鹏. 共享发展的理论蕴涵和实践指向［J］. 思想理论教育导刊，2016（1）：86-90.

[24] 袁贵仁. 落实共享发展理念大力促进教育公平［J］. 紫光阁，2016（6）：35-36.

[25] 但菲，索长清. 发展学前教育事业是一项系统工程［J］. 课程教材教学研究（幼教研究），2015（Z1）：38.

[26] 丁金霞，庞丽娟. 社会体制转型与学前教育的重新定位［J］. 学前教育研究，2010（3）：6.

[27] 马佳宏，王琴. 我国学前教育成本分担问题研究［J］. 教育导刊（下半月），2010（3）：16.

[28] 何波波. 学前教育补贴给力还需普惠［N］. 佛山日报，2011-01-19（A11）.

[29] 于春生，王茜，吴晶. 三年四大步：我国城乡全面实现义务教育免费历程［EB/OL］.（2008-08-21）［2017-08-29］. http：//www.edu.cn/ywjy_7555/20080821/t20080821_319443.shtml.

[30] 丁留宝. 中等职业教育资助体系的生成逻辑——以江西省为例［J］. 职业技术教育，2012（10）：49.

[31] 丁留宝，张洁，王为. 中等职业教育资助体系的历史沿革［J］. 中国职业技术教育，2013（3）：31.

[32] 刘红. 我国百年中等职业教育学生资助制度述评［J］. 职教论坛，2011（22）：85-96.

[33] 张韦韦. 广东绘制现代职教发展"新蓝图"——广东省教育厅高中与中职

教育处处长邵子铀介绍广东现代职教发展情况［J］．教育与职业，2014（34）：56-57．

［34］广东省人民政府．广东首创智力扶贫实现培训一人脱贫一户［EB/OL］．（2006-09-09）［2017-08-29］．http://www.gd.gov.cn/gdgk/gdyw/200609/t20060911_7369.htm．

［35］宋林，温思美．加快产业转型升级　促进经济发展方式转变［J］．理论前沿，2009（22）：5-9．

［36］李素素．广东省高校家庭经济困难学生资助政策探讨［J］．咸宁学院学报，2011（31）：2．

［37］程治强．高校大学生资助政策现状及发展趋势分析［J］．改革与开放，2016（23）：100-101．

［38］吴宏超，卢晓中．义务教育免费后完善贫困生资助政策的设想——基于广东省的实证调查［J］．教育研究，2014，35（4）：53-58．

［39］刘奕湛．努力培养出更多更好的人才——习近平总书记在北京市八一学校考察时的讲话引起热烈反响［N］．人民日报，2016-09-11（001）．

［40］曹斯，张胜波，雷雨．广东启动教育综合改革［N］．南方日报，2010-09-01（A14）．

［41］袁连生，刘泽云．我国义务教育贫困学生资助制度分析［J］．北京师范大学学报（社会科学版），2007（5）：117-124．

［42］陶红，王玉婷．广东省中等职业教育区域均衡发展研究［J］．职业技术教育，2014（34）：48-52．

［43］李小鲁．高校贫困生资助新视野［M］．广州：广东高等教育出版社，2000：81．

［44］赵贵臣，刘和忠．试析高校学生资助体系的育人功能［J］．黑龙江高教研究，2010（1）：132-134．

［45］贾国洁．塔形管理模式的应用——广东医学院图书馆流通部勤工助学管理模式典例［J］，2016（7）：139-142．

［46］朱之文．扎实推进教育脱贫着力阻断贫困代际传递［J］．行政管理改革，2016（2）：4-10．

［47］周青．普及高中教育建构合理化人才结构［J］．科技咨询导报，2007（12）：235-237．

［48］刘海莹．广东省中等职业技术教育的现状与发展对策［D］．武汉：华中师范大学，2012．

［49］曹卉．广东省高校毕业生就业情况和影响因素分析［J］．现代商业，

2015（11）：272-274.

[50] 朱文珍，曾志艳，陈绵水．高校奖助学金政策学生满意度影响因素研究［J］．心理学探新，2013，33（6）：559-567.

[51] 谭兵，张建奇．贫困大学生教育资助政策分析［J］．广东社会科学，2007（5）：195-200.

[52] 李萍．构建高校学生资助长效机制的实践与思考［A］．北京市高等教育学会．着力提高高等教育质量，努力增强高校创新与服务能力——北京市高等教育学会2007年学术年会论文集（下册）［C］．北京市高等教育学会，2008：6.

[53] 段俊磊，肖迪，唐润葆．浅论贫困生资助体系的完善在心理健康教育中的积极作用［J］．世纪桥，2011（13）：145-146.

[54] 卢洁，苏政，王荷珣．新时期高校学生资助工作队伍建设的探讨［J］．科教文汇（中旬刊），2016（7）：154-155.

[55] 索文斌，闻羽．高校发展型学生资助工作刍议［J］．思想教育研究，2014（11）：90-93.

[56] 翟博．中国基础教育均衡发展实证分析［J］．教育研究，2012（5）：22-30.

[57] ［美］约翰·罗尔斯．正义论［M］．何怀宏，译．北京：中国社会科学出版社，1988：101.

[58] 杨卫安，邬志辉．普惠性学前教育的内涵与实现路径［J］．广西社会科学，2014（10）：199-202.

[59] 南华大学学生资助中心．"全国高校学生资助育人工作实践与理论研讨会"综述［J］．思想教育研究，2011（12）：104-105.

[60] 马彦周，高复阳．高校构建发展型资助的必要性研究［J］．湖北社会科学，2011（1）：181.

[61] 邬蓓珍．高校发展型资助探讨［J］．科技风，2017（3）：80.

[62] 李涵诗．新形势下高校学生发展型资助模式探究［J］．文化学刊，2017（50）：87-91.

[63] 吴佳丽，邢伟荣．从保障到发展：高校贫困生发展型资助工作研究［J］．湖州师范学院学报，2017（6）：38-41.

[64] 罗伟其．广东教育"创强争先建高地"纪实［M］．广州：广东高等教育出版社，2017：252.

[65] 杜坤林．从保障型资助到发展型资助：高校助学工作范式转换及其实践［J］．中国高教研究，2012（5）：85-88.